公共基础课精品系列教材

高等教育新业态新职业新岗位系列教材

大学生职业规划与就业指导教程

主审　张日向　冯　军

主编　林　翔　葛龙威

参编（按姓氏笔画排序）

王登科　王德栋　陈婉婷　张兰蓉

俞广良　盖希坤　蔡晓雨

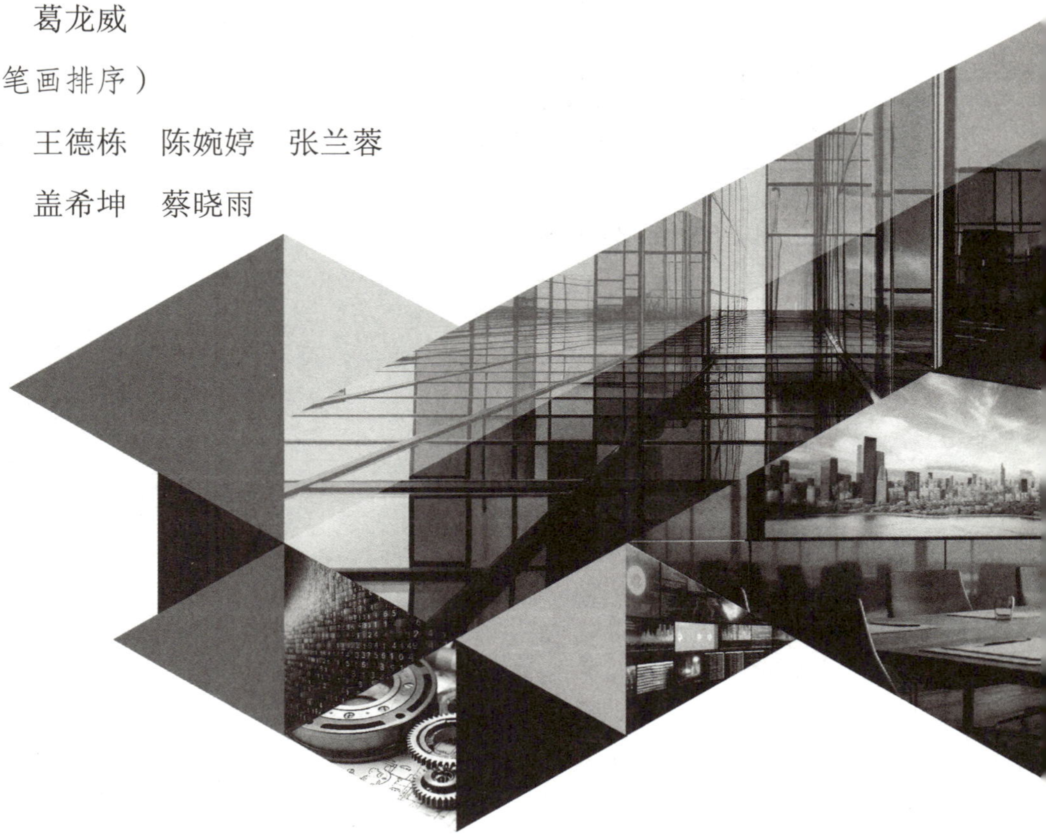

電子工業出版社

Publishing House of Electronics Industry

北京 · BEIJING

内 容 简 介

本书以大学生职业规划为切入点，旨在唤醒大学生职业生涯规划意识，将职业发展规划与就业指导融合，揭示大学生职业生涯教育和实现理想就业的具体途径，以此引导大学生在中国特色社会主义建设的伟大实践中建功立业。本书主要内容包括职业规划和就业指导两部分，职业规划部分涉及：锚定职业规划和践行职业规划；就业指导部分涉及：完成学业进职场、考公考编进职场、自主创业进职场、国内报考研究生、海外留学去深造、国家引导就业项目和浙江省地市名片等。

本书可作为大学生职业规划与就业指导的教材使用，也可为广大职业生涯发展和规划教育的工作者和学习者提供借鉴和参考。

图书在版编目（CIP）数据

大学生职业规划与就业指导教程 / 林翔，葛龙威主编. -- 北京 : 电子工业出版社，2024. 6. -- ISBN 978-7-121-48103-1

Ⅰ. G647.38

中国国家版本馆 CIP 数据核字第 2024TL6367 号

责任编辑：左　雅
印　　刷：三河市良远印务有限公司
装　　订：三河市良远印务有限公司
出版发行：电子工业出版社
　　　　　北京市海淀区万寿路 173 信箱　邮编　100036
开　　本：787×1 092　1/16　印张：11.75　字数：300.8 千字
版　　次：2024 年 6 月第 1 版
印　　次：2024 年 6 月第 1 次印刷
定　　价：47.50 元

凡所购买电子工业出版社图书有缺损问题，请向购买书店调换。若书店售缺，请与本社发行部联系，联系及邮购电话：（010）88254888，88258888。

质量投诉请发邮件至 zlts@phei.com.cn，盗版侵权举报请发邮件至 dbqq@phei.com.cn。

本书咨询联系方式：（010）88254580，zuoya@phei.com.cn。

前言

近年来，随着高校毕业生人数的增加及大学生就业环境的变化，党和国家高度重视大学生的就业问题，教育部明确提出要逐步实现大学生就业指导和服务工作的全员化、全程化、职业化、专业化等要求。国内高等学校陆续成立大学生就业指导中心，对大学生进行就业指导和服务已成为高校学生工作的一项重要内容。高校就业工作从管理职能逐渐转化为指导、教育和服务职能，更关注学生自身的成长成才需求。对大学生的就业指导和服务工作也已经逐渐由简单的就业政策解释、择业技巧指导等发展为系统的职业规划教育、就业途径引导。

为更好帮助和有效引导大学生（尤其是大学高年级学生）树立正确职业观念，重视职业规划，了解职业世界、探寻自我潜能、聚焦职业方向、体验职业规划，最终实现自己的理想职业目标，我们组织编写了《大学生职业规划与就业指导教程》一书。本书注重理论联系实际，力争做到世界观和方法论的统一，体现实用性、系统性和针对性。本书在党的二十大精神指引下，贯彻落实高等教育“为党育人，为国育才”精神，章节内容体现课程思政要求，把大学生职业生涯规划教育纳入中国式教育现代化的有机组成部分，揭示中国大学生职业生涯教育和实现的具体途径，以此引导大学生在中国特色社会主义建设的伟大实践中建功立业。

本书由林翔、葛龙威担任主编，张日向、冯军担任主审，王登科、王德栋、陈婉婷、张兰蓉、俞广良、盖希坤和蔡晓雨（按姓氏笔画排序）等参与编写。本书的编写得到了浙江省教育发展中心等单位悉心指导，相关知名企业人力资源部门负责人也参与编写。

本书是 2024 年度浙江科技大学教材建设立项项目，浙江科技大学 2024 年教学研究与改革重点立项项目“中国特色大学生职业生涯规划教育：本质逻辑、实施困境与优化路径”的主要研究成果。

本书在编写过程中参考和借鉴了国内外专家、学者、同行的有关著作及研究成果，以及兄弟院校同仁的职业规划与就业指导等方面的教材与文献资料，在此一并表示衷心感谢！尽管在编写过程中，编者对体系、内容进行了反复推敲，但由于编者水平有限，书中难免存在疏漏和不妥之处，恳请专家和广大读者批评指正，提出宝贵建议和意见，以便更好修订和完善，共同推动高校大学生职业规划与就业指导工作不断走向规范化、科学化和专业化。

本书编写组

目录

第一章 锚定职业规划

第一节　生涯规划概述

一、生涯规划导入

拥有自己的生涯是人与生俱来的权利。父母、老师和朋友都期盼我们拥有自己好的生涯。现实告诉我们,“正确”和“满意”的生涯将带来快乐、成功和充实的生活。日常生活中，我们往往用职业生涯来衡量人生成功与否及身份认定。

（一）历史视角

“生涯”这一概念具有历史发展性。早在 20 世纪以前，生涯规划或职业选择对于绝大多数人而言还不是寻常之事。“拥有一份职业”或者说“拥有一份自己选择的职业”的理念自出现至今也不过百余年。在那以前，许多人只是自动或被动地继承父母所从事的职业。假如你是男孩，你的父亲是农民，或者是工人，那么你将子承父业；假如你是女孩，那么你会在农村或城镇里和母亲做一样的事情，生涯规划或职业选择几乎是不存在的。你的生涯生来就是注定的，无须自己规划或作最终决策，你只需沿着家庭环境为你铺设的道路一直走下去。当然也有例外，如你的家庭十分富有，有钱为你支付费用，让你接受良好的大学教育，你就可以为将来从事某种专业化的工作做准备，如教师、医生或政府职员等职业。

全世界各国“生涯”发展同样如此。什么原因会导致情况发生变化？众多变化都是由一种外部的力量引起的。以美国为例，起先是工业革命，进而引起其他变革。新兴大工业的发展，如石油业、铁路运输业、纺织业、肉类加工业、船舶业、汽车业、公用事业、建筑业、木材业、银行业和钢铁业等，使整个经济发生了巨大变化。这些产业所创造出的各种工作机会吸引了来自农场和乡村地区的劳动力，他们渴望积累财富，过上更好的生活。这些岗位是全新的，是上一代人从未经历过的，社会提供了很多可供选择的岗位。20 世纪初，成千上万的欧洲人举家迁徙，离开故土，移民到美国这个机遇之乡。新来者可以进入新行业，开始新生意，发展新技能，并在这一过程中获得财富与成功。当然，也存在风险，也许会失败，所有这些都与职业选择及进行良好的生涯规划紧密相连。我国的“生涯”发展历程也一样。中华人民共和国成立后，尤其改革开放之后，随着时代的发展和社会的进步，城乡一体化进程的不断推进，社会分工越来越细化，新行业、新职业、新岗位日趋涌现，传统的“子承父业”职业方式受到了巨大冲击，人们开始迈入崭新的“生涯”规划和“自主”职业选择时代。

（二）现实视角

当今的职业生涯规划与一百年前相比发生了很大的变化，主要体现在：

社会的飞速发展影响着我们今天的生活，并已触及生涯发展过程的核心。社会巨变波及我们每一个人，影响着我们工作的时间、方式、地点和原因，进而影响我们对职业生涯的规划及追求。

与一个世纪以前不同，工作的基本性质正在发生改变。人们进入一家公司或机构后就忠于职守直到退休，这样的日子已经一去不复返。这种观点已不再适合大多数工作者的生活现实。此外，工作和组织机构在范围上已日趋国际化，而不是仅限于一个国家内。

工作场所的多样性对工作和职业生涯产生了巨大的冲击。性别和工作之间的平衡也正在发生变化，这种现象与当前人们的家庭生活观念有关，越来越多的女性走出家门寻求工作，这一事实导致工作组织和日常家庭生活发生了重大改变。妇女进入劳动力市场引发了许多改变，包括工作职责定义方式的变化和相关决策方式的变化。这一趋势也迫使人们以更平等的眼光来看待男女两性的家庭角色。

另外，用来帮助人们做出生涯和工作选择的资料、资源极为丰富，包括为人们的生涯发展提供帮助的计算机系统、问卷量表、图书、视听材料、印刷材料，以及专业和准专业人员（如大学里的生涯规划导师和社会上的生涯指导师）。生涯规划已经成为一项更具挑战性的任务。

二、生涯规划内涵

外职业生涯与内职业生涯

（一）基本定义

1. 生涯

所谓生涯，是指个人通过从事工作所创造出的一种有目的的、延续不断的生活模式。其内涵表现为：

“个人所从事的”强调生涯对于个人来说是独一无二的。在现实生活中，没有任何两个人都拥有完全相同的“生涯”，因为生涯建立于个人特定的历史和情境之上。即使人们可能拥有相似的兴趣和技能，从事相同的职业，甚至为同一个机构工作，他们的生涯也仍然不同。

“创造出”指生涯是人们在愿望与可能性之间、现实与理想之间要妥协和权衡的产物。生涯规划是人们一系列接连不断选择的结果，当人们作出选择时，需要权衡这些选择的收益及其代价与风险。对每个个体而言，没有“十全十美”的生涯道路，也许只存在最适宜的道路。

“有目的的”指生涯对个人而言是有意义和有价值的。生涯不是偶然发生或应运而生的，它是规划、慎重考虑、制定和执行的结果。生涯因个人的动机、抱负和目标而形成、发展，它反映了个人的价值观和信念。

“延续不断的”指生涯不是作为某个事件或选择的结果而发生的事情，也不局限或束缚于某一特定的工作或职业。生涯在本质上是一个持续一生的过程，它受到个人内在和外在力量的影响。业界有专家使用“人生 / 生涯”这一术语作为联结生命过程与生涯观念的桥梁。

“生活模式”指生涯不仅是一个人的职业或工作。生涯包含所有的成人生活角色：父母、配偶、学生，以及人们整合与安排这些角色的方式。

2. 生涯发展

生涯发展，是指那些共同塑造我们生涯的经济、社会心理、教育、生理及机遇等因素的总和。生涯发展受到资金和财务资源、团队关系、社会阶层、心理健康、个性、教育水平和经历、身体能力和特质，以及机遇因素的影响。所有这些个人内部因素和外部因素结合起来，共同影响人们职业生涯道路的展开方式，任何单独的一个因素都无法决定一个人的生涯，它们必须以复杂的方式结合起来后才可以塑造人的生涯。生涯发展具有动态性特点。

3. 生涯规划

生涯规划是指对决定一个人生涯的主客观条件和因素进行测定、分析、总结、研究和调整，对其兴趣、爱好、能力、特长、经历及不足等多方面进行综合分析与权衡，确定一个人的职业奋斗目标和生活目标，制定切实可行的方案，并在一定时空下，为目标的实现进行合理设计和安排。生涯规划具有可行性、适应性和可调性等特点。

（二）影响因素

生涯规划是一项复杂的系统性“工程”，具体规划过程中，涉及多项因素的制约和影响。美国生涯理论家安妮·罗伊博士根据长期研究，将这些影响因素除性别之外，概括为两类：第一类，包含人们无法控制的因素，即总体经济状况、家庭背景和机遇；第二类，包含那些基于遗传和后天经验的因素，即朋友和婚姻状况、所受的学习教育和具有的技能、生理特点、认知能力与天赋、气质与个性、兴趣与价值观等。

（三）特征表现

在做生涯规划方案选择时，所涉及的问题具有以下共同特征表现。

（1）生涯问题可以通过现存之事与我们欲为之事之间的差距来定义。生涯是正在发生之事和我们理想中希望发生之事二者之间的差异。

（2）生涯问题通常很复杂，并且包含情感因素，时常呈现出模糊的线索和信号，其复杂性来源于各种冲突的愿望和动机、他人的压力，以及担忧和窘迫的感受。

（3）生涯问题的解决通常有多种备选方案，而不是只有一种正确选择。每种选择似乎都会对其他选择产生影响，它们相互依存，最佳的解决方案往往是各种选择的结合。

（4）生涯选择的结果具有不确定性，没有任何一种解决方法可以保证成功地、令人满意地解决生涯问题。

（5）针对主要生涯问题的决策，几乎总是会导致另一些事先无法完全预料到的问题随之产生。

三、了解职业世界

职业是人们在社会中所承担的社会责任，人人都需要一份有意义的职业展示自己的社会价值。随着社会不断进步，职业分工越来越细，职业种类越来越多，大学生需要与时俱进地了解可以选择的职业，通过掌握具体的职业需求和能力要求，有目标地利用大学生涯完善自我，为实现职业理想做准备。

职场是实现个人职业生涯的外部平台，大学生临近毕业，职业生涯规划的视角要从内部转向外部。如何更好地利用这个平台，帮助实现个人理想，是职业生涯的关键。在校大学生要提前对职业进行认识。

（一）职业构成

职业通常由五个要素构成。

（1）职业名称：一般由社会通用称谓来命名，是职业的符号特征。

（2）职业主体：从事一定社会分工活动的劳动者，必须具有承担该职业活动所需要的资格和能力。

（3）职业客体：职业活动的工作对象、内容、劳动方式和场所等。

（4）职业报酬：通过职业活动所取得的各种报酬。

（5）职业技术：劳动者在从事职业活动中所运用的自然技术、社会技术与思维技术的总和。它体现在人们从事职业活动时所使用工具、材料、工艺方法的发展和应用，也包括尚未形成系统的经验。

社会分工是职业分类的依据。在分工体系的每个环节上，劳动对象、劳动工具及劳动的支出形式都各有特殊性，这些特殊性决定了各种职业之间的区别。

（二）职业特征

1. 社会性

职业是社会发展到一定阶段，随着社会分工而逐渐产生的，没有社会分工就没有职业。任何一个职业都不是孤立的，它是社会整体结构中的一个子系统，与其他职业及其系统有着紧密联系。职业生活是其他一切社会生活的基础，职业是社会所必需的，服务社会的专门工作。

2. 经济性

对个人而言，人们从事某一职业，是个人生存和发展的基础，是个人获取生活资料的主要途径；对社会而言，个人从事职业是促进社会经济发展的重要环节。

3. 稳定性

受多种因素综合影响，任何职业都经历产生、发展和消亡的周期性过程，但职业必须具有在一定时期内的相对稳定性，临时性的活动不能被称为职业。如今，一些职业随着技术更新速度的加快，职业的稳定性有所降低。

4. 技术性

职业的技术性指不同职业都表现出与其相应的技术要求、知识经验和技能技巧。进入知识经济时代，各行各业对知识、技术的要求相对更高，各种职业的技术含量也不断增加。

5. 专门性

任何职业都是不断发展和完善的，因此，它的专门性越来越强，专业化程度也越来越高。比如，医生、律师、工程师及教师等职业，是社会公认的专业化程度高的职业，它们都具有其他职业不可替代的特点。

6. 群体性

职业具有一定规模，是群体的共同行为，从业人员达不到一定数量的劳动不能称为职业。职业体现从业群体的智慧和主张，从业者明确岗位责任、目标一致，通过群体努力共同完成职业要求。

7. 规范性

每种职业都有一定的从业标准和职业道德，比如，对知识、技术的要求，具体的职业操作流程和质量标准，应承担的责任和义务等。

8. 时代性

职业是不断发展变化的，新的职业不断产生，旧的职业不断消亡。时代不同，职业也有所不同，每个时代都有自己的特色职业。

9. 多样性

随着社会分工越来越细，职业的种类也越来越多，呈现多样性特点。随着社会的发展，一些职业的专业性越来越强，其需要的知识、技术越来越深，职业的差别也越来越大，已很难再出现精通各个岗位或领域的专家。

10. 发展性

职业的发展性是强调职业对人自身发展体现出的价值，人通过将自己的智慧和精力奉献给所从事的职业，使自己的人生价值得以体现。职业是人发展的舞台，任何人的发展都离不开职业。人的不断发展和进步，也正是职业对其提出的新要求，人们需要不断适应新变化。

（三）职业资格

职业资格是对从事某一职业所必备的学识、技术和能力的基本要求，包括从业资格和执业资格。从业资格是指政府规定专业技术人员从事某种专业性工作的学识、技术和能力的起点标准。执业资格是指政府对某些责任大、社会通用性强、关系公共利益的专业技术工作实行准入控制，是专业技术人员依法独立开业或独立从事某种专业技术工作的学识、技术和能力的必备标准。

职业资格证书是劳动就业制度的一项重要内容，也是一种特殊形式的国家考试制度。它是指按照国家制定的职业技能标准或任职资格条件，通过政府认定的考核鉴定机构，对劳动者的技能水平或职业资格进行客观公正、科学规范的评价和鉴定，对合格者授予相应的国家职业资格证书。

职业资格证书是表明劳动者具有从事某一职业所必备的学识和技能的证明。它是劳动者求职、任职的资格凭证，是用人单位招聘、录用劳动者的主要依据，也是境外就业、对外劳务合作人员办理技能水平公证的有效证件，获得从业资格和执业资格的人员，都会取得相应的证书，如会计上岗证、教师资格证等都是从业资格证书，而注册会计师、执业医师证书等都是执业资格证书。

现在大学生比较重视“资格证”的获取，许多大学生毕业前两年就考取多本校外资格证。据不完全统计，近年来出现的可供大学生考试的证书有百余种。有的是通用型的，如计算机等级证书，大学英语四、六级证书等，也有的是能力型的，如托福或雅思成绩证书、英语中高级口译资格证书、驾照等；此外，还有职业资格类证书，如会计证、报关员证等。

大学生必须用科学正确的态度看待职业资格证书。

1. 确实了解各类证书的区别

学历证书、学业证书、学位证书、职业资格证书和职称证书是不一样的。学历证书是学制系统内实施学历教育的学校或其他教育机构，对完成了学制系统内一定教育阶段的学习任务的受教育者所颁发的文凭等。学业证书中还有一部分是非学历性的。非学历性的其他学业证书是指实施非学历教育的学校或其他教育机构不能按照国家教育教学标准组织学制系统内分阶段的教育活动，不能发放学历证书，但可以根据其办学宗旨和具体教育实施情况，给毕业生发放记载受教育者学习程度和时间的写实性的学业证书。

学位证书，又称学位证，是作为证明学生专业知识和技术水平而授予的证书，在我国学位证授予资格单位为通过教育部认可的高等院校或科学研究机构。目前我国学位分为三类：学士学位、硕士学位、博士学位。其中，学士学位里还包括第二学士学位，统称学士学位。从学习收获来看，学历代表着学习的经历，学位代表着学习水平和层次。学历仅仅证明一个人的学习时间和过程，学位是对这个人所学知识达到一定水平的认可。因此，学位的价值要超过学历。

职称是指专业技术人员的专业技术水平、能力，以及成就的等级称号，分高级、中级和初级三类，分别反映专业技术人员的技术水平、工作能力。就学术而言，它具有学衔的性质；就专业技术水平而言，它具有岗位的性质。专业技术人员拥有何种专业技术职称，表明他具有何种学术水平或从事何种工作岗位，象征着一定的身份。职称证书是指经国务院人事主管部门授权的部门、行业或中央企业、省级专业技术职称评审机构评审通过，并颁发的系列专业技术职务证书。职称证书与职业资格证书是完全不同的。

2. 职业资格证书适度够用

社会主义市场经济需要人们既掌握从业岗位的相关理论知识，也要具有相关的实践经验技能。大学生的知识和能力结构应该是理论够用、专业知识扎实、操作技能过硬、适应能力强、实用本领多。从这个意义上说，大学生在校期间除取得学历证书外，争取获得一个或几个相关的职业资格证书，有利于增强自身就业竞争力。但是不要盲目参加各种职业认证或职业资格证书考试。一方面，任何事情都是有代价、成本的，只有结合自己所学的专业、个性特征和职业目标等，考取相关的职业资格证书，才能发挥它应有的功效，否则只能是徒劳无益。另一方面，任何“证书”都只是一种标签而已，在实际工作和生活中，并非你拥有证书越多，就说明你的才华和能力就一定强，求职就业就一定顺利，拥有能力才是最为重要的。

（四）职业趋势

职业并非人类社会一经形成就出现的，而是社会分工的结果，其产生与发展是人类文明的标志。职业随社会需求而生，随社会变迁而变。在社会需求推动下，各种新兴职业应运而生。

2021 年 3 月，国家人力资源社会保障部同国家市场监督管理总局、国家统计局发布我国第四批新职业，包括集成电路工程技术人员、企业合规师、公司金融顾问、易货师、二手车经纪人、汽车救援员、调饮师、食品安全管理师、服务机器人应用技术员、电子数据取证分析师、职业培训师、密码技术应用员、建筑幕墙设计师、碳排放管理员、管廊运维员、酒体设计师、智能硬件装调员和工业视觉系统运维员等 18 个新职业。这些新职业与数字化技术发展、企业高质量发展、绿色发展理念和食品安全要求、人民日益增长的美好生活需要息息相关。主要特征表现如下。

1. 数字化技术发展催生出新职业

随着互联网技术的发展，“电子数据”作为新的证据形式，2012 年被纳入《中华人民共和国刑事诉讼法》，电子数据取证作为一种全新的取证技术被广泛应用于刑事诉讼活动中。电子数据调查分析服务也由司法机关逐渐延伸至其他行政执法部门和大型企事业单位。将“电子数据取证分析师”纳入职业分类目录，可有效推进该职业规范化、专业化建设，为公共环境健康安全提供有力的科技保障。

当前，密码技术可谓保障网络与信息安全最有效、最可靠、最经济的技术。随着数字经济快速发展，密码服务也扩展到物联网、智慧城市等方面，呈现出智联智融的特征，催生出隐私保护、零信任、多方安全计算等新型密码技术。为规范密码应用和管理，2019 年，十三届全国人大常委会第十四次会议审议通过的《中华人民共和国密码法》提出“国家加强密码人才培养和队伍建设”。“密码技术应用员”作为密码技术应用供给侧、用户侧、监管侧的主力军，将为数字经济的安全、融通、监管等方面保驾护航。

随着我国人口老龄化程度持续加深，劳动年龄人口减少及人力成本上升，各行业、产业对服务机器人的需求快速增加，服务机器人已广泛应用在教育、娱乐、物流、安防巡检等领域。“服务机器人应用技术员”直接负责服务机器人的需求反馈、应用与推广，是推动服务机器人产业发展的重要人才支撑。

另外，“集成电路工程技术人员”“智能硬件装调员”“工业视觉系统运维员”等也是数字化技术发展和变革催生出的新职业，这些新职业对于促进数字经济的健康发展具有重要意义。

2. 企业高质量发展孕育出新职业

推动经济高质量发展和提升企业国际竞争力，对企业合规建设提出了更高要求。企业合规管理是对企业法律、财务、审计、进出口、劳动环境、社会责任等多方面进行合规管控，具有较强的综合性、独立性和技术性。政府相继出台了《企业海外经营合规管理指引》《中央企业合规管理指引（试行）》等一系列企业合规管理政策。新孕育的“企业合规师”将在规范企业投资经营行为、注重环境保护、履行社会责任、提高企业竞争软实力等方面发挥积极作用。

融资是企业生存发展的重要业务，企业通过“公司金融顾问”对接金融机构和金融市场，可有效避免投融资信息不对称等问题，还可在实现金融结构调整的同时，培育出新的业务和商机。银行等金融机构也可通过“公司金融顾问”拓展多元化业务，平抑经济周期波动带来的风险，提升服务实体经济效能。

借助现代信息技术手段，通过高效实用的以物易物平台，对剩余资产进行有效整合，实现资源快速互通和对接，已成为企业突破地域限制、实现自由对接，解决资金短缺、产品积压的重要手段。专业“易货师”能系统运用资源整合理论，促进产、供、销和谐分配和优化资源，有效解决产品迟销、滞销、停销问题，是易货企业所急需的新兴复合型人才。

3. 绿色发展理念和食品安全要求涌现出新职业

党的十九大报告提出了“建立健全绿色低碳循环发展的经济体系”的任务。2020年年底，《碳排放权交易管理办法（试行）》出台，推动经济发展方式绿色低碳转型。碳排放管理是一个技术性、综合性较强的工作，需要掌握相关碳排放技术，熟悉政策和标准，做好碳排放规划、核算、核查和评估等，新发布的“碳排放管理员”职业应运而生。这一职业的从业人员将在碳排放管理、交易等活动中发挥积极作用，有效推动温室气体减排。

食品安全关系人民群众身体健康和生命安全，关系社会和谐稳定，是重大的民生问题。随着人民生活水平的不断提高，食以安为先的要求更为迫切。国家在加强食品安全监管的同时，也需要引导食品生产经营单位自主开展食品生产、流通、销售、服务等全流程的安全控制，全面提高食品安全质量。“食品安全管理师”作为食品生产、餐饮服务和食品流通等活动中从事食品安全风险控制和管理的人员，未来会有巨大的市场需求。

4. 人民日益增长的美好生活需要派生出新职业

汽车更新换代带来大量二手车交易需求，且交易方式呈现出复杂化、多样化和专业化的趋势。二手车交易涉及品牌认证、拍卖交易、委托交易及各种金融服务、质保等业务，从而催生出专业的“二手车经纪人”，通过提供专业化的交易咨询和交易服务，维持公平、公开、透明的交易秩序，提高交易效率，满足公众对汽车的个性化需求。

随着生活模式的改变及生活节奏的加快，原先单一的茶叶、牛奶或酸奶等饮品，已难以满足消费者多样化需求，近年来出现了将茶叶、奶类、果蔬等融合开发出的新式可口健康饮品，广受群众特别是年轻人的喜爱。作为新兴职业的“调饮师”，不仅有利于促进灵活就业，还可带动茶叶、奶类及果蔬等产业的发展。

第四批新职业的发布，对于增强从业人员的社会认同度、促进就业创业、引领职业教育培训改革、推动产业发展等，都具有重要意义。

第二节　探索自我潜能

社会主义核心价值体系

一、明确自己价值观

价值观，是基于人的一定的思维感官之上而作出的认知、理解、判断或抉择，也就是人认定事物、辨定是非的一种思维或价值取向，从而体现出对周围的客观事物（包括人、事、物）的意义、重要性的总评价和总看法。

价值观作为人对周围事物的一种评价或态度，是人们在一定的环境中的动机、目的需要和情感意志的综合体现。它不仅支配着人们的行为、态度、观点、信念和理想等，还支配着人们如何认识世界，以及如何认识自我、如何设计自我等。价值观具有个体差异、相对稳定、社会历史和适时改变等特性。对价值观的探讨有助于人们在进行职业选择时明确方向。

职业价值观是价值观在所从事职业上的体现，是人们对待职业的一种信念和态度，或者在职业生涯中表现出来的一种价值取向。

职业价值观包括三方面内涵：第一，职业价值观是一个人对各种职业价值的基本认识和基本态度。第二，职业价值观表明了一个人通过工作所要追求的理想是什么：为了钱，为了权利，还是为了一种感情关系等。第三，职业价值观是人们在选择职业时的一种内心尺度。它支配着人的择业心态、行为、信念和理解等；支配着职业认知、明白事务对自己职业发展的意义，以及自我了解、自我定位、自我设计等；同时也为自认为正当的职业行为提供充足的理由。

由于个人的身心条件、年龄阅历、教育状况、家庭和环境影响，以及兴趣爱好的不同，人们对各种职业的主观评价会不同。不同的人由于价值观不同，对具体职业和岗位的选择也会不同。

大学生应在社会主义核心价值体系框架下，不断完善职业价值观，努力做到：

1. 职业价值观应符合社会现实

在职业价值观的探索过程中，个人应将价值观与社会需求相结合，既要知晓“我想要什么”，也要符合“社会需要什么”。人是社会的人，不可能离开社会而单独存在，社会价值是实现个人价值的基础，没有社会价值，人的个人价值也无法实现。

2. 职业价值观应经常审视澄清

随着所处的生涯发展阶段、社会环境的不同，我们的职业价值观也在不断地“修缮”。为此，大学生应该经常审视自己职业价值观中是否有不太合理的地方。求职之前我们一定要认真地问问自己，究竟想要怎样的工作，过怎样的生活。愿意竞争，追求成就，就留在城市打拼，切不可仅仅受舆论或他人影响而促发“宁要城里一张床，不要乡下一套房”的简单想法。

通常价值观隐藏较深，不易察觉和理解，但却有重要影响。职业价值观的最终获得来自于生活的磨砺，以及成败得失之后对职业的总结。由于生活阅历等局限，大学生尤其是大一新生对于价值因子难以有深刻的体验，因此对价值观的探索是有难度的，需要日后多磨砺、多思考、多反省，方能逐渐明确。

二、了解自己的性格

在日常生活中，个体之间除相貌、体型不同外，其差异主要体现在性格特征上。性格反映人的生活，同时又影响人的行为方式。了解自己的性格，把握其变化规律，不仅有助于择业，而且有利于自己创业、立业。因此，在选择职业时，必须充分了解自己的性格特征。

有关调查显示，因为性格与职业错位造成职业生涯的一再延误而频繁跳槽或转职的人占到了大多数。职业选择不是冲动的选择，而是理性分析，精心准备，也就是要根据自己的性格有一个职业规划，这样才能使自己的职业生涯按照阶梯式的发展稳步上升。根据性格选择职业，能使自己的行为方式与工作相吻合，更好地发挥自己的聪明才智和一技之长，从而能得心应手地驾驭工作。

瑞士心理学家荣格认为，人的性格按照个体心理活动倾向于外部还是内部，可划分为外向型、内向型和中间型。不同类型的性格，具有不同的具体特点表现。

在职业规划时，要善于正确地自我评估，“金无足赤，人无完人”，把持性格优劣，辩证地对待自己的优缺点，使优势进一步巩固，不足的地方努力改善。性格本没有“优”与“劣”之分，但不同性格特点对于不同的职业却存在“匹配”与“不匹配”问题，某种性格能让一个人在一种职业环境中获得成功，但在另一种职业环境中却大受挫折。当你发现某个职业不适合自己，即企业赋予的职业角色的要求和你的性格特点不匹配时，可以借鉴以下两个方法。

一是“顺应本性”法：如果你了解和认清自己的性格特点，发现其和职业角色的要求不匹配时，你需要做的事情可能是寻找一份新的职业，发挥和强化性格中的优势，弱化和规避性格中的劣势，才会取得理想的工作绩效。

二是“优化性格”法：你需要改变自己已定型的性格，改善性格与职业角色要求之间不协调的部分，当然这个过程会较为漫长，甚至经历较激烈的心理斗争。要做到外倾的人在表现自我的同时也要适当地对自己的内心世界进行反省，内倾的人则在善于深度思考的同时也要表达出自己的意见。

常见兴趣爱好和对应职业选择

三、找准自己的兴趣

兴趣是一种心理倾向和非智力因素，是人们力求认识某种事务和从事某项活动的意识倾向。它表现为人们对某件事物、某项活动的选择性态度和积极的情绪反应。兴趣以需要为基础，人们若对某件事物或某项活动感到需要时，就会热心于接触、观察这件事物，积极从事这项活动，并注意探索其奥秘。兴趣又与认识和情感相联系。若对某件事物或某项活动没有认识，也就不会对它有情感，因而不会对它产生兴趣。反之，认识越深刻，情感越炽烈，兴趣就会越浓厚。

人的兴趣是多种多样的，大致可以分为三大类：物质兴趣和精神兴趣；直接兴趣和间接兴趣；个人兴趣和社会兴趣。

兴趣是对于事物特殊的认识倾向，当兴趣发展成爱好时，就成为一个人较长久且相对稳定的行为倾向，影响着人们能力的发挥。兴趣作为个体进行事业活动的基础，是发挥和发展其创造能力的心理推动力之一，可以激发个体进行创造活动的内部动机，充分发挥潜能的作用，使其感知力敏锐，创造性思维活跃，想象力丰富，从而提高事业成功的概率。同时兴趣也能激发个体强烈的创造热情，增强克服困难的信心和勇气。

研究表明，一个人怀着兴趣从事工作，能发挥全部才能的 80% ～ 90%，而且在工作过程中，能够有主动性、创造性，效率较高。相反，从事自己无兴趣的工作，只能发挥人全部才能的 20% ～ 30%，且在工作时表现被动，效率低。实践证明，事业的成功者确定志向、选择职业很多都是从兴趣出发的。

兴趣是职业选择的起点，兴趣给成才者带来智慧、毅力和勇气，兴趣引导人们从崎岖的小路攀登到事业的顶峰。如果你能找到内心最热爱的职业，那么就能把握自己的命运。那些有所成就的人，都有着一个共同的特征：无论出身贵贱，无论才智高低，无论从事哪个行业，他们必然是在做自己最热爱的事情，并为此勤奋工作。

大学生找准兴趣后，要注重培养兴趣，努力做到：

1. 增加知识储备，培养兴趣基础

知识是兴趣产生的基础条件，因而要培养某种兴趣，就应有某种知识的积累，如要培养写诗的兴趣，就应先接触一些诗歌作品，体验一下诗歌美的意境，了解一点写诗的基本技能，这样就可能诱发出诗歌习作的兴趣来。可以说，知识越丰富的人，兴趣也越广泛；而知识贫乏的人，兴趣也会是贫乏的。

2. 开展有趣活动，培养直接兴趣

所谓直接兴趣就是人对事物或活动本身的外部特征发生的兴趣，是学生对新鲜的事物或内容在感官上产生的一种新异的刺激。这种刺激反应表现强烈但比较短暂。我们每上一堂新课时，学生往往表现为极大的兴趣，但自从复习课起，学生的兴趣就大不如前，有时甚至随着教学的深入、难度的增加，导致学生失去兴趣。直接兴趣是对活动本身感兴趣，因而要培养这种直接兴趣，应使活动本身丰富而有趣。例如，新颖的教学内容和有兴趣的教学方法，能激起学生学习知识的兴趣；生动的课外实践活动，能培养学生开展实践操作、动手动脑、发明创造的兴趣等。

3. 明确目的意义，培养间接兴趣

所谓间接兴趣就是人对活动的结果及其重要意义有着明确认识之后所产生的兴趣。这种兴趣是由于认识到学习的意义和价值而引起了求学的状态，既基于个人理智认识，与个人的志向紧密相关，又有持久的定向作用，使得人们不会偶遇挫折便轻易悔改。如教授一个班的学生篮球，刚开始时大家都表现出一样的、很高的热情，但遇到相对枯燥一点的练习时，有的学生就表现出不耐烦的样子，开始注意力不集中，感觉篮球也没有那么好玩，而参加过篮球训练，经历过重要篮球比赛洗礼的学生则并不因此感到无趣，相反，对他来说学起来更有挑战性，由于能提高自己球技而感到有意义。这就是直接兴趣和间接兴趣的最大区别。间接兴趣是对活动的结果或意义感兴趣，因而，要培养人们间接的、稳定的兴趣，就应让人们明确活动的目的与意义。

4. 根据自身特点，培养兴趣品质

由于人所处的环境、所受的教育及主体条件各不相同，使个人的兴趣都带有个性特点，因而要根据自身条件进行兴趣爱好的自我培养。例如，有人兴趣广泛而不集中，就应加强兴趣的集中性培养；有人兴趣单一而不广泛，就应加强兴趣广泛性的培养；有人兴趣短暂易变，就应加强兴趣稳定性的培养；有人兴趣消极被动，就应加强兴趣效能性的培养；有人兴趣在网络世界，容易沉迷，那么就要加强引导。

四、识别自己的气质

现代心理学认为，气质是一种不受活动的目的和内容所影响的心理活动典型的、稳定的心理特征，即心理活动的强度、速度、稳定性、灵活性和指向性等特征。这些特征是个体与生俱来的高级神经活动类型在情感和行为方面的表现。气质是个性的生理基础，直接影响着一个人的性格、兴趣、能力和活动效果。人与人之间在心理特征方面的异同，主要表现为气质的异同。气质是性格发展的基础，同一气质类型，既可以形成好的性格，也可以走向反面。气质与一个人处理问题的方式及反应有着密切的关系，对一个人所从事的工作和工作效率都会产生一定的影响。不同气质类型的人，对待同一件事情的态度和处理方法，可能会迥然不同。

一个人选择职业时要考虑多种主客观条件，如性格、能力、兴趣和外界环境等因素。但是，如果能把个人气质类型也考虑进去，则可以事半功倍地施展个人的才华，更有助于职业目标的实现。

一般来说，气质对人们所从事的职业并不具有决定性的作用，但却对人们的工作性质和工作效率产生影响。相应地，不同职业对人的气质特点也有一定的要求。因此，在把性格、兴趣、能力作为职业决策的主要依据时，也要考虑一下个人的气质特点，以便进一步提高职业适应性。德国心理学家冯特以感情反应的强度和变化速度为基础，将气质分为胆汁质、多血质、黏液质和抑郁质四种类型。

不同的气质在工作中各有利弊，没有好坏之分，关键在于一个人能够认识到自己的优缺点，在工作中做到扬长避短。实际上，一般的人都是几种气质的混合，只是在这几种气质中，有一种气质占主导地位。如果在职业的选择过程中，能考虑到自己的气质类型而选择与之相适应的职业，就更能发挥优势与特长，取得更大的成就。因此在选择职业时，要根据自己的气质特点来选择合适的职业。

五、发现自己的能力

能力的定义和特征与适应职业对应表

能力是指顺利地完成某种活动任务在心理方面需要的基本条件，是直接影响活动效率，使活动得以顺利完成的心理特征的总和。能力总是和人完成一定的活动联系在一起的，人的能力是在活动中形成、发展和表现出来的。每个人都具有由多种能力组成的能力群，在这个能力群中，常常是某方面的能力占优势，关键是认清自己的优势能力，并将其发挥出来。

无论从事什么职业总要有一定的能力作保证。人的一生中，要从事各种各样的社会生活和社会生产活动，必须具备多种职业工作能力与之相适应。人的能力可分为一般能力和特殊能力两大类。一般能力通常又称为智力，包括注意力、观察力、记忆力、思维能力和想象力等，是人们顺利完成各项任务必须具备的一些基本能力。特殊能力是指从事各项专业活动的能力，也可称为特长，如计算能力、音乐能力、动作协调能力、语言表达能力、空间判断能力等。人与人之间存在着能力类型差异和能力水平差异。能力类型差异表现在个体能力发展方向的差异和发展早晚的差异。能力是掌握知识和技能的前提，同时又是在掌握知识和技能的过程中表现并发展起来的。通过能力测试可以预测被测试者在某一职业领域的发展潜能。只要你能识别和接受自身的天赋和性格，配以必要的知识和技能，而且寻找需要具备天赋和性格的岗位，持续地发挥自己的优势能力，并坚持下去，就有望成功，进而成就幸福的人生。

另外，也可将能力分为实际能力和潜在能力。实际能力是指个人在行为上已经表现出来的成就。潜在能力是指个人假如有机会学习，可在行为上表现出来的成就。还可以将能力分为内容性能力（或称专业知识能力）、功能性能力（或称可迁移能力）和适应性能力（或称自我管理能力）。

能力作为一个人完成任务的前提条件，是决定工作效果的基本因素。因此，发现自己的能力倾向、了解不同职业的能力要求，对合理地进行职业选择具有重要意义。

一旦发现了自己的优势能力，就要好好地利用它，否则你的优势就如同沉在海底的一颗珍珠，变得毫无价值。很多人在找工作时，有很大的盲目性，不知道利用自己的优势，结果选择了自己不擅长的工作。每个人的优势都有很大的成长空间和发展潜力。与其把时间和精力放在克服弱点上，不如把重点放在发挥优势上，把优势发挥到极致，你就会像一棵小树一样快速成长，很快拥有一片属于自己的广阔天地。

一个人只有去做自己最擅长的事，才能做得尽善尽美。立足于专长，充分利用自己的优势，从某种意义上说，这是一个人事业成功的关键。所以，在规划自己的职业之前一定要好好想想自己的优势能力是什么？从事什么样的工作才能更好地发挥它？选择能发挥自己优势的职业，工作起来也会得心应手，感到轻松自如。

职业所要求的能力大多是要靠后天努力才能完善的，提高职业能力的途径除了在实践中学习和摸索，最有效的方法是接受教育和培训。学校教育能使人掌握一定的基础知识和职业技能。在上岗前再参加一些针对性强的专门培训，对上岗后更好地胜任岗位职责会有极大帮助。

第三节 生涯规划设计

一、生涯从职业规划开始

职场人生涯发展“五个坎”

对即将步入社会的大学生来说，开启生涯规划首先从职业规划开始，这是人生旅程中不可或缺的重要一步。

人的一生可能从事不同的职业，不同的职业经历会给你带来不同的结果和感受，让你拥有酸甜苦辣的多味人生。有时候，自己可能会对所从事的职业有所怀疑，这真的是自己想要的工作吗？为什么自己一点成就感也没有？自己会这样一直做下去吗？你可能会出现在失业与就业之间彷徨不定的情况，原因就在于没有规划自己的职业生涯！职业如同人生的航程，职业生涯规划就如同人生的导航图，指引你前进的方向。没有职业生涯规划，就没有人生的目标，就没有行动的方向，你的一切努力都将会一场空，甚至会引发多米诺效应。

哈佛大学的专家曾对美国社会进步动力进行研究，发现那些成功的人往往都是有长期时间观念的人。他们进行每天、每周、每月活动规划时，都会用长期的观点去考察，会做出五年、十年，甚至二十年的未来计划。他们分配资源或做决策都是基于对自己在几年后的地位和成就的预期。这一研究成果，对于刚刚跨入社会的职场人士有着重要的启迪作用。如果我们在学校学习时或参加工作后，从来没有对自己未来的职业生涯进行过长远规划，那么很可能等到 30 岁，还没有形成自己的真正专长和对自己的准确定位，从而陷入在现有岗位继续下去出路不大，重新转行又要花费很大力气和付出很大的机会成本的这种尴尬境地。

实践表明，随着年龄的增长，职业发展却没有增长是一种慢性危机，这种慢性危机最终可导致失业。因为现在各行各业人员招聘时，不仅要对能力作衡量，年龄也成为一个不可缺少的参照物。如果想三十而立，就必须有自己循序渐进的职业发展路线，从目标方法着手，一点一滴积累自己的职业竞争力，使自己朝一个方向发展，最终实现自己的人生目标。虽然越来越多的人认为，职业不过是一份工作，人生真正的满足可以从其他方面获得。然而，幸福的人往往是这样的一类人，即他的职业和生活方式与他的生活目标相一致。生活的目标或许是相对比较固定的，是静态的，但是职业和生活方式却是处在一个动态的变化当中。如何在这种动态和静态相结合的情势下找到一个最佳的平衡点，选择一条适合自己的职业发展道路，是个看似简单但实施起来却颇费工夫的难题。

没有人不渴望成功，没有人会拒绝成为顶尖人物，而成功的顶尖人物没有一个不是在明确目标的指引下行动的，所以要获得“正确”和“满意”的生涯，规划自己的职业生涯是前提和基础。

大学四年学生职业规划实施策略

二、大学职业规划正当时

大学生活虽然在人生中只占短短几年时间，但却是人生成长的重要时期。大学生活汇聚了青春最炽热的年华，包含了青春的骄傲与美好，也充满了青春的苦恼与忧愁。当我们还没上大学的时候，都在梦想着大学里的美好生活，憧憬着自己在大学里怎样奋斗，怎样为实现自己的理想而努力，但是当我们越过高考这一道门槛进入大学时，我们是否还能想起最初的梦想？是否还在富有激情地为了实现理想而拼搏？事实上，有的人做到了，有的人则不思进取，在大学的“象牙塔”里迷失了自己。

每个人要想使自己的一生过得有意义，都应该有自己的职业生涯规划，特别是对于正处在对个体职业生涯探索阶段的大学生而言。大学阶段的职业规划对职业的选择及今后职业生涯的发展有着十分重要的意义。

当下，人们常说“就业困难”，实际上是“就业迷茫”，许多大学毕业生不知道自己应该从事什么样的工作。很多学生在初入大学时持有“大一大二先轻松一下，大三大四再努力也不迟”的心态，对自己未来的发展缺乏科学规划，这往往成为他们面对就业压力时感到手足无措的一个重要原因。

不管是在校大学生还是参加工作后的年轻人，职业生涯规划意识都比较弱，很多人并没有做职业生涯规划，他们不知道该如何面对各种招聘活动和职业选择等问题，以至于在求职和工作中经常感到不顺心，碰壁现象屡屡发生。缺乏正确的职业生涯规划，已经成为许多大学毕业生人生发展的主要障碍。

为此，大学生在进入大学学习后就应该多读有关职业生涯规划方面的书籍。在此基础上，结合自己的实际情况，对自己的兴趣和个性特点进行深入了解，以便对自己的事业发展和人生的奋斗方向做到心中有数。同时，还应该多了解社会上的各种职业，选择其中能够实现自己事业追求或符合自身事业发展方向要求的工作，确定基本的职业目标，并划分出大致的职业发展阶段。就业时，要选择符合职业目标要求、能够实现本人特定职业阶段要求的工作单位作为个人职业生涯的第一站。

大学生职业生涯规划不同于就业指导，就业指导较多地关注就业层面，如如何写简历和推荐信，如何填写招聘表格，如何参加面试等，这些都是很具体的找工作的技巧，而职业生涯规划不同于这些传统的求职准备，它从更高的层面上，让人们对自己整个人生职业的发展制定目标、确定方向，用心走好自己的人生之路。对于大学生来说，科学地进行职业生涯规划，可以帮助他们更早地意识到自己的目标，更有效率地度过每一天，更好地向人生目标迈进。

许多大学生常说：“外界环境变化太快，制定职业规划究竟有什么意义？有人当初没制定规划也成功了。”确实职业规划与成功之间并没有必然的因果关系，但制定科学、合理、务实的职业规划会使目标更明确，更有助于成功。俗话说：机会只偏爱有准备的人。无论世界怎样多变，从古至今，一个国家、一个城市或一个组织都在为自身的发展制定规划。大学生制定职业规划的意义不在于控制变化，而在于认识自我，寻找方向，在变化中适时地调整自己的坐标，使职业发展之舟顺利前行。

职业生涯规划教育发源于美国，在美国，几乎所有的大学生都会在专家的帮助下进行职业生涯规划。在20世纪70年代，职业生涯规划达到高峰，当时整个美国都在推广和实施"生涯教育"。按照生涯认知、生涯准备、生涯熟练等步骤逐一实施，使学生获得谋生技能，并建立个人的生活形态。在美国、英国、日本等国家，职业生涯规划已被列入必修课，贯穿于大学教育全过程。职业生涯规划在我国兴起不久，但国家、社会和高校高度重视，在理论研究和实践探索中不断取得成效。

大学生就业时，往往出现这样的场景：同一个学校的同一个年级、同一个专业的学生，毕业时境遇却不同。有的学生可以收到几家著名公司的录用通知，而有的学生可能连去普通公司面试的机会都没有。存在这种差异的原因有多方面，比如在学校时的学习成绩和各种能力差异、个人性格等因素影响，但值得关注的一点是，凡是毕业时取得丰硕成果的大学生，在校期间都有自己的职业生涯规划。从近几年许多大学毕业生就业情况较好的高校来看，都体现出职业生涯规划教育做得早且扎实。大学生早些认识自己，明确方向，在面临日益激烈的就业状况时，其所承受的压力会在一定程度上有所缓和或减轻。

同时，职业生涯规划教育还有助于拓宽学生的视野和就业渠道，树立科学的就业观念，缓解就业的心理压力。职业生涯规划不但是一种先进的理念、意识，也是一种行之有效的方法，它改变了大学生传统的学习、思维及行动方式，使他们主动走出"象牙塔"，回归到社会生活中，同时使他们在竞争激烈、复杂多变的就业市场中保持一份清醒与自信，更好地适应社会发展与就业市场要求。

从具体实施来看，职业生涯规划应该从大一做起，在不同阶段采取不同行动计划，并不断探索和修订自己的职业理想和发展目标。大学四年的职业生涯规划方向、目标和实施措施各不相同。

1. 探索阶段（大学一年级）

方向：正确认识大学，认识自我，启航生涯规划，制定职业目标。

目标：适应大学生活，树立规划意识。

实施策略：

（1）了解就业形势，树立新的奋斗目标。如果说高中的目标是考上大学，那么现在的任务就是为了以后的就业和职业发展。

（2）完成从中学生到大学生的角色转变，尽快适应大学生活。虚心请教师兄师姐，积极参加集体活动，建立新的人际关系圈。熟读学生手册，关注辅修专业和第二学位的申请条件，保证稳定的学习成绩。

（3）开始自我和职业的探索，树立职业规划意识。通过职业测评等工具全面客观地探索自己，思考有哪些职业与自己所读的课程、专业相吻合，通过互联网、报刊和访谈等渠道进一步了解这些职业。

2. 定向阶段（大学二年级）

方向：夯实基础，拾遗补缺，进行生涯规划设计。

目标：确定主攻方向，培养综合素质。

实施策略：

（1）虚心请教师长和校友，根据自己的发展意愿选定专业或主攻方向，有必要和条件的话，可同时辅修其他课程和专业。

（2）建立合理的知识结构，注重专业能力的培养，参加英语、计算机等工具性证书的考试。

（3）积极参加学生会或社团工作，培养自己的组织协调能力和团队合作精神，提升自己的综合素质。尝试兼职、实习等，积累一定的职业经验。

3. 奋斗阶段（大学三年级）

方向：扩展素质，科技创新，提升素质，思考专业成才。

目标：提升职业技能，积累职业经验。

实施策略：

（1）加强专业知识学习的同时，考取与职业目标相关的职业资格证书。增强兼职、实习的职业针对性，积累对应聘有利的职位实践经验。扩大校内外交际圈，加强与校友、职场人士的交往，提前参加校园招聘会，与用人单位招聘人员进行沟通。

（2）学习求职技巧，学会制作简历和求职信，了解面试技巧和职场礼仪。如果决定考研，要做好复习准备；如果希望出国留学，要注意留学资讯和动向，准备 TOEFL 或 GRE 考试。

（3）在大三后期要查漏补缺，检查当下状况与毕业后目标的差距，及时采取纠偏措施，为大四目标的顺利完成打下坚实的基础。

4. 冲刺阶段（大学四年级）

方向：探寻择业、就业。

目标：充分掌握资讯，实现毕业目标。

实施策略：

（1）留意学校就业指导中心通知和其他重要的招聘渠道，不要遗漏关键的招聘信息。

（2）登录招聘单位网站或通过咨询、访谈等方式，了解招聘单位的相关信息，为面试做好准备。

（3）选择实用性高的毕业设计题目，借机证明自己的应用研究能力。学会就业心理调节，始终保持自信和主动；了解劳动法规和政策，学会保障自己的劳动权益。

三、职业生涯机会的评估

要想对自己的职业做出正确的选择，需要了解所从事职业的外部环境，即对职业生涯机会进行评估。大学生应该通过多种途径，获取目标

未来职业发展的特点及其发展趋势

就业区域、目标行业、目标职业和目标企业的相关信息，同时结合自己的专业情况、就业机会、家庭环境和社会需求等因素，理性评估职业机会，综合运用多种途径（如互联网、报刊、人才招聘会、校园招聘会、社会实践和职场人士访谈等）进行职业机会评估。互联网虽然方便快捷，但可信度不高，采用职场人士访谈及其他较为直接的可信度高的信息渠道会好些。进行外部环境分析时，要充分认识并了解外部的环境，分析环境对职业发展的要求、影响及作用，对各种影响因素加以衡量，评估环境因素对自己职业生涯发展的影响，并做出反应，以便更好地进行职业选择和职业生涯规划。只有对这些环境因素充分地了解，认识到职业发展的局限和可能，才能做到在复杂的环境中趋利避害，使职业生涯规划具有实际意义。

大学生在选择职业时，由于缺乏社会经验和判断能力，往往具有盲目性，同时，家人的选择也对他们最终的选择产生很大影响。当然，适当听取家人或朋友的意见是必要的，但最关键的还是要由自己来决定自己的职业，规划自己的人生。另外，也有一些大学生由于经济拮据，在毕业时迫于经济压力，择业时只考虑收入报酬，而未考虑企业的其他情况，从而导致盲目就业。

职业机会评估主要包括社会环境分析和组织（企业）环境分析。

社会环境分析主要包括对社会政治环境、经济环境、法律环境和文化环境等宏观因素的分析和职业环境的分析。社会环境对一个人的职业生涯的确定和以后的发展都有着重要的影响。当下处于较好的宏观环境，社会安定、政治稳定、科技发展、文化繁荣……都有利于一个人职业生涯的顺利发展。在做职业生涯规划时，需要特别注意职业环境分析，认清自己所选择的职业在大环境中的发展状况、技术含量、社会地位和未来的发展趋势等。

此外，进行组织（企业）环境分析是职业生涯规划的核心问题。因为你要选择的企业将与你的未来发展息息相关。组织（企业）环境分析主要包括行业环境分析和企业环境分析。行业环境分析包括目前所从事的行业和将来想从事的目标行业的环境分析，其具体内容包括：行业的发展状况、国外国内政治环境对行业发展的影响、行业存在的优势，以及未来的发展趋势等。行业不等同于职业，行业是企业的集合——只有从事同类销售的企业或提供类似服务的企业达到一定数量时才形成一个行业。分析行业时，一定要结合大环境的发展趋势，如科技的迅速发展会使某些行业如夕阳般逐渐消退，也会使某些行业如雨后春笋般不断涌现。此外，还要注意国家政策对这个行业是鼓励还是制约，要尽量选择有前景、有发展前途的行业。

每家企业都有自己的发展目标、发展轨迹和发展模式，分析企业环境可以为自己以后迅速适应新环境打下基础。要想科学规划自己的职业生涯，就一定要把组织发展和个人发展结合起来。企业环境分析包括企业在本行业中的地位、现状和发展前景，具体包含四个方面的内容。

一是企业实力。企业目前在本行业中具有怎样的实力？占据怎样的竞争地位？发展前景怎样？有很强的生命力吗？是不是只有个“空壳”？企业的发展领域在哪些方面？在社会和本行业中的地位和声望如何？这些都需要细心观察、认真了解，以免耽误了自己的发展。

二是企业领导。企业领导人的为人、能力和抱负对企业的发展也是非常重要的。因此在进入企业之前有必要对企业的领导人进行了解，尤其是对领导人的能力和领导人对企业发展的愿景要充分关注。

三是企业文化。企业文化是企业员工在长期生产和经营活动中形成并共同遵循的基本信念、价值标准、最高目标和行为规范。企业文化代表一个企业的核心竞争力，是影响企业经济效益的重要因素。如果一个人的价值观与企业文化存在冲突，不仅影响企业的发展，也不利于个人能力展现和发挥。企业文化存在于每个员工的心底，可以从员工的日常行为中体现出来。优秀的企业一定有优秀的企业文化，没有优秀的企业文化就不会有优秀的企业。

四是企业制度。企业制度范围比较广，涉及管理制度、用人制度、培训制度等方方面面，应尽可能多地了解这些信息，分析其对自己将来的发展会产生怎样的影响。需要特别关注的是企业的用人制度，是否能提供教育培训的机会？个人的发展空间有多大？待遇提升的空间又有多大？在选择企业时，企业大小并不重要，应从企业发展和个人发展的态势来看，择业的重心应依企业规模而异。也就是说，大型企业选文化，中型企业选行业，小型企业选老板。其实，不管你选什么样的企业，都要考虑到自己在企业中的发展空间、企业的发展潜力、自己的目标在企业中实现的可能性等方面。调查显示，以往以薪酬为导向的就业观念正在发生转变，机会多、待遇优、个人发展空间广、企业体制完善成为求职者选择就业城市的综合因素。

也许你的专业在就业时会受到限制，让你“没的选择”；也许某些职业看起来很热门，你会不由自主地受到别人的影响。其实，自己要明白，就算你真的“没的选择”，也要选择一个与你目标接近的职业，再静待时机寻求转换。不要盲目追随热点行业，再热门的行业都有可能转为冷门行业，再冷门的行业将来也有可能转为热门行业。

四、职业生涯目标的实施

（一）职业生涯目标的设定

大凡志向远大的人，不管其从事什么工作，都有明确的职业发展目标，他们始终关注该走什么样的职业发展道路，什么样的选择会对自己更加有利，从而精心规划自己的职业生涯。没有目标或目标不明者，则多会安于现状，在迷茫中度过生命的每一天。事实上，我们多数人在心底深处还是有职业目标的，但这种职业目标并不清晰，只是一个模糊的轮廓或影子，在职业发展出现阻碍和困顿时，就会变得非常迷惘，甚至出现中断或重新选择的可能。

（1）目标设定。职业生涯目标的设定，是职业生涯规划的核心，是在充分认识自我、对职业机会进行评估后，对职业发展方向做出的抉择。这种抉择是在对主客观条件进行分析的基础上，以自己的最佳才能、最优性格、最大兴趣、最有利的环境等信息为依据，科学地做出的。

（2）规划观念。大学生在建立职业生涯目标之前要树立四个正确的职业生涯规划观念。一是自我负责的观念。职业生涯规划关系到大学生个人的发展前途，不要指望别人（包括自己的父母）来对你负责。二是切合实际的观念。职业生涯规划既是理想的，又是现实的，是理想和现实妥协的产物，不要追求所谓的“最佳规划”，在自己的兴趣爱好不能马上实现时，要学会采取变通的方法。三是互相匹配的观念。不要仅仅考虑行业、企业和职业如何匹配自己，还要考虑自己如何匹配对方。四是终身探索的观念。职业生涯规划是过程，不是结果，没有一次就能规划好的职业，必须学会适应变化，及时采取应变措施。

（3）设定时段。目标的设定要划分时段，一般可分为短期目标、中期目标、长期目标。短期目标一般为一至二年，短期目标又分为日目标、周目标、月目标、年目标；中期目标一般为三至五年；长期目标一般为五至十年。职业规划目标也不例外。在进行职业生涯规划时，对职业生涯规划的几个发展阶段也应该做到心中有数，明确自己在每个阶段要具体实现的目标。

在人的一生中，我们需要靠职业来维持自己、发展自己、壮大自己，所以必须认识到自己在现实社会中所处的位置，要想好自己该走的每一步路，这是一个有目的的规划过程，而不是盲目的选择过程。规划好自己的职业生涯，主动去把握它、迎合它、顺应它才是明智之举。有了自己的职业生涯规划，就有了明确的职业定位和择业的标准，这样就会更好地就业，走好职业发展的第一步，为自己的成功奠定坚实的基础，你的职业生涯也将从此扬帆起航！

（二）职业生涯方向的确定

1. 职业选择决策考虑因素

（1）我是谁？（Who）。“我的特长是什么？”“我的爱好是什么？”“我的职业兴趣是什么？”“我的竞争优势是什么？”“我的家庭情况如何？”，等等。

（2）我选择的职业是什么？（What）。“我的职业选择有哪些？”“我遇到的问题有哪些？”“我的职业选择影响因素有哪些？”，等等。

（3）需要多长时间？（When）。“实现我的职业目标需要多久时间？”“我确定职业发展规划的时间有多久？”，等等。

（4）我就业的地方在哪里？（Where）。“我向往什么样的工作环境和生活空间？”“居住地点与工作场所的距离远近如何？”，等等。

（5）为什么要选择这个职业？（Why）。职业抉择时，需要探索和思考“自己为什么选择职业 A 而不选择职业 B?”“我职业抉择的主要困境有哪些？”，等等。

（6）如何完成我的职业抉择或目标？（How）。具体职业选择后，主要考虑“如何找到合适的工作？”“如何完成目标？”“如何安排时间？”，等等。

2. 职业方向确立考虑因素

（1）个人特质。个体差异是普遍存在的，每个人都有自己独特的特质。每种职业由于其工作性质、环境、条件、方式的不同，对工作者的价值观、兴趣、性格、能力、心理素质等有着不同的要求。当然，人是有弹性的，可以根据环境要求做出改变和调整。但是，人的弹性只能在一定的范围内做出改变和调整。因此，在确定职业发展方向时，需要我们根据个人特质的弹性范围，寻找到个人特质与职业之间的最佳匹配点。匹配得好，个人特质与职业环境协调一致，则工作效率和职业成功的可能性就大大提高；相反，则工作效率和职业成功的可能性就会很低。要实现个人特质与职业之间的良好匹配，需要正确分析自身的职业价值观、职业兴趣、职业性格和能力优势等。

（2）社会需求。社会需求是影响一个人职业选择的一个非常重要的因素，这是由职业的内涵决定的。一种职业的产生和发展是社会需求的结果，有了需要才有社会分工。比如，随着企业的不断发展，企业所有者需要专人为自己的企业提供专业服务，因此产生了“职业经理人”；有人在职业发展中会遇到很多困惑，需要他人为自己提供专业的帮助，因此产生了“职业生涯规划师”…… 因此，没有社会需求和社会分工，职业也就不会产生。不管我们从事什么性质的工作，都要站在职业服务对象的角度思考问题，满足职业服务对象的实际需要，只有这样，我们的工作才会卓有成效，我们的职业发展规划才有可能实现。

（3）所学专业。任何工作岗位都需要从业者具备相应的专业知识与专业能力。学校专业教育可以使学生接受多年的专门培养，比较快地掌握相应职业所需要的专业知识与专业能力。因此，在确定未来职业发展方向时，需要考虑从业者以往所学的专业。

（4）社会资本。一个人职业发展规划是否能成功实现，不仅取决于个体的人力资本，即个人身上所蕴含的知识和技能，而且还取决于社会资本，即通过正常的朋友、同事等途径开展社交活动，与他人建立健康、长期和稳定的人际关系资源。社会资本对职业发展的影响主要体现在以下几方面：

① 信息获取：提供工作职位空缺、组织政策等方面的信息。

② 资源获取：享有对组织资源更多正式或非正式的权力、影响和控制。

③ 职场庇护：提供有利和及时的曝光机会、承担挑战性工作的机会，以及职业建立和辅导等。能够成为社会资本的关系有亲友关系、同学关系、师生关系、战友关系、同事关系、熟人关系等。

（三）职业生涯目标的实施

职业生涯设定需要切实可行的奋斗目标，但是，仅仅制定目标，如果不付之于实施，则再好的目标也只是空想，进而失去意义。所以，在确定了职业生涯目标后，制订行动计划并去实施便成为关键环节。没有具体的行动方案，目标只能成为遥远的期望。为了在激烈的竞争中求得发展，企业都有自己详细的日程表，我们每个人为了职业生涯的成功也要有一套具体可行的行动方案和实施策略，这样才能一步步地走向成功。

如前文所述，职业生涯目标的设定有时间阶段性，目标的实现也要通过一系列的阶段来展现。为了顺利达到每个阶段的目标，实现自己的最终目标，需要根据阶段的特点将制定的目标进行分解。目标分解就是根据观念、知识和能力的差距，将职业生涯的长期目标分解为长期目标、中期目标、短期目标，直至分解的目标为某个确定的日期可以采取的具体行动。目标分解是将目标清晰化、具体化的过程，量化目标是使目标具有可操作性的有效手段。目标分解一般从最远、最高的目标开始，一直分解到最近的可以实现的目标。

在马拉松长跑比赛中，只有意志坚定的人才能到达终点。在人生的跑道上，只有不畏漫漫征程、不断前进的人，才能到达目的地。生活中，有人做事之所以会出现半途而废的情况，不是因为完成事情的难度大，而是因为他们觉得成功离自己很远，所以就轻易地放弃了。也就是说，人们不是因失败而失败，而是因失望而失败。在人生的旅途中，只要确定了可行的目标，并具有坚定的意志，信心百倍地去努力实现，那么我们的人生也就不会留下太多的遗憾和悔恨。

五、职业生涯目标的完善

俗话说“计划赶不上变化”。影响职业生涯规划的因素很多，除了个人自我认识的偏差，还有一些外界环境因素。有的变化因素是可以预测的，而有的变化因素则难以预测。职业生涯规划制定后，要求我们时时关注内外部环境的变化，不断地审视自己，调整自己，不断地修正职业生涯规划的策略和目标，在实践的检验下不断完善职业生涯规划。

每个人的自身条件和外部环境不一样，对未来目标的设定也有区别。人们不可能对未来外部情况了如指掌，对自己的一些潜在能力也不可能了解得很深入，这就需要在实施中不断根据反馈信息进行规划修正，使之更符合当时的客观环境。职业的重新选择、实现目标的时限调整、职业路线的设定，以及目标本身的修正，进行职业生涯目标完善的目的就是让自己时刻保持最佳状态，在通向最终目标的职业生涯道路上一路畅通，更快、更好地实现自己的人生目标。

进行职业生涯目标的完善时，主要把握以下要点。

1. 抓住关键内容

人的精力是有限的，如果同时关注几个方面，则结果可能是得不偿失。就像猎人同时锁定几个猎物，最后可能一个也没有得到。所以，我们在完善职业生涯目标的过程中不必面面俱到，只要抓住一到两个关键的目标和主要的策略方案进行修整即可。在职业生涯的每个不同阶段，总有一个核心目标，其他目标都指向这个核心目标，人们可以按照重要性为它们排序，并重点完善那些可能达到这个核心目标的主要策略执行的效果。

2. 找到突破方向

有时候某一点上的变化将会对整个局面产生重大影响，正所谓“抓主要矛盾和矛盾的主要方面”。我们可以考虑规划中的策略方案，哪个方案对目标的实现将会产生深远的影响？为什么目标还没有达到？如何实现这一点的突破？

3. 关注自身的弱点

每个人都有自身的弱点，有些弱点可能成为行动上的障碍。因此，在规划方案完善的过程中，有必要对自己的弱点进行检查纠正。一般来说，人们的弱点主要存在于以下几个方面。①知识问题：可能是你所学的知识不够，或者是你选错了学习的方向。②能力问题：人们周围的环境是在不断变化的，这种变化对人的能力也提出了一定的要求。也许你已经在努力提高自己的能力，但仍然赶不上变化的需要。这时候你要思考，自己做的努力够吗？现在遇到了何种困难？自己该如何应对？③毅力问题：有些时候，我们没有取得预期的进步，并不是规划做得不好，而是自己的意志不够坚定，所以会出现未达到预期目标的情况。行之有效的职业生涯规划设计要通过职场反馈信息，根据个人需要和现实的变化，随时调整、修正职业生涯目标及实施步骤，反省策略方案的可行度、契合度和成功概率，使之适应职场变化的要求，并作为下轮生涯设计的参考依据。

每个人都可以制定自己的职业生涯规划，但它并不是固定不变的。根据经济环境下行业、组织的发展变化，建立有效的信息整理、分析和筛选系统，同时结合自身的综合素质，不断改进自己的职业生涯规划，才能在充满竞争的职场中走下去，最终到达成功的彼岸。

第二章 践行职业规划

第一节 做好职业决策

一、职业生涯决策原则

（一）职业生涯决策概述

当人们面对许多选择时，每个选择对个人都有不同程度的价值，每个决策都有其机会成本。职业生涯发展过程中，选择与决策贯穿始终，直接影响个人生涯满意程度及自我实现的感受。职业生涯决策是指人们在职业生涯发展中，面临各种职业选择时，通过评估、选择、确定，并承诺付诸实施的过程。

（1）职业生涯决策是即时和动态决策的认知过程。职业决策不仅是一个即时的职业生涯选择行为，也是一个动态的决策过程。决策者需要收集有关自我和职业环境的信息，并在多项选择之间权衡利弊，以达成其最大价值。

（2）职业生涯决策是个性和职业因素的统一过程。在市场经济条件下，不同的人有不同的择业目标，不同的社会岗位对不同的求职者进行选拔。这就要求在职业生涯决策时，要充分考虑决策者的价值观、性格、兴趣、气质和能力等个人信息，同时也必须面临社会、职业和教育等各方面的选择。这样才可以在综合自我认知和社会认知基础上，利用职业决策的知识和技能，对个性因素和职业因素进行优化，制定出个人的职业生涯决策。

（3）职业生涯决策是理想到现实转化的调适过程。在谋划个人未来发展时，人们都会树立自己的职业理想，但理想和现实之间往往存在着一定差距。作为职业生涯决策者，要在职业理想和客观现实之间做出一定的妥协。当客观现实不能满足职业理想时，必须打破幻想，承认现实，降低要求，从而在自我反思之后，真正解决“我与职业”的关系，科学、客观、合理地完成职业生涯决策的转化与调适。

（二）职业生涯决策三项原则

1. 个人特质与职业环境相匹配

一个人在选择职业时，主要考虑三方面因素，即对自己的爱好和能力的认识，对工作性质和环境的了解，以及它们两者间的相互协调和匹配。但现实生活中，往往存在这样的场景，有不少高校毕业生找不到自己理想的工作岗位，同时也有大量的工作岗位找不到理想的胜任者。出现这一现象的实质是高校培养的“人才”（大学生）与用人单位需要的“人才”（求职者）不能互相匹配。就大学生而言，解决这一困境的途径在于：①认识自己：面对一个全新的职业领域，自己拥有什么，自己缺少什么？②认识职业：用人单位需要具有什么素质、什么能力和什么价值观的人才？③实现匹配：如何找到自己的特点与用人单位需求之间的结合点？如何弥补自己的不足？

2. 脚踏实地与着眼未来相结合

人们在进行职业生涯规划时，往往有一个美好的愿景，并雄心勃勃地制订计划，以便在将来实现自己的人生目标。由于人生具有发展阶段和职业生涯周期发展的任务，职业生涯规划与管理的内容必须分解为若干个阶段，并划分到不同的时间段内完成。每个阶段又有“开始执行”和“完成目标”两个时间点。因此，决策时既要脚踏实地立足现在，又要着眼未来规划长远，只有把这两者有效结合，才能使职业生涯规划落到实处，取得成效。

3. 自我价值与社会需要相结合

每个人都是在一定的组织环境与社会环境中学习发展的，因此，个人必须认可组织和社会的目的和价值观。只有处理好个人发展和组织发展的关系，寻找到个人发展与组织发展的结合点，才能有长期稳定的发展。当一个人原定的就业意愿一时不能得到满足时，就要根据社会需要做出新选择：①根据社会需要做出新的选择，走另一条职业道路；②选择一种与自己的“理想职业”相接近的职业，继续接受教育培训，积累就业条件；③先到容易就业的职业岗位上工作，再根据自己在这一职业的工作情况，决定是否更换职业，做到“先就业再择业”。

二、职业生涯决策内容

1. 明确职业定位

职业定位，就是明确一个人在职业上的发展方向，是人在整个职业生涯发展历程中的战略性问题，是自我与现实不断调节，最终使自我与职业达到尽可能匹配状态的过程。职业定位一般包括职业定向和职业定岗两个方面。所谓职业定向，是指个体根据职业发展趋势、社会需要和个人心理素质特点来确定职业的方向与目标。所谓职业定岗，是继职业定向之后产生的一种对具体工作内容的选择。通过职业定位，找到每个人的独特竞争优势，确定最适合自己发展的独特职业领域，从而实现与他人的差异化发展。它是职业规划及职业发展的最基础、最重要的第一步，也是职业规划的核心。

2. 选择职业方向

在充分探寻自我潜能，了解职业世界基础，明确职业定位之后，综合考虑个人理想与客观现实，对若干个可行的职业发展方向进行比较评估，做出职业方向的选择。同时要做好备选方案的选择和确定工作，做到战略坚定，战术灵活。不管选择怎样的职业方向，都应尽量做到符合实际、方案最优。

3. 制定职业目标

确定职业方向后，要为自己选择的职业方向制定不同阶段的职业目标，包括最终目标、长期目标、中期目标和短期目标，并针对不同阶段目标制定相应的行动方案。通过阶段性实现这些目标来促进职业生涯的长远发展。

4. 明确发展要素

明确实现未来职业发展目标过程中需要解决的问题、可使用的资源支持、面临的困难，以及要执行的事项等发展要素，从而在对内部条件和外部环境进行综合评估的基础上做出决策，尤其要对职业发展路线做出周密、严谨及科学的设计。

三、理性做好就业决策

树立正确就业观

（一）全方位认识分析自我

只有清楚自己的价值观、兴趣、爱好、性格、气质等特点，才能够做出适合自己的职业选择，并作为认识自我的参考。

（1）征求自己所熟悉的人的意见。多和父母、朋友、老师和同学谈心，听一听他们眼里的你，并将他们的看法加以总结归纳，发掘自己的基本特征。

（2）阅读关于探索兴趣、爱好、性格、气质等方面的书籍，了解一些基本的专业知识，明白不同性格、气质的人的特点及优势和劣势。同时可对照书本内容进行自我探索，对自己的性格、气质等做初步的分析和认识。

（3）借助科学的测评工具认识自己。利用就业信息网上的职业测评工具对自己进行职业测评，作为认识自我的参考。

（二）从实际出发选职业方向

了解和认识自己以后，首先把自己所有的特征集中起来进行对比分析，然后确定自己真正的兴趣。其次寻求适合自己这种兴趣取向的职业，把它们一一列出来，进行分析对比。最后将自己最想从事的职业作为重点目标和对象，按自己比较喜欢的、有些喜欢的……顺序排列下来，有利于将来的职业选择。

（三）收集和分析职业信息

选择好了发展方向，就要进一步收集职业信息，了解该职业的具体情况，从而分析自己是否适合。要获取自己设定的目标信息，需要主动通过各种途径去收集、整理。收集信息没有一定的标准和规则，只要能得到有效的职业信息即可。根据收集资料的方式不同可分为静态的资料收集和动态的资料收集。

1. 静态的资料收集

（1）阅读名人传记。如果确定了自己想从事的职业，就可以了解该职业最有成就和建树的人，查阅关于介绍他们真实生活和工作的传记。传记更加翔实，更接近于真实的情况，也能提供更有效的职业信息。

（2）利用就业信息。把自己感兴趣的职业信息收集、整理起来，形成一个该职业当前最基本的资料。这些来自招聘单位的信息，最能反映该职业时下的行情，有很大的帮助和参考作用。

（3）参加职业招聘会。参加职业招聘会或职业指导报告会等，能迅速增加自己的职业信息量，只要有机会就应该积极去参加。

（4）通过亲朋好友收集职业信息。利用人际关系，包括亲戚、朋友、同学等各种关系，帮助留意、打听有关职业信息。

（5）关注各类媒体报道。观看人物访谈、纪实片、专题报道、新闻采访、专家评说等，从中了解从事这些职业的人的生活情况、工作情况。

2. 动态的资料收集

（1）访谈生涯人物。联系一个在你目标行业领域就业的师兄师姐，对其进行采访，了解该岗位的实际工作情况。

（2）参加各种形式的招聘会和面试。积极参加自己喜欢的职业的招聘，创造机会与招聘人员面对面地沟通，了解该行业情况、职业要求等。

（四）制订计划并付诸实践

当通过各种途径收集到职业信息并进行归类分析后，会发现自己的职业目标变得越来越清晰，知道了哪些职业是自己期望的，哪些职业是不能满足自己需求的。

第二节　体验职业规划

一、在校期间探索

（一）树立职业理想

职业理想是大学生对未来职业表现出来的一种强烈追求和向往，是对未来职业生活的构想和规划。

大学生的职业理想受到社会环境和社会现实的制约。社会发展的需要是职业理想的客观依据，凡是符合社会发展需要和人民利益的职业理想，都是高尚、正确的，并具有现实可行性，大学生的职业理想应把个人志向与社会需要有机结合起来。

职业理想在大学生职业生涯规划与设计过程中起着调节和指南作用。一个人选择什么样的职业，以及为什么选择这一职业，通常是以其职业理想为出发点的。大学生树立职业理想的过程，就是进行职业生涯规划与设计的过程。一旦在心中有了自己理想的目标，便要去规划自己的学习和实践，并为获得自己认为理想的职业而去做各种准备。

（二）正确评估自我

正确评估自我就是大学生对自己做全面分析，通过各种方式进行自我分析、认识自己、了解自己。

大学生只有正确、全面地认识自我，才能对自己的职业生涯目标做出最佳选择。在职业生涯规划过程中，大学生正确评估自我是不可缺少的步骤，是职业生涯规划的基础，关系到职业生涯的成功与否。

一个有效的职业生涯规划设计，必须是在充分且正确地认识自身条件与相关环境基础上进行的。对自我及环境的了解越透彻，越能做好职业生涯规划设计。因为职业生涯规划设计的目的不只是协助人们实现个人目标，更重要的是帮助人们真正了解自己。

在自我评估中，大学生要通过科学认知的方法和手段，对自己的职业价值观、兴趣、个性和能力等多维度进行全面认识，清楚自己的优势与特长、劣势与不足。自我分析时要客观、冷静，既要看到自己的优点，又要面对自己的缺点，只有这样才能避免盲目性，达到职业规划设计高度适宜。

（三）生涯机会评估

生涯机会评估主要对内部和外部环境进行分析，确定这些因素对自身职业生涯发展的影响。大学生在制定个人职业生涯规划时，要分析环境条件的特点、环境发展变化的情况、自己与环境的关系、自己在这个环境中的位置、环境对自身的要求、环境给自身带来的利弊等，以此来确定生涯机会的大小，使生涯规划更具有实际意义。

对生涯机会的评估，主要从组织环境和社会环境两方面进行考察，一般来说，短期的职业生涯规划更注重对组织环境的分析，长期的职业生涯规划更注重对社会环境的分析。

（四）选择职业生涯路线

职业生涯路线指一个人确定是向专业技术方向发展还是向行政管理方向发展，或向其他发展方向。发展路线不同，对个人要求也不一样，即使在同一个职业，也分为不同岗位。有的人适合做行政，可以向这个方向努力，成为一名优秀的管理者；有的人适合做研究，专心钻研可以在技术或学术上有重大突破；有的人适合经营，可以遨游商海。如果一个人错误地选择了与自身条件不相符合的职业生涯路线，那么，在他的职业生涯中更容易遭遇坎坷，成功难度更大。

假定23岁大学毕业，从这个起点开始，通过对自己的能力、性格、兴趣、价值取向、特长等因素的分析，其职业目标定位将是多种多样的。比如有些定位于做工程技术、有些定位在职业经理、有些定位成为CEO等。在做了职业定位后，还要为自己的职业发展设计出一个路线图。

职业生涯的选择可能不是从一而终的，中间也许会有变动，但无论如何选择均应朝向自己的职业生涯目标前进。例如，你可把自己的职业生涯路线设计如下：在大学学习技术与管理知识——在政府部门锻炼自己的人际交往能力——到大企业担任中层管理员——到小公司担任高层管理员——成为大公司高层管理员。

（五）制订计划措施

明确职业生涯规划路线和目标后，行动便成了关键的环节。没有行动的目标，也就谈不上事业的成功。例如，为达到目标，在工作方面，你计划采取什么措施提高自己的工作效率？在业务方面，你计划学习哪些知识、掌握哪些技能提高自己的业务能力？在潜能开发方面，你计划采取什么措施开发自己的潜能？这些都要有具体的计划与明确的措施。

（六）规划评估反馈

影响职业生涯规划的因素诸多，有的变化因素可以预测，有的变化因素难以预测。在变化的状况下，要使职业生涯规划行之有效，需要不断对职业生涯规划进行评估与修订。

生涯规划是大学生生活与职业发展的蓝图。虽然在制定职业规划过程中，对内在和外在、主观和客观因素考虑了很多，但是随着时间的推移，这些因素会发生改变。为确保规划的可行性和有效性，必须随时对生涯规划的内容和成效加以评估。此外，在实施过程中，也会发现当初作规划时未曾想到的问题与执行时遇到的困难。为保证生涯规划的效果，在每实施一段时间后，有必要对计划执行方法作一次评估。

实施生涯规划时，必须为日后可能的计划修订预留余地，修订的依据是每次成效评估后反馈回来的信息。修订的内容包括：职业的重新选择、职业生涯路线的选择、人生目标的修正、实施措施与计划的变更等。

修订计划时，需要考虑以下几方面：第一，定期检测预定目标的达成进度；第二，每个阶段目标达成之时，要依据实际效果修订未来阶段目标可采用的策略；第三，客观环境改变影响到计划的执行。同时，在修订计划时，要不断地反省修正生涯目标，反省方案是否恰当，能否适应环境的改变，并作为下轮生涯规划参考的依据。

二、尝试职业实践

职业实践是在校大学生有效的职业探索方式。它具有直接、具体和感悟深刻等特点。职业实践可具体选择一个岗位，了解该岗位的实际工作情况，并亲自投入该岗位实践。

（一）参加校内实践活动

大学生在校期间，校内有许多职业实践机会，如担任学生干部、开展勤工俭学、在校内实习基地实习、加入学生社团等。大学里的学生干部有校级、院级、系级到班级，覆盖学生会主席到班级小组长的多个“职位”，这些“职位”既是协助学校和老师做好有关学生管理工作的帮手，也是学生自我锻炼的舞台。担任学生干部的同学应认真投入，树立服务同学的良好心态，积极组织开展相关活动，努力完成自己的职责，使自己的综合素质得以提高，并逐渐培养自身的计划、组织、沟通、协调和控制等管理能力。在校大学生也要充分利用校内勤工俭学机会，比如，协助保卫部门维护学校治安、课余在学校餐厅帮工、协助老师处理简单的办公室工作等。这些活动，可以培养学生的实践技能，使学生养成良好的工作态度。校内实习基地是大学生进行实践活动的另一个重要场所，专业技能只有通过亲自动手才能掌握，大学生应该重视每一次课程实习，积极参与其中。学生社团也是学生进行校内实践活动的平台。学生可以根据自己的兴趣和需要，有选择地参加学生社团，并积极参与社团活动，踏踏实实地做好自己的工作，使自身综合能力得到提高。

值得提醒的是，大学生参加各级各项实践活动并非越多越好，过多的实践、过重的工作任务，会影响学业。因此，大学生开展实践活动不要盲目求多，把握合适的度，有效选择其中某一项或两项工作认真做好即可，这样才能终身受益。

（二）寻找校外实践机会

相对校内实践来说，校外职业实践更能锻炼人。大学期间，大学生课余时间较多，要认真考虑和谋划，有效、合理地安排好自己的业余时间，在保证课程学习和适当休闲的同时，积极寻找并从事与自己兴趣、专业相关的课余兼职。寒暑假可以结合自己的专业参加学校组织的假期实践活动，或者通过各种方式到与所学专业相关的用人单位工作。即使找不到与专业相关的工作，做一些简单的杂务，甚至是纯体力工作也是很有价值的，可以锻炼吃苦耐劳的精神。通过校外实践，大学生可以对自己有更为深入的认识，可以更清楚地了解社会就业需要，培养职业能力，发现适合自己的工作岗位，为今后顺利就业打下基础。

当然，大学生的校外实践要妥善处理好校外实践与课程学习的时间安排，还要处理好校内各种活动的冲突，并确保自己的人身安全。

（三）开展生涯人物访谈

大学生在校期间选择一个自己准备从事工作领域的职业人，针对自己的专业和兴趣等对其进行采访，并做出详细的访谈记录。在访谈之前，要做出一个较为详细的采访提纲，内容包括对方的工作现状、工作历史、工作贡献、工作过程中所展现出的能力、对工作的感受、给自己的建议等。

生涯人物访谈步骤为：确定访谈内容、确定访谈对象、选择访谈方式、准备访谈清单、进行实地访谈、整理访谈的结果，最后将生涯人物访谈的经过、所收集的资料和心得，整理撰写成《生涯人物访谈报告》。

生涯人物访谈要点有：职业资讯方面（包括工作性质、任务或内容，工作环境、工作地点、工作时间，所需教育、个人资格或经验，所需训练技能，收入或薪酬范围、福利，组织文化和规范，内部培训和发展空间，未来发展前景），生涯经验方面（包括个人教育或训练背景、投入该职业的决策过程、生涯发展过程、工作心得体会、对工作的整体看法、获得成功的必备条件、未来职业规划、对后辈的建议）。

（四）体验职业咨询测验

目前，社会上的职业咨询机构和一些大学的心理咨询室、就业指导中心都有职业测评系统。大学生可以通过职业测验了解自己的性格、气质、能力、职业兴趣。常用的职业测验量表有：MBTI 职业人格测验，测量受测者在不同特点上的倾向水平，让受测者全面了解自己的总体个性偏好，以及在工作中的优势和劣势；Keirsey 气质类型调查问卷，通过测量可以让受测者全面了解自己的个性偏好；EUREKA 技能问卷，帮助个体确定已拥有的技能并弄清自己在工作中最喜欢使用的技能；工作相关能力问卷 IWRA，帮助个体找出与其最强能力和技能相符合的职业；霍兰德职业兴趣量表，测量个体的人格类型所对应的职业兴趣类型；职业锚量表，测量个体的职业价值观，它是个人进行职业决策时的核心因素；大学生职业规划系统测验，测量大学生的职业优势与劣势。

从某种职业目前的发展概况、对从业人员的普遍要求、未来的发展态势分析三个方面对资料和数据进行整理与分析，得出某种职业的前景分析报告，供自己职业决策和规划时参考。个人因精力、认知、视野有限而无法依靠自己的力量厘清思路时，选择专业且经验丰富的咨询师进行一对一的指导，是必要且有效的方式。

大学生在进行以上职业实践活动之后，要对各方面的条件进行权衡，兼顾自己的主观需求和客观现实，从而做出合理的职业选择。

三、SWOT 分析法运用

所谓 SWOT 分析，即基于内外部竞争环境和竞争条件下的态势分析，是将与研究对象密切相关的各种主要内部优势、劣势和外部的机会、威胁等，通过调查列举出来，并依照矩阵形式排列，然后用系统分析的思想，把各种因素相互匹配起来加以分析，从中得出一系列相应的结论。

“SWOT”中 S 代表 Strength（优势）、W 代表 Weakness（劣势）、O 代表 Opportunity（机会）、T 代表 Threat（威胁），是“能够做的”（个人的强项和弱项）和“可能做的”（环境的机会和威胁）之间的有机组合。其中，优势、劣势是内部因素，机遇、威胁是外部因素。

在职业生涯规划和决策中运用 SWOT 分析法，主要步骤如下。

运用 SWOT 分析法的缺陷及对策

（一）构建 SWOT 矩阵

大学生通过与他人比较，考量自己周围的职业环境，认清自身优势和劣势，以及周围职业环境的机会和威胁，并根据这些因素构建自身的 SWOT 矩阵。通过矩阵，可以明确自身竞争力和发展机会，并认识到自己的不足和外在威胁。

（1）优势——个体可控并可利用的内在积极因素。比如工作经验、教育背景、丰富的专业知识和技能、特定的可转移技巧（如沟通、职业道德团队合作、领导能力）、人格特性（如职业道德、自我约束、承受工作压力的能力、创造性、乐观）、广泛的个人关系网络和在专业组织中的影响力等。

（2）劣势——个体可控并需改善的内在消极因素。比如缺乏工作经验，学习成绩差或一般，缺乏目标，对自我认识不足，较差的领导能力、人际交往能力、沟通能力和团队合作能力，较差的寻找工作的能力，负面的人格特性（如职业道德较差、缺乏自律、缺少工作动机、害羞、性格暴躁）等。

（3）机会——个体不可控但可以利用的外部积极因素。比如就业机会增加，专业领域急需人才，专业晋升的机会，职业道路选择带来的独特机会，地理位置的优势，强大的关系网络等。

（4）威胁——个体不可控但可以弱化的外部消极因素。比如就业机会减少，由同专业的大学毕业生带来的竞争，具有丰富技能经验、知识的竞争者，名校毕业的竞争者，专业领域发展有限等。

（二）知己又知彼

1. 自我优势分析

（1）主要经历和体验：自己曾经做过什么，如在学校期间担任的学生干部职务、曾经参与或组织的实践活动、获奖情况等。这些可以从一个侧面反映出一个人的素质状况。在进行自我分析时，要善于利用过去的经验选择，推断未来的工作方向与机会。

（2）受教育背景情况：自己受教育和培训状况，如在学校期间，学习的专业课程中获得了什么？参加过何种培训？这些在一定程度上决定了你的职业方向，因而尽自己最大努力学好专业课程是生涯规划的前提条件之一。同时，要善于在学习过程中进行总结，将知识真正转化为自己的智慧。

（3）最成功事例分析：自己以往的成功事例，如做过的很多事中，最成功的是哪件？成功的原因是什么？成功是偶然的还是必然的？这些分析，可以发现自我性格优越的一面，比如自信、坚定、果断等，以此作为个人深层次挖掘的动力之源和魅力闪光点。

2. 自我劣势分析

（1）自身性格存在的弱点。一个独立性强的人会很难与他人默契合作，而一个优柔寡断的人更难担当组织管理者的重任。每个人都或多或少地存在人性的弱点，这并不可怕，关键要有正确的认识，认真对待，尽量寻找弥补、克服的办法，使自我趋于完善。

（2）经验或经历欠缺方面。需要从事某项工作，但之前从未接触过，或做过但多次失败，找不到成功的捷径，这些都说明自身经验欠缺。经验或经历欠缺并不可怕，怕的是自己还没有认识到，而一味地不懂装懂。

3. 所处环境分析

（1）对社会大环境的分析。对社会大环境的分析包括：当前社会政治、经济发展趋势；社会热点职业门类分布与需求状况；自己所选择职业在当前与未来社会中的地位情况；社会发展趋势对自己职业的影响。

（2）对自己所选组织的环境分析。对组织环境的分析包括行业环境分析和企业环境分析，例如所从事行业的发展状况及前景；在本行业中的地位与发展趋势；所面对的市场状况。

众所周知，不同的行业面临不同的外部机会和威胁，所以，对大学生的求职而言，找出这些外界因素将有助于他们成功地找到适合自己的工作，因为这些机会和威胁会影响他们的第一份工作和今后的职业发展。如果他们找到的单位处于一个常受到外界不利因素影响的行业，它能提供的职业机会将会很少，而且没有职业升迁的机会；相反，一个充满了许多积极的外界因素的行业将为求职者提供广阔的职业前景。

4. 人际关系分析

一般来说，人际关系分析主要涉及：个人职业过程中将同哪些人交往，其中哪些人将对自身发展起重要作用，是何种作用，这种作用会持续多久，如何与他们保持联系，可采取什么方法予以实现；工作中会遇到什么样的同事或竞争者，如何相处、对待。

（三）制定好规划

在完成内外因素分析和 SWOT 矩阵的构造后，便可以制定出相应的策略，以发挥优势因素、克服劣势因素、利用机会因素、化解威胁因素。运用系统综合分析的方法，将排列的各种环境因素相互匹配起来加以组合，得出一系列适合自己的可选择对策。

（1）弱弱对策（Weakness Threat），即考虑劣势因素和威胁因素，目的是使这些因素都趋于最小。比如自己学业成绩不好，就有必要在以后更加努力学习；社交能力不强，就要多参加社会活动。

（2）弱强对策（Weakness Opportunity），即考虑劣势因素和机会因素，目的是努力使弱点趋于最小，使机会趋于最大。比如虽然自己就读的学校一般、专业偏冷，但是目前就业市场上对于复合型人才需求旺盛，如果自己的综合素质足够好的话，这方面的因素对自己的影响就会很小。

（3）强弱对策（Strength Threat），即考虑优势因素和威胁因素，目的是努力使优势因素趋于最大，使威胁因素趋于最小。比如虽然自己学业成绩较好，专业技能较强，但专业领域发展有限，就业机会减少，同专业的毕业生竞争激烈，那自己就要统筹兼顾，差异化发展，减少威胁因素。

（4）强强对策（Strength Opportunity），即考虑优势因素和机会因素，目的在于努力使这两个因素都趋于最大。比如自己外语基础很好，就可以在今后继续加强这方面的优势，使它成为自己各项素质中最具竞争力的要素。

值得一提的是，由于SWOT分析法是通过对某一时段个体的内在因素与外在因素的分析而作出的决策，而分析中的各个要素是动态变化的，这就要求大学生在运用SWOT分析法做职业生涯规划时要重视信息的及时反馈，密切注意市场环境的变化，以获取最新的就业趋势信息，关注各个因素未来的发展，并根据各种变化及时修正和调整自身的SWOT矩阵，从而作出更准确的职业决策。

四、制定职业生涯规划书

（一）职业生涯规划书的制定原则

大学生结合自身情况、面临机遇和制约因素，使自己明确的职业定位、职业方向，选择的职业发展道路，确定的教育、培训和发展计划等，用文字、图片或其他形式，将自己实现职业生涯的目标、行动时间和行动方案展示出来，就形成了职业生涯规划书。结合自身实际，认真编制职业生涯规划书是大学生在校期间体验职业规划的有效举措，它不仅呈现大学生宏观职业生涯规划，还能对其学业和就业起到具体指导和鞭策作用。

制定职业生涯规划书的基本原则如下：

（1）独特性。每个人的性格特征、知识结构、兴趣爱好、能力倾向等都各有特点，其家庭条件、成长经历、社会关系也不尽相同，因而在制定职业生涯规划时不可能有普遍适用的方案和实现路径，必须综合考虑个人各方面的实际情况，充分发挥个人优势特长，因人而异，量身定制。

（2）可行性。职业理想能否顺利实现有赖于职业生涯的规划方案是否可行。可行性主要体现在两个方面：一是生涯目标的可行性，即目标的设定是否建立在现实条件的基础上；二是职业行动计划的可行性，行动计划是否可实现，是否能够根据一定标准进行考核监督，验收通过。

（3）阶段性。由于每个人在人生发展不同阶段所承担的重点社会角色和发展任务是不同的，所以职业生涯规划应该根据自己的年龄阶段设计不同的内容，以适应每个发展阶段特点，逐步达成各阶段性目标，从而实现自己的人生目标。

（4）发展性。面临社会、经济、政策和市场等不断出现新情况，人们应根据自我发展、社会变迁及其他不可预测的因素，主动适应各种变化，及时评估，灵活调整，不断修正、优化自己的职业生涯规划，使制定的职业生涯规划具有发展性，并随着社会发展日新月异，能体现超前性和预测性。

（5）一致性。在职业生涯规划制定过程中，需要不断调整规划内容和实施方案，除遇到不可抗力事件或未预料的严重事件影响外，规划调整要坚守规划目标的一致性，短期目标的调整应和长远的人生目标始终保持一致，且始终围绕自己的人生目标展开，过去、现在和未来应有内在的一致性和延续性。

（二）职业生涯规划书的主要内容

职业生涯规划书范文

1. 扉页

一般职业生涯规划书的扉页主要包括题目、姓名、基本情况介绍、规划年限、起止时间等内容。其中大学生的职业规划年限可视个人实际情况设定。由于大学生处在职业生涯的探索起步阶段，其素质、能力、价值观、行为模式等方面还处于形成发展过程之中，未来的不确定性很大，受偶然因素影响的可能性也较大，很难做好远景规划。因此，大学生的中短期职业生涯规划年限设定通常以 3 ～ 5 年为宜。

2. 自我分析

有效的职业生涯设计必须建立在充分且正确认识自身条件的基础上。要审视自己、认识自己、了解自己，做好自我分析，包括自己的兴趣、特长、性格、学识、技能、智商、情商、思维方式等。即要弄清自己想干什么、自己能干什么、自己应该干什么，以及在众多的职业面前自己会选择什么等一系列问题。自我分析内容应该包括：①自己的职业倾向分析；②自己的职业价值观判断；③自己的性格评估；④自己的能力探寻；⑤自己经历回放；⑥自我分析与评估总结；等等。

3. 环境评估

职业生涯规划要充分认识与了解相关的环境，评估环境因素对自己职业生涯发展的影响，分析环境条件的特点和发展变化情况，把握环境因素的优势与限制。了解本专业、本行业的地位、形势及发展趋势。环境评估内容主要包括：①社会环境分析；②学校环境分析；③家庭环境分析；④行业环境分析；⑤组织环境分析；⑥职业分析；⑦岗位分析；⑧环境分析结论；等等。

4. 职业定位

职业定位就是要为职业目标与自己的潜能及主客观条件谋求最佳匹配。良好的职业定位是以自己的最佳才能、最优性格、最大兴趣和最有利环境等信息为依据的。这个规划环节包括确定职业方向、各阶段职业目标和总体目标、职业发展路径等内容。职业定位内容一般涉及：①明确可选的职业目标；②职业评估与决策；③职业生涯路径设计；④职业定位结论；等等。

5. 实施计划

职业生涯实施计划是指制定实现职业生涯目标的行动方案，需要有具体的行为措施来保证。没有行动，职业目标只是一种梦想。要制定周详的行动方案，以逐步缩小差距实现各阶段目标，并注重落实这一行动方案。职业生涯实施计划内容主要涵盖：①长期、中期和短期职业生涯计划；②各阶段计划的分目标、计划内容（包括专业学习、职业技能、职业素养等）；③计划实施策略；等等。

6. 评估反馈

职业生涯规划是一个动态的过程，应根据实施结果情况及变化进行及时评估与修正。职业生涯规划要在实施中去检验，根据实施效果及时诊断生涯规划各个环节出现的问题，找出相应对策，对规划进行调整与完善。评估反馈内容集中表现在：①可能存在的风险；②预评估的内容；③风险应对方案和举措；等等。

（三）职业生涯规划书的撰写要求

1. 资料翔实，分析到位

收集资料时可通过人物访谈、文献搜索、实际调查等多种途径获取，要尽可能注明资料出处，以提高资料来源可信度和说服力。通过分析自己的测评结果与自我认识存在差距的原因，从而确定自我评估结果。要厘清自己所处的地理环境，明确自己的兴趣、最重视的价值与目标，再通过目前环境评估（如社会影响、家庭影响、学校因素、就业形势等）和当前社会环境分析（如组织环境分析、技术发展、政策法规的影响等）来确定自己的职业方向，做到有理有据，层层深入。

2. 言简意赅，突出重点

阐述职业生涯规划书的自我分析、环境评估、职业定位和实施计划，以及评估反馈等内容时，要做到语言朴实简洁、用词精练准确，并关注整篇规划的结构和重心所在。职业生涯规划书的重点要放在自我分析、环境评估和目标实施计划上。

3. 目标明确，切实可行

制定职业生涯规划书应围绕目标设定而展开，职业生涯目标不能脱离现实，不能过于理想化，要结合自身的兴趣、能力、优势、社会需要等各方因素综合考虑，做到择己所能、择己所爱、择己所长、择己所利、择世所需。职业生涯规划书的撰写是否成功，在很大程度上取决于有无正确适当、切实可行的目标。

4. 科学组合，突出特色

目标的组合要科学，做到目标分解、实现路径的选择有理论依据，并注意时间上的并进、连续，功能上的因果、互补，全方位的组合要涵盖职业生涯、家庭生活、个人事务等方面。在职业生涯规划书的撰写过程中，要突出大学生自身特色，将自己的经历经验、专业技能、兴趣特点有机结合起来，体现生命力。

第三节　职业生涯早期管理

初入职场“三不”心态

职业生涯发展与管理以实现个人发展成就最大化为目的，通过对个人职业生涯管理，提升人的发展机会和生存质量，更好地应对环境压力，确立人生发展目标和奋斗策略。根据职业生涯发展理论，从个人角度出发，其职业生涯发展阶段可分为职业生涯早期、职业生涯中期和职业生涯晚期等不同阶段。认识职业发展阶段性，并根据个人职业生涯的不同阶段来进行科学的开发和管理，对个人实现职业目标、获得成功具有十分重要的意义。下面主要就职业生涯早期管理进行阐述。

职业生涯早期阶段是指一个人结束大学学习生活，由学校进入企业或其他组织，并在组织内逐步“组织化”且为组织所接纳的过程。这一阶段一般发生在 20 岁至 30 岁之间，是一个人由学校走向社会，由学生变成职场人，由单身生活变成家庭生活的过程，也是人生事业发展的起点。这一阶段职业生涯的发展状况，直接关系到今后事业的成败。

一、职业生涯早期特征表现

在职业生涯早期阶段，职场人正值青年时期，这一阶段无论从个人生物周期、社会家庭周期，还是从生命周期来看，其任务都较为单纯、简单，个人的主要任务是：进入职场，学会工作；独立完成，并寻找职业锚；完成向成年人的过渡。

（一）职业发展特征

在职业生涯早期，职业生涯管理可以分为进入职场前的职业探索阶段和进入职场后的职业适应阶段。

1. 职业探索

职业探索，就是试图尝试新的工作、尝试不同的职业转换和变换工作岗位。职业探索并不是将现在的职业看作最理想的职业，而是积极寻找或探索其他有利于自我实现的职业。

个人进行职业探索的过程与结果会受到两个主要因素影响，即个人期望与个人对组织招聘活动评价的匹配程度；个人工作绩效表现与组织对个人绩效要求的匹配程度。

2. 职业适应

个人在进入选定的组织之后，便开始进入职业适应阶段。在这一阶段，个人逐步适应新环境、新岗位，检验自己的知识、技能、经验和能力是否适应新岗位的需要，逐渐融入新组织，在组织中建立自己的地位。

（二）个人心理特征

1. 进取心强，具有积极向上、争强好胜的心态

在职场中，进取心能促使职场人不断上进，以求发展，是一种积极的推动力量。大学生刚入职，由于年轻气盛，难免出现“这山望着那山高”的浮躁心理，很少反省自己主观上的不足，高估自己，低估他人；工作一旦出现失误就怨天尤人，过于强调客观原因；在自己工作的团队中，由于个人争强好胜易冲动，造成对他人不服气、不认输，很可能危及人际关系的和谐。

2. 职业竞争力不断增强，渴望和追求职业成功

对于刚入职的大学毕业生而言，精力旺盛、充满朝气，初生牛犊不怕虎，具有远大的职业理想和抱负，成功的心理要求强烈。随着工作时间的延长，他们逐步提高工作能力、积累经验，熟悉工作环境，对职业成功的信心不断增加，所以踌躇满志，决心做出一番事业。

3. 依赖性与独立性并存，经验和能力日趋增强

初涉职场，独立担当某种重要岗位的责任机会较少，常常处于配合、从属于有经验的人的地位，有一定的依赖性。但是，依赖是独立的前提，当经过一段时间的学习和积累后，大学生的工作经验和能力都会有所提高，这时就应该学会独立，不要让依赖成为自己职业生涯发展的绊脚石。

（三）个人生理特征

1. 身体健康，精力旺盛，思维活跃

生命周期理论显示，一个人在20岁到30岁期间，是身体健康、精力旺盛、思维活跃，最能开创一片天地的关键黄金时期。所以，刚入职的大学生要做好规划，趁年轻拼搏一把，充分做好生命管理。人的一生就是管理的一生。就像古籍《大学》里讲的：“格物，致知，意诚，正心，修身，齐家，治国，平天下。”格物、致知、意诚、正心是内心的精神管理；修身是身心的自我管理；齐家是职场或家庭管理；治国是行政管理；平天下是教化管理。一个真正能成大事且有所作为的人，一定是一个自我管理能力极强的人，一定是一个身体健康的人，一定是一个“精满、气足、神旺”之人。

2. 组建家庭，维系亲情，承担责任

职业生涯初期，是人们处于由单身向组建家庭、继而会有第一子女过渡的时期，这一时期的家庭问题相对较少、任务较轻。但由于人们开始成家，或有了小孩，不可避免地会产生处理同爱人的关系，担当抚育子女的任务。家庭的责任使人们的自我意识逐渐削弱，

家庭观念日益增加，逐步学会与爱人相处，开始具有了养家的动机和责任心。

在职业生涯早期，个人还是初入职场的新人，一切都处于摸索和探索阶段，而这一时期职业发展的结果将对个人后续职业的发展产生重要的影响。积极的影响可能是促成新人更快适应职业的氛围，具备独挑重担的能力，找到实现个人价值的途径；而消极的影响则可能打消个人的积极性，挫伤个人的职业信心，并让一个人甘于忍受平庸。

二、职业生涯早期面临的问题

职业生涯早期是职业生涯发展的关键时期，这一时期选择适合自己的职业发展，进入合适的组织并迅速适应组织的发展是关键。但由于存在个人缺乏对组织的足够了解，以及与上司和同事相处还处于磨合阶段等原因，所以往往面临一些现实问题，归结起来，主要有以下几方面。

（一）面临成员隔阂

一种情况是，由于年龄与经历的差别，职场中新老员工之间的代沟不可避免，老员工时常会对新员工抱有某种偏见或成见，认为新员工幼稚单纯、好高骛远、书生意气、经验不足、自视清高等。这种成见有其合理的、符合事实的地方，但也具有很大的片面性。正是由于这种成见，使得上司或许多老员工不能善待新员工，常常制造些“让他尝尝工作的滋味”等不友好或刺伤人心的舆论，或者故意给新员工的工作出些难题等，迫使其就范。

另一种情况是，当新员工进入企业时，会带给其上司和老员工“威胁”，让他们感到某种不快。因为新员工常常比老员工有更好的教育背景、更高的学历和较高的起薪，因此，老员工不知不觉地总想表明新员工没有什么了不起，于是便压给新员工一些十分艰难的任务，以证明新员工并不称职等。这种竞争关系的存在让新员工很难得到需要的信息，与组织成员的隔阂会加重新员工对组织的不满。因此，大学生刚入职时学会与老员工相处是一件迫切而艰巨的任务。

（二）经受职业挫折

职业挫折是指人们从事职业活动和个人职业发展方面的需求不能得到满足、行动受阻、目标未能实现等所造成的一种心理状态。产生职业挫折的主要原因是由于目标未能实现而导致的失落感。要想获得职业发展成功就必须克服职业挫折带来的失落感，善于调整自己的心态，维持正常的行动。

在职业生涯中，初次进入企业时的组织化阶段是一个人最重要的，也是企业对他们的职业生涯发展情况加以考虑的时期，正是在这一时期，新员工被招募、第一次被分派工作和结识上级。对于新员工来说，在这一时期，自己必须建立一种自信，必须学会与第一位领导及同事们相处，必须学会接受责任，然而最重要的还是对自己的才能、需要，以及价值观是否与最初的职业目标吻合进行审视和判断。

（三）承受现实冲击

现实冲击是指由职场新人对其工作所怀有的期望与工作实际情况之间的差异所引起的心理冲击。现实冲击通常发生于一个人开始职业生涯的最初时期，年轻的大学生满怀希望去寻找第一份富有挑战性的、激动人心的工作，他们希望这种工作能为他们发挥自己在学校所学得的新知识，证明自己的能力，以及获得提升提供大量的机会。然而，在现实社会中，他们常常会苦恼地发现，自己被委派到某个并不重要的低风险工作岗位上，使他们天真的期望第一次面对现实职场生活的冲击。

（四）难以担当重任

职场新人刚刚进入单位，对单位的人员和环境都不太了解，单位对其也缺乏深入的了解，因此，很难立即取信于自己的第一位领导。在这种情况下，领导往往会认为只有等到职场新人真正了解单位运作的真实情况之后，才可以让其承担重要工作，因此，最初交给新员工的往往是过于容易或者很乏味的工作。当然，在新员工进入企业后的最初数周内采取这种做法是完全可以理解的。但是，如果数月、一年，甚至更长时间都持这样不信任的态度，就会大大压抑新员工的工作积极性和才能的发挥，并将直接影响到其未来的职业生涯发展。

三、职业生涯早期应对策略

职业适应及其内容

（一）认识职业层次，懂得工作真谛

1. 表面层面

很多人一生都忙忙碌碌，但也满足不了生活的基本要求；但有些人优哉游哉，却有不同凡响的成就，究其原因，除个人的先决条件外，工作的层面是很重要的因素。为了就业而就业，为了工作而工作就是表面层次。在表面层次工作，就算自己花一生的精力，最终都可能没有很大的作为。

2. 理性层面

有些人通过自己的知识去分辨价值，投入过多的理性分析、推断、统计，把八成的时间放在计较上，把二成的时间放在工作上，这种过分理性的人，一般难以有大成就。

3. 感性层面

人的感性对开展工作有积极和消极两方面影响，如果以积极的姿态去面对工作，对工作产生积极的感情，那就能发挥强大的意念力量，创造价值；反之，如果以消极的姿态去面对工作，对工作产生消极的抵触，就会使自己处于“工作着是痛苦的”的境地。

4. 灵性层面

在灵性这一最高境界层面，工作者有崇高的理想和社会的使命感，他们毕生的精力都集中于某一既定的目标上，如果人的工作由感性进入最高的灵性层面，他们可以置一切于

道外，包括性命和家庭。当然，灵性有正面和负面之分，正面可以为社会做出贡献，而负面甚至会危害社会。

（二）做好思想准备，融入组织文化

在进入职业生涯之前，做好思想准备工作十分重要。要有取得成功所必需的态度和价值观，要有积极的工作态度。

首先，要对组织进行积极的认知和理解，做好充分的思想准备，接受组织的文化。其次，要培养积极的情感，要以饱满的热情来工作，这是事业成功的重要法宝。最后，要树立积极的意向和正确的价值观，对于自己所选择的职业，要认识到它对自己的重要性，要充满信心。只有兢兢业业努力工作，做出自己的成绩，才会有发展前景。一定要适应组织环境，融入组织文化，只有认同组织文化，才能与组织的战略发展同步。

（三）熟悉工作环境，形成良好印象

进入组织后，了解和熟悉工作环境是必须的，也是重要环节。只有熟悉了整个组织的框架和运作模式，才能更好地配合，作出更大的绩效，从而树立良好形象。

第一印象很重要，会影响自己的发展。通常情况下，应该注意以下问题：第一，有时间观念；第二，适当讲究着装；第三，尽快熟悉工作，明确岗位职责，争取出色完成第一项任务；第四，积极利用正式场合熟悉周围员工；第五，不断总结改进工作；第六，注意交往技巧；第七，熟悉企业文化、体制和运作模式等。

（四）培养职业能力，积极适应职业

新员工在进入组织、承担一定的工作任务后，除了要尽快了解组织情况、熟悉组织环境、尽早进入工作状态，更重要的是培养自己的职业能力，尽快适应职业要求，以便顺利完成各项工作任务。职业适应性是通过职业实践活动来验证和发展的。每个人从事职业活动，总是处于一定的物质环境和心理环境中的，个人的态度会受到诸多主客观因素的影响，如个人对工作的兴趣、价值观、组织福利状况、家庭成员工作状况等。提高个人的职业适应性就是要尽快习惯、调适、认可各种素质，使职业工作的性质、类型和工作条件与个人需求、组织目标最大程度地耦合，保证自身在职业工作中获得更大的满足感。职业适应性提高的结果能够使个人在职业中有较高的效率，可以获得他人的信任，有利于个人的全面发展。

提高职业适应性，主要从以下几个方面着手：①不断加强学习；②大胆主动工作；③调整好心态；④目标专一而灵活；⑤做好自我胜任力的培养。

（五）重铸心智模式，实现自我激励

心智模式是指个人看待身边事物及处理问题的习惯性态度和行为模式。心智模式的形成与个性、生活环境及后天的培养都有关系。良好的心智模式可以改善个人看待事物的偏

差，纠正错误的态度，提供有建设性的解决方案。新人所持有的职业价值观在组织看来往往有很多幼稚和可笑之处，但是如果双方都能意识到各自在心智模式上的局限，就能开诚布公、以诚相待、寻求解决问题的方法和途径。就个人而言，重铸自己的心智模式不是一件容易的事，要想获得职业发展和个人价值的实现，就必须积极采取措施，消除自己的不足。具体来讲，可以从以下几个方面进行个人心智改进：①开放自己，抛弃自己已有的观念；②克服依赖心理，学会自主开展工作；③安心适应单调乏味的工作，注意能力的提高。

（六）适应组织环境，学会与人相处

新员工要在全面了解组织的基础上，认真分析组织的人际关系，明确个人职业生活中将同哪些人交往，其中哪些人将对自身发展起重要作用，哪些人将成为自己工作中的竞争者，哪些人可以交朋友，哪些人不宜交往太深，以及如何与这些人相处。要注意与同事们保持既不远也不近的交往距离，避免介入组织人际关系上的是是非非，避免卷入复杂的人际纠纷之中，将时间和精力用在工作上。要尽快完成由学生到员工的角色转换，虚心向领导和老员工学习，充分尊重他人。对同事要真诚相待，和睦相处，主动关心集体和他人，培养团队意识和协作能力，为自己的发展营造良好的人际关系。

（七）借助家庭支持，发展职业空间

大多数人进入职业领域时都需要他人的鼓励、表扬和支持。在众多支持力量中，家庭成员的帮助具有重要的影响，父母等亲朋好友的建议和关心对职场新人而言显得尤为中肯。许多研究表明，在职业生涯早期，新人求助的对象往往是自己的家人，通过家人的扶持来获得职业发展的信心。所以，对职场新人来说，经常性地与家人交流虽然可能无法解决专业上的问题，却能够让个人保持平和的心态和不服输的意志力。

第三章

完成学业进职场

第一节　就业择业准备

大学生择业观特点

一、把持新型的择业观

择业观，即择业观念，是人们在长期的职业实践中逐步形成的，有其产生和发展规律。它一经形成，会影响并指导具体的职业工作和职业行为。择业观对个人的职业选择与职业定向起着决定性作用，对其职业生涯产生重大影响。择业观由三要素构成：维持生活（通过职业劳动获取生活来源）、完善个性（在职业岗位上发挥才能，并挖掘和发展个人特长）、服务社会（通过职业劳动服务于社会和他人，承担社会义务）。三者的地位和比例不同，构成了不同的择业观。

大学生择业观，是指大学生关于职业理想、职业目标、职业动机、职业标准、职业评价、职业选择、职业发展和职业方向的基本看法和根本观点，是大学生世界观、人生观和价值观在职业问题上的集中反映，是大学生走向职场的思想先导。

随着经济发展和社会进步，人们的择业观随之发生变化，产生了新型择业观。与传统择业观相比，新型择业观具有新时代表象，两者的区别如下表所示。

观察点	传统择业观表象	新型择业观表象
职业生涯	重视忠诚和工作任期：接受工作稳定的职业生涯模式；忠诚于就职单位，就职单位将延长工作任期作为奖励；经常需要个人为单位利益做出牺牲	重视承诺和绩效；接受实现个人理想的职业生涯模式；忠诚于增强信心的理想，人生的价值是做贡献和适应新的要求；认为团队协作和彼此忠诚是重要的
成长内涵	成长就是晋升；逐级晋升就是成功	成长与个人发展和人生意义相关，注重扩大知识面，提高技能水平；从事个人认为有意义的活动才是成功
发展实质	组织重视员工发展；个人重视组织所提供的职业生涯道路，通过获得组织认为重要的技能寻求保障；组织对员工的职业发展负责	组织重视个人发展；成功的工作环境会鼓励员工不断学习和进步；个人对自己的职业发展负责
工作期限	个人保障与受雇时间长短有关；个人应该在同一单位长久供职，时间越长越好	个人保障与个人能力和适应性关联；个人可能不在同一单位长久供职
组织模式	组织相当于一个小家庭，会受组织领导的照顾	组织相当于一个大家庭，重要的是伙伴关系和关系网络，服务是共享的
组织体制	以职位等级为基础，由具体的工作组成	以要做的工作为基础，由合同、联盟和网络组成

传统择业观与新型择业观的主要区别在于：前者认为组织应当为员工的生涯发展负责，后者认为员工应当为自己的职业生涯负责。在传统的择业观中，员工是从属于组织的，组织应当像父母一样照顾员工，同时员工应当以组织为家，以组织利益为第一位，以被组织认可获得升职为成功。在新型的择业观中，组织和员工的关系更像是合作者，组织向员工提供多元化的职业发展，而员工在接受新的工作或任务时能够不断学习新的技术与知识，以适应组织的需要，同时提升自己的专业能力和就业竞争力。新型择业观是经济和技术快速发展的产物，日趋激烈的竞争要求企业有更灵活和快速的适应能力，因此，组织更愿意采取一种期限更短、双方承诺更少的“交易型”心理契约。新型择业观要求大学生应更主动地为自己的生涯规划负责，以新视角来看待生涯规划。无论在何种组织中，大学生都应该注意培养个人就业竞争能力，以更积极地把握个人的发展。

大学生应树立正确的择业观。大学生面临就业新形势，求职时机遇和挑战并存，要转变择业观念，在尊重和保护国家与人民利益的基础上，将实现自身价值与时代发展和社会需要统筹兼顾，同步发展，才能有利于自身价值的实现。

1. 树立不计得失、勇于奉献的择业观

大学生迈进社会的第一份工作，无论从事哪一种行业、哪一个职位，都应首先考虑如何通过自己的辛勤劳动为用人单位创造更大的社会效益和经济效益，如何在工作中提升自己的工作能力、学习能力、人际处事能力。不能刚参加工作，就有盲目攀比心理，和单位同事比收入、和同学比收入。刚刚进入职场的大学生，只有积极地学习、无私地奉献，才能在单位站稳脚，用优秀的工作业绩赢得领导和同事的信任。有回报必然要有付出，但有付出未必有回报。

2. 树立良好心态、注重发展的择业观

当今社会，随着就业竞争的日益加剧和收入的普遍提高，个人的发展空间已成为大学生关注的焦点。在择业时，除了考虑薪酬待遇，大部分大学生更关心的是个人的职业发展和企业前景。作为初出茅庐的大学生，要调整好自己的择业心态，对自己的职业做好规划，不要只顾眼前利益，而忽略长远的职业发展。

3. 树立善于学习、终身学习的择业观

进入职场的大学生，需要学习的地方很多。无论是工作技能、处理事情的方法，还是与同事相处的技巧，都有可学习的地方。在职场上，处处皆学问，只有不断学习、不断进步，才不会被时代所淘汰。

4. 树立到基层去、到农村去的择业观

在年龄、精力、知识、信息和观念等方面，大学生都是国家劳动力队伍中具有独特优势的群体。面对严峻的就业形势，大学生应树立从基层做起的择业观。在大城市和企业的就业机会日趋饱和的情况下，农村和基层为大学生施展才华、实现理想创造了条件。中国农村人口占全国人口的三分之二以下，改革开放以来，农村的社会、经济和文化都发生了翻天覆地的变化，农村是广阔的天地，尤其是乡村振兴战略的实施，美丽乡村建设为大学生创造了大量的就业机会。

二、就业择业心理准备

（一）常见心理误区

大学生踏入社会就业择业是人生中的一个重要转折点，由于各种原因，难免出现一些心理状态和误区，这些将会影响其就业择业。

1. 焦虑心理

一个人适度的紧张、焦虑情绪是有益于个体成长的，它能促使个体提高和完善自我，从而顺利地应对就业挑战。但若焦虑过度，则过犹不及，不仅会给个体带来生理上的危害，而且会给其造成心理上的损害，严重者易形成心理障碍甚至诱发心理疾病。大学毕业生完成学业面临就业择业时，往往由于没有客观分析自我，角色定位不精准，求职目标不清晰，缺乏市场竞争意识，面试准备不充分等原因，时常会产生过度紧张，甚至寝食不安的焦虑心理。

2. 攀比心理

在社会中有比较是正常的，有比较才能有鉴别和进步，但“尺有所短，寸有所长”，许多事情又是很难绝对比较和绝对平衡的。在大学最后一年的求职过程中，通常免不了会出现一部分同学工作找得好，一部分同学找到的工作很一般，还有一部分同学尚未找到工作的情况。如果这时总以身边同学的择业标准来定位自己的就业标准，用身边同学的就业情况来对比自己的就业情况，就会形成攀比心理。

3. 自卑心理

由于生理等自身主观因素和环境、家庭或社会等客观因素，大学生时常会产生自卑心理，在面对激烈的竞争和压力时，一部分大学生就业时主观地认为自己不如其他竞争者，只看到就业竞争中的阴暗面，悲观地认为自身专业知识、专业技能和综合素质不如别人，家庭关系不如别人，在求职时一味退缩，自动放弃很多好的机会。随着求职失败一次又一次地发生，他们的自卑感越来越强，渐渐产生自卑心理。

4. 自负心理

与自卑心理相反，一部分名牌大学、紧俏专业的大学生因为自己综合条件高人一筹，在就业时产生一种自负心理。在这种心理的支配下，往往抱着“这山望着那山高”“皇帝的女儿不愁嫁”的态度，嫌这个单位工作环境不好，嫌那个单位薪酬福利不高，挑肥拣瘦，以致失去许多好的就业机会。

5. 矛盾心理

大学生对自己毕业后的工作和生活充满了希望和憧憬，在择业过程中，既希望单位环境优越、工作轻松、待遇丰厚，又希望专业对口、职业前途光明，但梦想照进现实的时候，往往很残酷。梦想与现实的差距造成了毕业生的矛盾心理，最终导致其就业失败。

6. 从众心理

由于大学生在校期间过多接受应试教育和“填鸭式”教育，升学压力压抑了太多的个性化发展，较少对自我进行探索，导致很多大学生根本不清楚自己的兴趣所在，也不清楚自己适合做什么工作，择业时看到身边同学做什么，自己就跟着做什么，放弃自己的意志而采取与多数人相一致的行为。

7. 依赖心理

部分大学毕业生由于在处理事情方面缺乏一个大学生应有的分析问题和解决问题的能力，在择业上突出表现为对应聘单位的看法，不是凭自身思考来决断的，而是过分听取父母或老师的意见，表现出较强的依赖心理，不能成为为自己拿主意的主体。

8. 急切心理

受上一代人影响，他们很多都是在一个岗位上度过了自己的一生，影响到如今大学生这一代，就是只要能找个稳定的职业，就能安安心心过一生。在大学生求职群体中，很大一部分人都怀有这样的急于求成的心理。从主观而言，稳定因素在很大程度上取决于自己的事业心和责任感；从客观而言，国家正在进行人事制度改革，稳定的职业实际上也是不稳定的，急切期盼一份既轻松、挣钱又稳定的职业过一辈子的想法已很不现实。

（二）学会心理调节

大学生就业心理问题调适方法

心理调节方式，是指个体运用心理学的原理和方法，根据自身发展和环境需要对心理进行控制调节，促使自己的心理和行为获得积极改变，从而最大限度地发挥人的潜力，维持心理平衡，消除心理障碍的过程。

大学生在择业就业过程中，可根据自己的不同心态有选择地运用以下方式。

1. 静思法

静思法也称反省法。冷静与理智是一个人成熟的重要标志之一，遇到困难和挫折时要冷静对待，控制心境，切莫冲动和急躁，然后摆脱干扰，仔细分析是自身原因还是用人单位的原因，是自己努力不够，还是用人单位条件太苛刻。冷静思考，有利于稳定情绪；找出原因，有利于有针对性地解决问题。

2. 转化法

有些时候，不良情绪是不易控制的，这时可以把自己的情感和精力转移到其他活动中去，如一门心思学习、参加感兴趣的活动、进行适当的体育运动等，使自己没有时间和可能沉浸在不良情绪中，以求得心理平衡，保持自己的稳定情绪。

3. 宣泄法

因挫折造成焦虑和紧张时，消除不良情绪最简单的方法莫过于宣泄。切忌把不良心情埋藏于心底，忧虑隐藏得越久，受到的伤害就会越大，较妥善的办法是向同学、朋友、老师倾诉，一吐为快，求得安慰、疏导、同情，甚至可以抱着亲友痛哭一场，也可以去打球、爬山、参加运动量大的活动。但要注意场合、身份、气氛等，同时，注意适可而止。

4. 慰藉法

择业中遇到困难和挫折在所难免，当我们尽主观努力仍无法改变时，可以说服自己适当让步，不必苛求，告诉自己“失败乃成功之母”“跟有的人相比，我还算好的”“退一步海阔天空”等，找一个自己可以接受的理由让自己保持内心的安宁。

5. 松弛法

松弛法是一种通过练习学会在心理上和躯体上放松的方法。放松训练可帮助人们减轻或消除各种不良的身心反应，如焦虑、恐惧、紧张、心理冲突、入睡困难、血压增高、头痛等症状，且见效迅速。大学生择业时如遇类似心理反应，可在有关人员指导下尝试进行放松练习，也可以参照相关的指导语做一些简单的放松练习。

6. 沟通法

当你对择业产生迷茫、担心和焦虑时，最好不要自己独自承担，你可以找家人、老师和同学沟通，听一听局外人对于这种情况的建议和看法，这样能够缓解自己的压力，让自己放下包袱，进行理性选择。

7. 暗示法

在职场应聘过程中，可进行积极的自我暗示，自己给自己“打气”、壮胆，如面试前暗示自己“不要紧张”“放松”“我会发挥得很好”“我一定能成功”等。

8. 理性法

人有理性与非理性两种观念，在它们指导下的认知方式会左右人的情绪。人的不良情绪的产生根源来自人的非理性观念，反之亦然。要消除人的不良情绪，就要设法将人的非理性观念转化为理性观念。大学生在运用理性情绪法时，应首先分析自己有哪些消极情绪，从中分析、综合、抽象、概括出相应的非理性观念，并对其进行挑战、质疑和论辩，同时对比两种观念状态下个人的内心感受，鼓励自己向理性观念方面转化，从而排除不良情绪。

心理调节的方法还有很多，如自我重塑法、环境调节法、广交朋友法、幽默疗法等。毕业生在面对就业的巨大压力时，要学会运用一些简单的心理调节方法让自己的心灵得以放松，更好地面对毕业阶段这一特殊时期。

（三）调整就业心态

面对就业和择业，大学生的心理是复杂多变的，一方面，为自己即将走向社会，将所学的知识和本领应用于社会，实现自己的人生价值而感到由衷的高兴；另一方面，面对日益严峻的就业形势，常常担忧自己的前途，担心找不到工作或者将来的工作不满意，表现为患得患失的心理。因此，找工作的过程是对大学生自信心、承受力、意志力、适应力、耐挫力等心理素质考验的过程。每个即将毕业的大学生都应该调整好就业和择业心态，做好充分心理准备，积极参与竞争，勇敢地迎接机遇和应对挑战。

1. 角色转变的意识

离别母校、踏上社会前，毕业生最重要的就业心理准备就是由一个学生转变为一个现实的社会求职者角色。大学生角色是作为受教育者，接受经济供给和资助，逐步掌握本领，完善自己的过程；职业角色是用自己已经掌握的本领，通过工作为社会做贡献，以自己的行为承担社会责任的过程。大学生往往迷恋学生时期无忧无虑的自由角色，一时难以适应新的社会角色。在这个时期，正确的做法是正视自己所面临的角色转变和“严酷”的社会现实，实事求是地面对就业这个现实问题。摆正自己的位置，客观、冷静地进入求职状态，认识社会，了解社会，以自身的实力积极主动地去适应社会需要，在选择社会职业的同时，也接受社会的选择，正确地迈出人生这关键的一步。

2. 参与竞争的意识

近年来，我国大学生的就业形势越来越严峻，竞争压力越来越大，为赢得竞争优势，必须要有主动竞争的意识。为此，即将毕业寻找工作的大学生必须增强竞争意识，破除“等、靠、要”心理，每个人都要主动或被动地参与到竞争中去。长期以来，学校的竞争体制更多地表现为被动竞争，学生自身的竞争意识并没有得到真正的强化，有的大学生面对竞争挑战时显得手足无措。而现实对大学生强化竞争意识提出了迫切要求，也提供了客观环境。迎接新的挑战、强化竞争意识，是大学生在择业前应具备的最基本的心理准备之一。

3. 认识求职的困难

大学生的生理与心理发展存在不同步性。毕业时学生一般在 22 周岁左右，处在这个时期的青年多幻想，好冲动，接受事物快，自我意识强。虽然他们的生理发育已经成熟，但相当一部分学生的心理发育还不成熟、不稳定，生理与心理发展具有明显的不同步性。再加上他们的知识结构不完善，每个人的生活体验又有差别等原因，因而其个性心理特征有较大差异，在求职择业中就会表现出心理活动的复杂性和矛盾性，因此毕业生要正确认识自己当前的心理状态。

4. 先就业后再择业

目前我国人事制度改革不断深化，“一次择业就是终身就业”已经是过去式。首次择业未成功或就业未能如愿，还可以有第二次、第三次甚至更多的机会。越来越开放的人事流动制度将为毕业生提供更为广阔的就业平台。因此少数大学生寄希望于一次找到满意工作的想法需要调整，有这样的机遇固然好，但同时也要做好“先就业后择业”的心理准备。

5. 兼顾个人与社会

大学生在择业时，既要根据自己的职业兴趣、专业特长、实际能力、性格气质、家庭情况等确定就业，同时，也要了解社会对自己所学专业的需求情况，要以自己所长择社会所需，以实现职业理想。对自己的择业要求作调整，可以将自己对职业位置的期望分成不同的层次，首先满足主要需求，然后根据实际情况依次进行必要的调整，直到个人意愿与社会需求两者相吻合。

6. 重发展和重锻炼

刚迈入职场的毕业生，应该珍惜锻炼的机会，只有在工作实践中自己的能力才能得到提升，有了能力才有择业和发展的机会。单位对你来说不过是一个发展的舞台，如果你想实现自己更大的价值，应该把这个舞台是否有利于自己的发展作为就业择业考量的重要标准。

三、科学有效从事工作

如何认识和把握“跳槽”

（一）积极态度对待工作

工作对于每个人来说，是人生不可或缺的一部分，一个人的工作态度折射着他的人生态度，而人生态度决定一个人一生的成就。现代职场中，很多单位都高度注重人才的工作态度。大学生进入职场，即使从事的工作不是自己喜欢的工作，也应该用积极的态度对待，认真努力地干好自己的工作，在岗一日，敬业一天。不能因为没有达到自己所希望的理想职业而消极懈怠，疲于应付。应该说，现实生活中能够找到理想职业的人毕竟是少数，对于多数人来说，必须面对现实，去从事社会所需要的工作。无论是喜欢还是不喜欢，工作是我们的责任，工作是需要热情和行动的，工作是需要努力和勤奋的，工作需要有一种积极主动、自动自发的精神，工作中的乐趣更是需要我们用心去体会的。只有通过工作，才能够不断地充实自我、完善自我。一个人如果抱怨、鄙视自己的工作，那么他的未来绝不可能得到真正的成功。

当然，毕业生初次就业，缺乏就业经验，面对人生当中的一次重要选择，由于接触职业时某些条件的限制及其他多种因素，导致其所做出的决定也不一定完全合适。事实上，一部分大学生就业后对自己的职业并不满意。大学生刚毕业所找的首份工作，也不一定是他今后的职业发展方向，对此，应当进行具体分析。随着社会需要的变化，根据自身的实际条件，一些已经就业的大学毕业生要适时调整自己的奋斗方向，把握好重新选择的机会，找到更适合自己的职业。

（二）科学方法开始工作

职场中，每个人都有很多工作内容，要使工作有条不紊，就必须学会科学工作，做到：

（1）有计划。要按照轻重缓急作周密的安排，制订自己分步发展的工作计划。俗话说得好，“磨刀不误砍柴工”，明确的目标和计划可以节约时间，使工作更有条理。

（2）有组织。要合理安排好工作时间，使其紧张有序，烦而不琐，张弛有度。

（3）有效率。要想做到工作条理清晰、效率高，最重要的就是要规划好工作进度，学会合理安排时间，提高工作效率，创造优异工作业绩。

（4）有技巧。要不断探索和总结，深入了解工作特点和规律，并在把握规律的基础上采用一定的方法和技巧，达到事半功倍的效果，切忌蛮干。

当然，采用科学方法开始工作，还涉及如何正确认识自己的第一份工作的问题。第一份工作是大学毕业生由学校的一名学生转变成社会的一名从业者的转折点。第一份工作对一个人的职业生涯和生活的影响是其他阶段的职业选择所不能比拟的，往往影响其职业态度和做人原则，是以后工作的一个积淀，可以带来很多经验、技能和知识。

大多数从业人员成功的经历告诉我们：第一份工作的重要性不在于一个月能有多少收入，而在于一个月能有多少收获，在于自身人力资本的升值。毕业生面对日益严峻的就业形势，要理性，不能浮躁，以正确的心态对待就业，合理规划设计自己的职业生涯。对自己第一份工作的内容、性质、薪水等不必太强求，只要基本适合自己的能力与职业倾向、个人偏好，合乎自己的价值取向即可。

（三）良好习惯投入工作

良好习惯对一个人的影响很大，功效显著，不好的习惯带来的负面作用更大。大学生如果想成为一个事业的成功者，就应该从走上工作岗位开始，努力培养好的工作习惯。

（1）积极表现你的热情。利用每次机会，表达你对工作的兴趣和热情。当你向别人表达你对工作的兴趣和热情时，别人也会从你身上体会到你的自信及对单位的信心。没有人喜欢与悲观厌世的人打交道，同样，单位也不愿意让对单位的发展悲观失望或无动于衷的人担任重要工作。

（2）始终做到爱岗敬业。敬业，就是尊敬、尊崇自己的职业。一个人如果以一种尊敬、虔诚的心态对待自己的职业，甚至对职业有一种敬畏的态度，他就已经具有了敬业精神。

（3）自愿承担艰巨任务。单位的每个部门和每个岗位都有自己的职责，但总有一些突发事件无法明确地划分到某个部门或某个人，而这些事情往往都比较紧急或重要。如果你想成为一名优秀的员工，就应该从维护单位利益的角度出发，积极去处理这些事情。多承担一些任务是锻炼自己能力的难得机会，这种精神会让大家对你产生认同感，你的能力和经验也会迅速得到提升。

（4）工作时间切忌闲谈。职场中，可能你的工作效率很高，也可能你现在工作很累，需要放松，但一定要注意，不要在工作时间做与工作无关的事情。这些事情中最常见的就是闲谈。由于不是每个人都很清楚你当前的工作任务和工作效率，所以，闲谈只能让人感觉你很懒散或不重视工作。

（5）严格遵守规章制度。每个单位都有严格的规章制度，作为职场的“新人”，必须绝对遵守，要严格要求自己，不迟到，不早退，工作期间不玩游戏、不上网聊天，多翻阅单位的一些内部规章制度的材料，多注意观察，尽量使自己少犯错误，少出纰漏。

第二节　就业择业程序

一、收集就业信息

现代社会人才需求分析

（一）就业信息内容

1. 国家政策法规信息

毕业生就业是一项政策性很强的工作，了解国家有关就业政策是大学生求职择业的关键一步。大学毕业生如果不了解国家及有关部门的就业政策而盲目地去求职择业，那么可能会事倍功半，事与愿违。近年来大学生就业形势十分严峻，国家和各地方政府先后颁布了一系列有利于大学生就业和鼓励大学生创业的政策和法规，毕业生要时刻关注和及时了解这些信息。

2. 就业市场供需信息

就业市场供需信息主要包括社会经济发展形势，社会各行业、各类企事业单位经营状况和对毕业生的需求等。尤其要重点了解就读学校本专业的社会需求情况，以及用人单位对毕业生的基本要求等。

3. 用人单位需求信息

用人单位需求信息主要包括所学专业被哪些用人单位所需要，需求数量是多少，用人单位的准确名称、地址、所有制性质、隶属关系、生产经营状况、文化背景、发展前景、工作条件、福利待遇、对人才的重视程度，以及对毕业生的具体安排、使用意图等。

4. 就业活动安排信息

就业活动安排信息主要包括召开企业说明会、宣讲会的时间、地点；举办招聘会或供需洽谈会的时间、地点；网上人才市场等。

（二）就业信息筛选

就业信息筛选三种方法

1. 分析和比较

针对具体的就业信息，要通过自己权衡，与亲朋好友、老师同学共同商议和讨论，分析该行业的发展前景和职业发展潜力。要把那些符合自己兴趣、适合自身条件的信息筛选出来，作进一步的了解。分析自己到这个用人单位就业的现实可能性，有哪些利弊得失。要比较不同单位、不同岗位的差异，以及自己对这些岗位的适应程度，还要比较不同单位的发展变化趋势。

2. 分类和排序

首先要领会就业政策和形势，把握当年就业的基本趋势。对所获信息应考虑是政策鼓励的还是政策约束的，是政策许可的还是政策限制的，做到心中有数。然后结合就业政策、自身情况，对所获信息进行分类整理，排除与自己无关或可能性不大的单位，挑选有希望的信息，再次按照与专业有关与否及是否有意向确定联系的标准进行分类，并把每类信息按照自己的意愿和标准进行排序，从中选择几类信息，作为自己求职的重点去向，在有限的规定时间内，及时做出回应。

3. 结合和考量

要把个人意愿和国家需求结合起来，当个人利益与国家利益、集体利益发生矛盾时，要顾全大局，服从国家和社会的需要，并根据社会需要与自己的能力、愿望做出职业选择。要用发展的眼光、长远的观点来筛选信息，不能只盯在大城市、发达地区的需求信息上，也要注意基层、边远地区的需求信息；不能只关心机关、大企业的需求信息，还要注意基层、中小企业、非国有企业的需求信息。

（三）就业信息运用

1. 确定目标，选择岗位

求职目标是求职者期望从事的职业及岗位。求职者通过对搜集到的就业信息进行处理、选择，结合自身实际情况，确定求职目标，选择工作单位。如目标在实施过程中出现偏差，应及时调整，使之可行。

2. 明确程序，掌握方法

对就业信息进行细致分析，明确每条信息的具体要求和应聘程序、时间、地点，做到心中有数。尽量避免求职过程中的冲突，有效利用信息。掌握在求职过程中面谈的技巧，避免由于方法不当带来求职障碍。

3. 把握市场，调整自我

就业信息不仅反映了社会岗位的要求，而且也体现了市场对择业者的期待。通过就业信息，可以了解社会各种职业的特点及现代职业对从业人员素质的具体要求，预测所学的知识、技能与就业的适应程度，及时调整自身的学习目标。

二、就业单位概述

（一）产业、行业、职业

1. 产业

1）产业概念

我们把具有某种同类属性的企业经济活动的集合或系统称为产业。企业是国民经济活动的基本单元，也是市场主体。企业之间的经济活动既有区别，又存在相似的属性。由于一家企业可能从事单一产品生产，也有可能涉足多个产品和服务市场，开展多元化经营，一个产业是由多家企业的同类经济活动组成的，并不包括企业所有的经济活动，为此，产业是企业经济活动的集合而不是企业的集合。

2）产业分类

20 世纪 20 年代，国际劳工局就对产业作了系统划分，把一个国家的所有产业分为初级生产部门、次级生产部门和服务部门。许多国家在划分产业时原则上参照国际劳工局的分类方法。目前我国产业划分为三大产业。

第一产业是农业，指以利用自然力为主，生产不必经过深度加工就可消费的产品或工业原料的部门，包括农业、林业、牧业、渔业等。

第二产业是工业，指以对第一产业和本产业提供的产品（原料）进行加工的产业部门，包括采矿业，制造业，电力、燃气及水的生产和供应业、建筑业。

第三产业是服务业，其包括流通和服务两大部门，具体分为四个层次。

（1）流通部门：交通运输业、邮电通讯业、商业饮食业、物资供销和仓储业。

（2）生产和生活服务的部门：金融业、保险业、地质普查业、房地产管理业、公用事业、居民服务业、旅游业、信息咨询服务业和各类技术服务业。

（3）提高科学文化水平和居民素质服务的部门：教育、文化、广播、电视、科学研究、卫生、体育和社会福利事业。

（4）国家机关、党政机关、社会团体、警察、军队等，但在国内不计入第三产业产值和国内生产总值。

2. 行业

1）行业概念

一般行业具有三层基本含义：一是指工业、商业的类别；二是泛指职业；三是指从事国民经济中同性质的生产或其他经济社会的经营单位或个体的组织结构体系，如林业、汽车业、银行业等。

2）行业分类

行业分类是依据科学标准，对从事国民经济生产和经营活动的单位或个体的组织结构体系进行系统化划分。

我国国民经济行业分类是中华人民共和国国家标准，规定了全社会经济活动的分类与代码。1984 年，由国家统计局、原国家标准局、原国家计划委员会、财政部联合制定的《国民经济行业分类与代码》（GB 4754—1984）是国民经济行业分类国家标准的最初版本。1994 年、2002 年、2011 年和 2017 年，国民经济行业分类国家标准历经四次修订，并更名为《国民经济行业分类》。现行《国民经济行业分类》（GB/T 4754—2017）于 2017 年 6 月 30 日由原国家质检总局和国家标准化管理委员会联合发布，并于 2017 年 10 月 1 日起实施。为满足标准的时效性，国家标准化管理委员会于 2019 年 3 月发布并实施了国民经济行业分类第 1 号修改单。

《国民经济行业分类》采用经济活动的同质性原则划分国民经济行业，即每个行业类别按照同一种经济活动的性质划分，把国民经济行业划分为 20 个门类、97 个大类、473 个中类、1380 个小类。20 个门类包括：农、林、牧、渔业；采矿业；制造业；电力、热力燃气及水生产和供应业；建筑业；住宿和餐饮业；批发和零售业；交通运输、仓储和邮政业；信息传输、软件和信息技术服务业；金融业；房地产业；租赁和商务服务业；科学研究和技术服务业；水利、环境和公共设施管理业；居民服务、修理和其他服务业；教育；卫生和社会工作；文化、体育和娱乐业；公共管理、社会保障和社会组织；国际组织。

3. 职业

1）职业概念

职业是指一个人参与社会分工，所从事的具体工作的种类，是人们利用专门的知识和技能，为社会创造物质财富和精神财富，从中获得稳定、合法、合理的报酬作为物质生活来源并满足精神需求的活动形式。从社会角度看，职业是劳动者获得的社会角色，劳动者为社会承担一定的义务和责任，并获得相应的报酬；从国民经济活动所需要的人力资源角度看，职业是指不同性质、不同内容、不同形式、不同操作的专门劳动岗位。

2）职业分类

职业分类是指按一定的规则和标准把一般特征和本质特征相同或相似的社会职业，分成并归纳到一定类别系统中去的过程。

我国运用科学的职业分类理论和方法，参照国际标准，借鉴国际先进经验，充分考虑我国转型期社会分工的特点，按照以“工作性质相似性为主，技能水平相似性为辅”的分类原则，编制颁布《中华人民共和国职业分类大典》。按 2022 年版的《中华人民共和国职业分类大典》，我国的职业分类结构由大到小、由粗到细分为 8 个大类、79 个中类、450 个小类和 1639 个细类（职业）。

按照工作性质的统一性分为 8 个大类：

（1）国家机关、党群组织、企业、事业单位负责人；

（2）专业技术人员；

（3）办事人员和有关人员；

（4）社会生产服务和生活服务人员；

（5）农、林、牧、渔业生产及辅助人员；

（6）生产、运输设备操作及有关人员；

（7）军人；

（8）不便分类的其他从业人员。

中类是在大类的范围内，根据工作任务与分工的统一性进行的分类；小类是在中类基础上依据工作环境、功能和相互关系进行的分类；细类（职业）主要是按工作的工艺技术、操作流程等相似和统一性所做的划分和分类。

（二）行政单位、事业单位、企业

1. 行政单位、事业单位、企业的基本概念

1）行政单位

行政单位是进行国家行政管理、组织经济建设和文化建设、维护社会公共秩序的单位，主要包括国家权力机关、行政机关、司法机关、检察机关及实行预算管理的其他机关、政党组织等。其中，行政机关是指依宪法和有关组织法的规定设置的，行使国家行政职权，负责对国家各项行政事务进行组织、管理、监督和指挥的国家机关。行政单位与行政机关是有区别的，这里主要是财政上的概念。其人员实行公务员体制管理，经费、工资福利等全部由政府拨付。

2）事业单位

事业单位是指由国家行政机关举办，受国家行政机关领导，没有生产收入，所需经费由公共财物支出，不实行经济核算，主要提供教育、科技、文化、卫生等非物质生产和劳务服务的社会公共组织。事业单位接受政府领导，其表现形式为组织或机构的法人实体。

根据国家事业单位分类改革精神，分为公益一类事业单位，公益二类事业单位。将现有承担行政决策、行政执行、行政监督职能的事业单位划入行政类，将完全由市场配置资源、从事生产经营活动的划入经营类，将从事公益服务的划入公益类，其中承担基本公益服务的划入公益一类，承担一般公益服务的划入公益二类。

3）企业

企业是以营利为目的，从事生产、流通、服务等经济活动，以生产或服务满足社会需要，实行自主经营、独立核算、依法设立的一种营利性的经济组织。企业作为独立的营利性组织，可进一步分为公司和非公司企业，后者如合伙制企业、个人独资企业等。目前，我国已颁布《中华人民共和国公司法》（以下简称《公司法》）、《中华人民共和国合伙企业法》和《中华人民共和国个人独资企业法》。

根据《中华人民共和国宪法》（以下简称《宪法》）和有关法律规定，我国目前有国有企业、集体所有制企业、私营企业、股份制企业、联营企业、涉外企业（包括外商投资、中外合资及港、澳、台投资企业）、股份合作企业、个人独资企业等经济类型，相应地，

我国企业立法的模式也按经济类型来安排，从而形成了按经济类型来确定企业法定种类的特殊情况。

国有企业是指企业的全部财产属于国家，由国家出资兴办的企业。国有企业的范围包括中央和地方各级国家机关、事业单位和社会团体使用国有资产投资所举办的企业，也包括实行企业化经营、国家不再核拨经费或核发部分经费的事业单位及从事生产经营性活动的社会团体，还包括上述企业、事业单位、社会团体使用国有资产投资所举办的企业。

集体所有制企业是指一定范围内的劳动群众出资举办的企业。它包括城乡劳动者使用集体资本投资兴办的企业，以及部分个人通过集资自愿放弃所有权并依法经工商行政管理机关认定为集体所有制的企业。

私营企业是指企业的资产属于私人所有，有法定数额以上的雇工的营利性经济组织，在我国这类企业由公民个人出资兴办并由其所有和支配，而且其生产经营方式以雇用劳动为基础，雇工数额应在 8 人以上。这类企业原以经营第三产业为主，现已涉足第一、第二产业，向科技型、生产型、外向型方向发展。

股份制企业是指财产由两个或两个以上的出资者共同出资，并以股份形式构成的企业。我国的股份制企业主要是指股份有限公司和有限责任公司（包括国有独资公司）两种组织形式。

联营企业是指企业之间或企业、事业单位之间联营，组成新的经济实体；具备法人条件的联营企业，独立承担民事责任；不具备法人条件的，由联营各方按照出资比例或协议的约定，以各自所有的或经营管理的财产承担民事责任的企业。如果按照法律规定或协议的约定负连带责任的，则要承担连带责任。

外商投资企业包括中外合营者在中国境内经过中国政府批准成立的，中外合营者共同投资、共同经营、共享利润、共担风险的中外合资经营企业；由外国企业、其他经济组织按照平等互利的原则，按我国法律以合作协议约定双方权利和义务，经中国有关机关批准而设立的中外合作经营企业；依照中国法律在中国境内设立的，全部资本由外国企业、其他经济组织或个人单独投资、独立经营、自负盈亏的外资企业。

港、澳、台投资企业是指港、澳、台投资人依照中华人民共和国有关涉外经济法律法规的规定，以合资、合作或独资形式在大陆举办的企业。在法律适用上，均以中华人民共和国涉外经济法律法规为依据，在经济类型上它是不同于涉外投资的经济类型。

股份合作企业是指一种以资本联合和劳动力联合相结合，作为其成立、运作基础的经济组织，它把资本与劳动力两个生产力的基本要素有效地结合起来，具有股份制企业与合作制企业优点的新兴的企业组织形式。

个人独资企业是指在中国境内设立，由一个自然人投资，财产为投资人个人所有，投资人以其个人财产对企业债务承担无限责任的经营实体。

4）公司

按照我国法律规定，公司是指依照《公司法》在中国境内设立的以营利、从事商业经营活动或某些目的而成立的企业法人组织，我国现行《公司法》规定的公司类型分为有限责任公司和股份有限公司。公司具有企业的所有属性，因此，公司与企业是种属关系，凡公司均为企业，但企业未必都是公司。公司只是企业的一种组织形态。

公司的基本特征：①公司是以营利为目的企业法人组织；②公司是以股东的投资为基础设立的；③公司应依法成立，符合法定的实质要件，遵循法定的程序，履行规定的申请和审批登记手续。

2. 行政单位、事业单位、企业之间的区别

1）行政单位与事业单位的区别

（1）内涵不同。行政单位是国家机关；事业单位是实施政府某项公益服务的部门，是社会服务组织。

（2）担负的职责不同。行政单位负责对国家各项行政事务进行组织、管理和指挥；事业单位是为了社会的公益目的从事教育、文化、卫生、科技等活动。

（3）编制和工资待遇的来源不同。行政单位使用行政编制、由国家行政经费负担。事业单位使用事业编制，由国家事业经费负担。事业单位有全额拨款的，有部分拨款的，还有事业单位企业化管理的。行政单位人员的工资按《中华人民共和国公务员法》由国家负担，而事业单位则根据不同的管理模式实行不同的待遇。行政单位或事业单位根据工作性质，也有具有行政事业编制的非公务员的人就职，一般是从事后勤保障的工勤人员，其待遇除职权不同外，收入和公务员完全一致。

2）事业单位与企业的区别

（1）主体资格和设立资金的来源不同。事业单位在法律上讲属于事业法人，企业（包括公司）属于企业法人。这一性质决定了设立事业单位的资金主要是国家拨款，或由国有企业、事业单位筹措；设立企业（包括公司）资金是由出资者投入的。

（2）设立主体和设立目的不同。事业单位大多是由国家（包括国家机关和地方政府）设立的，也有一部分是由国有企业设立的，如大型国有企业原有的医院、学校等。国家设立事业单位是出于国家管理的需要或社会公共利益的需要，事业单位的工作和服务不以营利为目的。设立企业（包括公司）的是出资者，国家设立企业时，其也应是出资者。设立企业的目的是通过经营盈利，国有企业也是如此。

（3）管理主体和管理方式不同。对事业单位的管理，主要是由政府主管部门负责的。事业单位往往有其隶属的政府主管部门。政府主管部门主要依靠行政管理的法规、规章、条例、命令和政策对事业单位进行领导和管理，如国家对公办学校的管理。国家对企业的管理只是宏观管理，企业的管理主要由出资者依法建立的包括董事会和总经理在内的管理团队来负责。根据企业的性质不同，出资者对于企业的管理分别依据《公司法》《中外合资经营企业法》等法律来进行。对于公司的管理，出资者还应当遵守公司章程的规定。

另外，企业（包括公司）在其经营过程中，需要向国家缴税，而事业单位则不需要缴税。

三、参加招聘会议

（一）收集招聘信息

（1）关注国家、地方就业指导机构的信息。通过毕业生就业指导机构，掌握国家和地方有关就业的方针、政策，收集用人信息。这是毕业生获取就业信息的重要途径。

（2）利用本校毕业生就业指导服务机构获得信息。学校就业指导服务机构同地方各级主管部门和有关单位保持着广泛而密切的联系，并在与用人单位的长期合作中，建立了稳定的关系，了解和掌握大量的人才需求动态和信息，获得就业信息的针对性、准确性、可靠性较强，就业政策掌握得比较全面、准确，并具有一定的指导性，是毕业生重要的求职信息源。

（3）参加地区、行业、高校举办的就业双选招聘会。为解决本地区、本行业、本校生源毕业生就业问题，解决用人单位合理配置人才的需求问题，各地人事部门和教育部门、各行业、各高校都会举办一些定期或不定期的就业双选招聘会。这类招聘会具有较强的供需针对性，毕业生在此类招聘会查询到的本专业需求信息也比较准确、可靠，这是大学生立足本地就业的一种重要信息渠道。

（4）通过各种大众传媒获取信息。一些用人单位常常通过报纸、杂志、广播、电视等大众传媒介绍本单位的现状、发展前景，公布人才需求信息。毕业生可通过报纸、电视、广播、杂志等公共传媒收集大量的就业信息，也可以通过社会传媒刊登个人求职信息，以便用人单位直接与自己联系，尽快得到确切的信息。这也是大学毕业生捕捉就业信息的有效渠道。

（5）有效利用网络和自媒体。网络和自媒体上求职的特点是信息量大、精准性强、更新速度快，用人单位和求职者交流便捷、迅速，这是目前最热门也是最快捷的获得就业信息的有效渠道之一。毕业生可以随时通过许多企业人力资源网站，查询数万条有效信息。同时，可以直接把简历用电子邮件的方式发给对方。求职者也可以经由网络了解企业的背景资料、营运状况等，甚至可以通过网络进行视频应聘。但需要注意的是，网络信息具有不可过滤性，使用网络信息时需要甄别。

（6）利用家庭和各种社会关系获取信息。通过毕业生家长、亲戚、校友、好友、熟人及其他各种关系了解社会需求信息往往针对性更强，获取的信息也比较准确、直接，就业成功率也比较高。这也是毕业生获取就业信息直接可靠的有效渠道。

（7）通过社会实践和各种教学实习获得信息。通过毕业实习、到企业参加社会服务、社会调查等社会实践活动，不仅能使毕业生将所学的知识直接应用于生产，服务于社会，而且能开阔毕业生视野，了解社会对毕业生素质的基本要求和这些单位对毕业生的需求情况，同时也有利于毕业生与用人单位先期沟通。它是毕业生主动适应社会获取就业信息的又一途径。

（二）参加招聘会议

1. 了解参会单位情况

参加招聘会前，求职者需要尽可能多地了解参会单位的情况。首先，需要通过浏览招聘会主办方的网站、会刊或主动向主办方咨询等方式了解参会招聘单位的情况，包括企业名称、岗位名称、工作要求、任职要求等信息；其次，需要根据自己的求职意向筛选并列出自己的目标单位；再次，将自己选定的目标单位的展位编号记下来，这样求职者在参加招聘会时可以直接按展位编号快速地找到目标单位，节省时间和精力，提高效率。

2. 制作求职意向简历

提交的求职简历与应聘单位需求针对性越强，越容易得到认可。参加招聘会时，需要根据自己的求职意向准备多个版本的简历。在参加招聘会时最忌犯“一份简历包打天下”的错误。

3. 准备相关资料物品

求职者在参加招聘会前，需要准备相关的物品和资料：身份证件、简历及复印件、获奖证书、职业资格和技能证书、工作经验证明等。

另外，参加招聘会时求职者需要着装得体，保持良好的个人形象。最好是穿正装，既能体现出对用人单位的尊重，也能表现出自己的专业气质。

四、通过就业测试

（一）笔试

1. 笔试的常见种类

笔试即书面测试，是招聘过程中，用人单位考察应聘人员的一种常用方法。笔试常用于应试人员较多、对专业技术要求较强和录用人员素质要求较高的单位，如国家机关、事业单位、高等院校、科研院所和知名企业等。笔试的目的主要是对应聘人员的基础知识和专业水平、文化素质和文字表达能力、心理素质和健康状况等综合情况进行考核和评估。在实际招聘过程中，笔试常见的种类有以下几种。

（1）专业测试。通常用人单位在挑选毕业生时，通过查看学校提供的毕业生推荐表和成绩单后，常常会增加笔试环节，进行专业能力的测试，来直观检验应聘者能否达到所要求的专业知识水平和相关的实际能力。比如，报考国家机关，则要考行政管理知识和法律知识；应聘科研机构，通常要考查动手能力；应聘涉外单位，笔试科目中通常包含外语水平测试。

（2）心理测试。一些用人单位为了测试应试者的态度、兴趣、动机、智力、个性等心理素质，常常进行心理测试。方法是让应试者完成事先编好的标准化量表或笔试问卷，再根据完成的数量和质量来判断应试者的心理水平或个性差异。通过心理测试，一般用人单位大致可以了解应聘者基本的心理趋向，继而确定应聘者是否符合岗位要求。

（3）智商测试。智商测试原先主要被一些外企所采用，目前对毕业生综合素质要求较高的单位也增加了智商测试的笔试内容。进行智商测试的单位，一般认为专业能力可以通过培训获得，但是否具有不断接受新知识的智商水平至关重要。智商测试通常通过一些成型的测定工具来测试，依据成绩的高低判断其智商的高低。

（4）论文测试。论文测试是检验应聘者综合、比较、归纳、推理等分析问题的能力、逻辑思维能力和文字应用表达能力。论文笔试的形式采用论述题或自由应答型试题，比如要求应试者在限定时间内写出一份会议通知、请示报告或工作总结报告，也可以给出一个观点，要求应试者予以论证或批驳等。论文测试通常要求应聘者对测试的问题有自己的见地。从应对的不同答案中，比较容易发现人才。

（5）综合能力测试。综合能力测试兼有智商测试的要求，但程度更高，比如要求应试者在规定时间内对一组数据、一组资料进行分析，找出合理的地方和存在的问题，并设计出解决问题的方案。同时对应试者的阅读理解能力、发现问题能力、分析和解决问题能力、知识面等素质进行全方位测试，甚至有时要用英语作答。

在实际招聘过程中，用人单位有时仅用一种笔试方式，有时也会将几种笔试方式结合起来使用。

2. 笔试的应对技巧

（1）笔试准备。

① 全面系统复习。通常招聘笔试范围大、内容广，存在一定的随意性和盲目性。所以，凡是与求职相关的知识，如科技知识、历史知识、经济知识、法律知识和常用知识，都应做到全面系统复习。

② 理论联系实际。现在的招聘考试越来越注重考察应聘者的知识运用能力。因此，在笔试准备过程中必须始终突出“实用”二字，通过各种实践，把学到的知识运用到实际工作中去。

③ 提高阅读能力。提高阅读能力，对扩展知识面和回答招聘考试的各类问题很有益处。要提高阅读能力，首先得坚持进行阅读实践。知识的获得，主要依靠传授；能力的提高，主要通过实践。复习时经常做一做阅读训练，有助于阅读能力的提高。在做阅读训练时，一定要做到眼到、手到、心到，即对每个问题都要仔细揣摩、认真思考、分析比较、综合归纳，提高自己的阅读理解能力。

④ 培养答题能力。现在很多笔试虽然不难，但题量特别大，很难在规定时间内把题答完。为了适应招聘考试中的题量，应聘者还应该尽快培养自己快速阅读、快速思维和快速答题的能力。因为现代阅读观念不仅着眼于信息的获取，还特别重视速度。所以，在准备笔试时一定要提高做题速度。

（2）答题技巧。

① 先易后难，先简后繁。笔试题型多，内容多，又要在限定的时间内做完，并保证正确率，因此要求应聘者必须合理安排答题时间。首先，应聘者拿到考卷，要看清注意事

项、答题要求，然后从头到尾统览一遍，对试卷题目类型、份量轻重和难易程度有个大致了解，再根据先易后难、先简后繁的原则进行答题。

② 精心审题，字迹清楚。在具体答题时，必须认真审题，切实弄清题目要求，逐字逐句分析题意，按要求进行回答。书写时，力求做到字迹清楚，卷面整洁，格式、标点正确，不写错别字。

③ 积极思考，回忆联想。有些试题的设计，从理论和实践两方面检查应聘者的基础知识和技能，并以综合运用为主，检验应聘者的实际水平和学习灵活性。因此，有的试题是具有一定难度的。考试时要积极思考，努力回忆学过的知识，并进行联想，将已学过的有关内容相互联系起来比较分析，积极思考，找出正确答案。

④ 掌握题型，精准作答。要了解各科考题的特点，熟悉每种题型的答题方法，防止出现不必要的差错。

3. 常见题型应答法

笔试常用的题型有填充题、问答题、选择题、判断题、再生题、应用题和作文题等。针对不同的题型，应采取不同的应答方法。

（1）填充题是一般试卷中不可缺少的基本题型，用以检查应聘者对某些知识所掌握的情况。答题必须看清题目要求，是填词还是填句，是填词语还是填符号，是填写一个空还是填写几个空。

（2）问答题要求考生对试题提出的问题做出回答，较多的是要求考生用简单的语句回答简单的问题。答题时要对准中心，抓住重点，开门见山，简明扼要。落笔前先理顺思路，按要求作答。

（3）选择题是从已经给出的几个备选答案中，选择一个或多个正确的、恰当的答案。要答好这种题型，可用经验法，凭所掌握的知识作经验性填写；可用假设法，假设某选择答案正确，代入验证，以获取正确答案；可用排斥法，将题目中的选择项逐一排除。

（4）判断题要求对所给的命题做出明确的是或非的回答。一般判断题只有一个误点，用最终排除的方法，最后确定正确的答案；也可用计算法，通过计算来确定正确答案。两个选项较多出现在基本知识中易混淆、易误解的常识性知识部分，必须把解题集中在这些知识上。

（5）再生题是指听写、默写、记录等一类用以检验应聘者对某些知识的掌握和应用能力的题目。答题时要明确这类题目的内容是所学课程的重点和精华，解答的基础在于平时对字、词、句、段、篇的理解和记忆。下笔前，应迅速在脑中默念一遍，写完后必须读一遍，检查是否有漏字、错字。

（6）应用题要求应聘者运用所学的知识解决实际问题。应根据题目的要求，选择适当的方法，予以解决。解题时先找出关键词，理解题意，再认真仔细地做，确保正确无误。

（7）作文题要求在规定的时间和空间内写好。审题要果断，迅速地扣住作文题目的关键词，确定写作中心。写作提纲应简略，不要太费时间，只要能反映文章的基本思路、段落层次即可。行文时要正确计时，合理分配时间，对需要修改加工的词句，可先跳过去，留待最后解决。写好后注意检查，修改词句，检查标点符号及文字（是否有错别字）等。

（二）面试

常用的面试问与答

1. 面试及主要内容

面试即当面测试，是用人单位经过精心设计，在特定的环境下通过面对面直接交谈的方式对应聘者进行考核的一种方式。面试中，面试官通过观察、提问、交谈，测试了解判断应聘者的性格、修养、形象、气质、知识水平、表达能力、应变能力、心理素质、敬业精神和经验阅历等，使用人单位掌握应聘者的动机和工作期望，获取笔试中难以获得的应聘者的其他信息，考量应聘者是否适合单位及其岗位的需要。面试是大学生应聘和求职成功的关键一步，具有决定性意义。同时在面试中，应聘者如果发挥出色，还可以弥补先前笔试成绩偏低或是其他条件的不足。

常见的面试内容主要包括以下几方面。

（1）应聘者背景。主要考察应聘者的个人情况，如民族、性别、身高、视力等自然状况；家庭主要成员及社会关系；文化程度、毕业学校、所学专业、接受过哪些培训、从事过哪些工作、参加过哪些社会活动等。

（2）应聘者智商。主要考察应聘者的知识层次，如所学的专业课程、学习成绩、外语和计算机水平等。

（3）应聘者能力。主要考察应聘者的毕业论文、毕业设计、科研成果、专著及其实践能力、操作能力、组织领导能力、口才、文笔等。

（4）应聘者情商。主要考察应聘者的人生观、价值观、敬业精神、人际关系、适应能力、处理压力的能力和自我激励能力等。

（5）应聘者形象。考察应聘者的言谈和仪表等。

2. 面试方式和程序

实际招聘面试时，根据面试的目的、面试现场组织形式的不同，可以有多种面试方式，如下表所示。

面试类型	面试方式	面试目的
常规问题法	面试官对应聘者提出事先准备好的一个或多个问题，向应聘者发问	目的在于捕捉应聘者更多、更全面的材料和细节，以及在既定环境中的表现，判断其解决问题的能力
自由交流法	面试官与应聘者海阔天空、漫无边际地交谈，气氛轻松活跃，引导应聘者自由发表言论	目的在于观察应聘者在正常状态时的谈吐、举止、知识、能力、气质和风度，对其做全方位的综合素质考察
压力传递法	面试官有意识地对应聘者施加压力，针对某一问题或某一事件一连串地发问，问细节和详情，穷追不舍，直至应聘者无法回答	目的在于观察应聘者在突发压力下的反应速度、机智程度和应变能力
模拟情景法	面试官事先设定一个情景，提出一个问题或一项计划，请应聘者进入角色模拟完成	目的在于考核应聘者分析问题、解决问题的能力

续表

面试类型	面试方式	面试目的
多项组合法	面试官通过多种方式考察应聘者的综合能力和素质，如用外语与应聘者交谈；或要求应聘者即兴写一篇文章；或要求应聘者即席做一次演讲等	目的在于考察应聘者综合能力，如外语水平，文字和口头表达能力等
前置实习法	招聘单位事前通过招聘实习生的方法，安排应聘者到单位相应岗位工作一段时间，当作面试的方式	目的在于全过程观察实习生的综合能力和各方面素质。如果实习生表现好，就会被纳入招聘单位录用名单

目前许多单位在人员招聘时，经常会采用“结构化面试”。结构化面试是一种标准化的面试方式。面试官会事先设计一份“标准化”的面试问答卷，包括面试过程中的所有问答内容和评分细节。在进行面试时，面试官会依照规定的流程及事先拟订好的面谈提纲对应聘者逐项提问，对各要素的评判也按设定好的分值结构来界定。也就是说，在结构化面试中，面试的程序、内容及评分方式的标准化程度都很高，是一种结构严密、评分模式固定且层次性很强的面试形式。

结构化面试测评要素一般包括三大类：一般能力、工作能力和个性特征。面试官会根据单位自身的特点来拟订面试具体要求、职位能力要求等。结构化面试的一般流程：由5～9名面试官组成，其中设一名主考官，负责向应聘者提问并把握面试的总体进度。时间因面试题目的数量而不同，一般为30～60分钟，每个问题的问答基本为5分钟。

实际面试过程中，面试官可能采取一种面试方法，也可能同时采取几种面试方法。

招聘单位面试一般按照以下程序进行：

（1）招聘单位对应聘者的申请材料进行审核，确定面试名单；

（2）招聘单位通知应聘者面试时间和地点；

（3）应聘者准备面试；

（4）应聘者正式参加面试。

3. 面试时交谈技巧

1）把握问答技巧

（1）阐述简洁明了，切记言多必失。一般情况下回答问题要结论在先，议论在后，先把握重点，将中心意思表达清楚，再有理有据做叙述和论证。由于面试时间是有限的，不要说多余的话，记住言多必失。

（2）讲清原委事实，陈述有理有节。面试官提问是想了解应聘者的具体情况，应聘者切不可简单地仅以“是”或“否”作答，有需要解释原因的，要诚实地讲述；有需要说明程度的，要逐一说明。

（3）确认提问内容，切忌答非所问。面试中，如果面试官提出的问题范围太大，涉及内容宽泛，应聘者不知从何答起，或不理解问题的意思，可以将问题复述一遍，请面试官确认其内容后，再作答，做到有的放矢，不致答非所问。

（4）要知之为知之，不知为不知。面试时遇到自己不懂、不知、不会的问题，不能回避问题、牵强附会，诚恳、坦率地承认自己的不足之处，实事求是地回答问题，反倒会赢得面试官的信任和好感。

（5）要有个人见解，展现个人特色。面试官在面试时向应聘者多次提同样的问题后，一般应聘者回答的都大同小异，这时如果你能答出充满个人见解的、展现个人特色的答案，定会让面试官眼前一亮，给面试官留下好的印象，获得好的面试效果。

2）把握发问技巧

面试过程中，面试官时常会反问应聘者有没有问题，应聘者可以适当问一些问题，并且应该把提问的重点放在面试官的需求及你如何能满足这些需求上。通过提问的方式进行“自我推销”是十分有效的，你向面试官所提问题，必须紧扣工作岗位的任务和职责。应聘者可以询问诸如以下问题：应聘岗位所涉及的责任及所面临的挑战，在这一岗位上应该取得怎样的成果，该岗位具有代表性的工作任务是什么等。

3）把握谈话技巧

（1）谈话应该顺其自然：不要误解话题，不要胡搅蛮缠，不要独占话题，不要抢话回答，不要说奉承话，不要浪费口舌。

（2）谈话留意对方反应：交谈时需随时注意观察对方的反应，把握谈话的气氛和时机。如果对方的眼神或表情显示对你所涉及的某个话题已失去了兴趣，应该尽快将话题收住。

（3）有良好的语言习惯：不仅是表达流利，用词得当，还要注意说话方式，做到发音清晰、语调得体、声音自然、音量适中和语速适宜，以及不过度使用语气词和口头语。

4）把握心态技巧

（1）展示真我。面试时切忌伪装和掩饰，要展现自己的真实实力和真正的性格。面试时不要故意“重塑”自己，比如自己明明很内向、不善言谈，但面试时却拼命表现得很外向、健谈，可有经验的面试官一看一问就会明白。

（2）平等心态。面试时如果能够以平等的心态对待面试官，就能够避免紧张情绪。特别是在回答案例分析问题时，不要心理上总觉得面试官在考自己，要抱着自己是在和面试官一起讨论问题的心态，才能发挥得更精彩。

（3）态度坦诚。面试时应聘者一定要诚实回答问题，事实情况怎样，回答就怎样，不要故意编造，甚至故弄玄虚，这对自己面试，乃至今后工作都没有利处，因为任何欺骗行为最终总会被发现揭穿。

五、完成签约落户

人事档案的作用

（一）签订就业协议与劳动合同

1. 就业协议与劳动合同关系

就业协议（《全国普通高等学校毕业生就业协议书》）与劳动合同二者均为用人单位招

用毕业生时订立的书面合同，都具有一定的法律效力。虽然就业协议和劳动合同确定的劳动关系性质、法律依据和协议（合同）签订双方主观意思表达是一致的，但二者属于不同概念：前者是大学生和用人单位在签订劳动合同前，双方确定就业意向和权益的依据；后者是大学生与用人单位确立劳动关系、明确双方权利和义务的协议。二者具体的区别主要在于：

（1）主体不同。就业协议是毕业生与用人单位之间签署的就业契约，体现双方在就业方面的意向。一份有效的就业协议必须由毕业生、用人单位、用人单位主管部门（有些还需省级主管毕业生就业的行政部门）、学校共同签署意见、盖章。学校、省级主管毕业生就业的行政部门、各级人事局、公安局根据有效的就业协议编制（下达）毕业生就业调配计划、开具毕业生报到派遣证、开具户口关系、接收毕业生。就业协议的有效期一般为一年。因此，就业协议仅是毕业生规定时间内就业的一种契约。

劳动合同是就业者与用工单位之间签署的就业契约，规定着双方在劳动时间、岗位、报酬、劳动保护等方面的权利和义务。一份有效的劳动合同除由双方签署意见外，还需由用工单位所在地劳动管理部门（各级劳动局）签证、盖章，才具备法律效力。劳动合同只适用于劳动者（毕业生参加工作以后）与用人单位之间，与学校没有直接的法律关系。

（2）时间不同。一般来说，就业协议在毕业生毕业之前签订，而劳动合同往往在毕业生到用人单位报到后才签订。

（3）内容不同。就业协议的主要内容是毕业生表示愿意到用人单位就业，用人单位表示愿意接收毕业生，学校同意推荐毕业生。劳动合同涉及的主要内容是劳资双方劳动权利和义务的具体条款。

（4）目的不同。就业协议是毕业生和用人单位关于将来就业意向的初步约定，是对双方的基本条件及即将签订的劳动合同的部分基本内容的大体认可，并经用人单位的上级主管部门和高校就业部门同意，一经毕业生、用人单位、高校、用人单位主管部门签字盖章，即具有一定的法律效力，是编制毕业生就业方案和将来双方订立劳动合同的依据。

（5）适用法律不同。就业协议依据《普通高等学校毕业生就业工作暂行规定》，而劳动合同则依据《劳动合同法》。前者属于部门规章，后者属于国家基本法律，部门规章的法律效力低于国家基本法律。

（6）时效性不同。就业协议的效力始于签订之日，止于学生到工作岗位报到之时。就业协议的作用仅限于对学生就业过程的约定，一旦毕业生到用人单位报到，就业协议的使命也就完成了。就业协议不能替代劳动合同，不是确定劳动关系的凭证。

总而言之，虽然就业协议和劳动合同都可约定违约责任，但是两者的适用范畴是不同的。劳动者解除劳动合同，应依据劳动法规和劳动合同，而不是就业协议。另外，事实劳动关系也适用劳动法律法规调整。尽管未签订劳动合同，就业协议对双方仍有一定的约束力，但是用人单位不能违反劳动法规，仅以就业协议中的约定为由，要求劳动者承担违约责任。

2. 签订就业协议应注意事项

（1）大学生由于求职心切，常会遇到一个要求马上签约的单位，就会不假思索地立即签约，这很可能会“上错花轿，嫁错郎”，为此必须先对签约单位进行全面的了解。

（2）认真审查就业协议和补充协议的内容。虽然就业协议有固定范本，毕业生对整个协议书的关键部分仍需认真审查：一是协议内容是否合法，是否符合国家相关法律和政策的规定；二是仔细审查和推敲双方权利和义务是否合理。如毕业生和用人单位协商，就原协议书中未能体现的具体权利和义务需要补充的，可以用补充协议形式表述，补充协议和主协议书具有同等法律效力。

（3）审查单位主体资格是否合格。协议双方的资格是否合格是协议书是否具有法律效力的前提。用人单位，不管是机关、事业单位还是企业（不包括私营企业），必须有进人的权力。如果其本身不具备进人的权力，则必须经其具有进人权力的上级主管部门批准同意。

（4）违约责任是否明确。违约责任是指协议双方当事人因过错而不履行或不完全履行协议规定的义务应承担的法律责任，它是保证协议履行的有效手段。鉴于实践中毕业生及用人单位违约率有所增加的状况，协议书中违约责任条款就显得更为重要。因此，在协议内容中，应详细表述双方当事人的违约情形及违约后应负的责任，同时还应写明违约后通过何种方式、途径来承担责任。这样，才能更有利于双方当事人履行协议，也有利于以后违约纠纷的解决。

（5）协议的形式是否合法。毕业生和用人单位对协议各项条款经协商一致，签约时要注意完整地履行手续。毕业生要签名并写清签字时间；用人单位及其上级主管部门必须加盖单位公章并注明时间，不能用个人签字代替单位公章；毕业生和用人单位签字后需将协议书交给学校就业主管部门履行相关手续。

3. 懂得劳动合同所述“试用期”

试用期是指对新录用的劳动者进行试用的期限，是用人单位和毕业生双方互相适应的过程。用人单位与劳动者可以在劳动合同中就试用期的期限和试用期期间的工资等事项做出约定，但不得违反《劳动合同法》有关试用期的规定。《劳动合同法》对如何确定试用期做出了明确规定，劳动合同的长短、劳动合同的类型不同，试用期的长短也有所不同。《劳动合同法》对试用期时间做出了明确规定：“劳动合同期限三个月以上不满一年的，试用期不得超过一个月；劳动合同期限一年以上不满三年的，试用期不得超过二个月；三年以上固定期限和无固定期限的劳动合同，试用期不得超过六个月。同一用人单位与同一劳动者只能约定一次试用期。”对试用期的工资也做出了明确规定：“劳动者在试用期的工资不得低于本单位相同岗位最低档工资或者劳动合同约定工资的百分之八十，并不得低于用人单位所在地的最低工资标准。”在试用期内，用人单位与劳动者之间的劳动关系尚处于不完全确定的状态，根据《劳动合同法》第二十一条规定：“在试用期内，除劳动者被证明不符合录用条件外，用人单位不得解除劳动合同。用人单位在试用期解除劳动合同的，应当向劳动者说明理由。”

4. 了解“劳务派遣”用工形式

劳务派遣又称劳动派遣、劳动力租赁，是指由派遣机构与派遣劳工订立行动合同，劳动合同关系存在于派遣机构与派遣劳工之间，但劳动力给付的事实则发生于派遣劳工与要派企业之间。劳动派遣的最显著特征就是劳动力的雇用和使用分离。劳务派遣机构不同于职业介绍机构，它是与劳动者签订劳动合同的一方当事人。

劳动者与其工作的单位不是劳动关系，而是与另一人才机构等专门单位形成劳动关系，再由该人才机构派到用人单位劳动，用人单位与人才机构签订派遣协议。劳务派遣亦称员工租赁，即用人单位根据工作实际需要，向劳务派遣公司提出所用人员的标准条件和工资福利待遇等，公司通过查询劳务库资料及各招聘储备人才中心等手段搜索合格人员，经严格筛选，把人员名单送交用人单位，用人单位进行选择并确定。然后用人单位和派遣公司签订劳务租赁（派遣）协议，派遣公司和被聘用人员签订聘用合同。用人单位与派遣公司的关系是劳务关系；被聘用人员与派遣公司的关系是劳动关系，与用人单位的关系是有偿使用关系。

（二）人事代理制度与聘用制度

1. 人事代理制度

人事代理是符合人才流动实际情况的一种重要的人事代理服务，主要是指在社会主义市场经济条件下，各级人事行政部门所属的人才流动机构为“三资企业”、私营企业、股份制企业、民办科研机构等无主管单位及不具备人事管理权限的单位，要求委托人事代理的其他企事业单位，自费出国和以辞职等方式流动后尚未落实单位的专业技术人员和管理人员，运用社会化服务方式和现代化手段，按指定的法律和政策规定，为其提供档案保管或有关人事方面的代理服务工作。简要地说，就是把“单位人”变成“社会人”，实现人事关系管理与人员使用分离，即单位管用人，而一些具体的人事管理工作，如档案管理、计算工龄、评定职称、社会保险等，由人才交流中心代管。

目前，建立人事代理制度是我国人事制度改革的一项重要举措，是人才服务工作的延伸和发展，是与我国社会主义市场经济体制相配套的新型人事管理方式。它改革了传统毕业生就业方式，对拓宽毕业生就业渠道，保障毕业生和用人单位合法权益有着重要意义。

人事代理是融法律、行政管理、服务于一体的综合代理方式，有单位委托人事代理和个人委托人事代理两种类型，其代理形式可以分为单项代理和全权代理。代理的主要内容如下。

（1）提供国家人事政策、法规宣传和咨询的服务。提供信息咨询服务，包括人事政策咨询、人才供求关系信息、市场统计信息、人才价格信息等服务。

（2）为委托对象管理人事关系和人事档案。负责代理人员人事档案的收集、整理、保管、使用等工作。代理人员的履历表、奖惩登记、党员及考核等材料由用人单位提供。代理机构及时送交材料归档。

（3）提供为委托代理单位进行人才规划，制定建立新型人事管理制度的服务。

（4）根据委托代理单位的要求，代为招聘、引进所需人才，包括办理高校毕业生的接收事宜。

（5）受理委托代理单位的党团组织管理。建立代理人员党组织，接转党组织关系。制定流动党员定期、不定期思想汇报制度，按时收缴党费。

（6）按照有关规定，承办专业技术资格的认定和考证申报。

（7）代理委托代理单位和个人办理交纳社会保险费用事宜。负责办理失业、养老等社会保险服务，并为其代办住房公积金。

（8）受理委托代理单位的人才岗前培训、上岗资格培训、再教育培训及人才素质测评事宜，开展代理人员岗位及专业技能培训。根据用人单位的要求，有针对性地组织岗位和技能培训。

（9）受理委托代理人员的工龄审核、档案工资调升、身份确认、大中专毕业生转正定级事宜。确认代理人员的身份，出具有关证明；办理代理流动人员的转入、转出手续，推荐就业单位，签订聘用合同；为毕业生转正定级出具各种证明材料，建立代理人员集体户口挂靠制，行政、工资关系挂靠人才市场，调整档案工资，职称考评、考核，计算工龄；办理代理人员的出国（出境）和政审手续。

（10）委托代理单位解聘、被辞退人员再就业。

（11）承办与人事管理相关的其他事宜。

2. 人员聘用制度

人员聘用制度是关于我国基本单位（国家党政机关、社会团体、企事业单位）的人员选拔、任用、聘任、聘用的一系列规章制度的总称，其核心内容是建立以公开平等竞争、择优为导向，有利于优秀人才脱颖而出、充分施展才能的选人用人机制。

1）国有企业的人员聘用制度

随着人员聘用制度的实施，我国国有企业人才资源配置已由传统的行政计划配置向市场配置转变，配置企业人员资源已实行企业与专业技术人员和管理人员双向选择的原则。

国有企业实行对专业技术岗位和行政管理岗位公开竞争、择优上岗。除应由出资管理和应由法定程序产生或更换的企业管理人员和专业技术人员外，企业可以在全国范围内招聘各类人才，包括到高等学校招聘应届毕业生等。凡聘用人员，都要签订劳动（聘用）合同。政府提供必要的政策指导、信息咨询和人员测评等项服务工作。企业在人才流动过程中发生的人事争议，应由有关当事人按照人事部门的规定程序申请进行调解、裁决。

2）事业单位的人员聘用制度

2002 年 7 月出台的《关于在事业单位试行人员聘用制度的意见》是我国较早提出的“事业单位用人采取聘用制度”的文件。从 2003 年开始，我国在事业单位开始“全面试行人员聘用制度”。其内容是所有事业单位与职工都要按照国家有关法律、法规，在平等自愿、协商一致的基础上，通过签订聘用合同，明确单位和个人的人事关系，明确单位和个人的义务和权利。通过建立和推行聘用制度，实现用人上的公开、公平、公正，促进单位自主用人，保障职工自主择业，维护单位和职工双方合法权益。通过聘用制度转换事业单位的用人制度，实现事业单位人事管理由身份管理向岗位管理转变，由单纯行政管理向法制管理转变，由行政依附关系向平等人事主体转变，由国家用人向单位用人转变。事业单位的聘用制度包括公开招聘、签订合同、定期考核、解聘辞聘、亲属回避及人事争议仲裁等制度。至 2009 年，我国已建立统一规范的人力资源市场，打破城乡分割、身份分割和地区分割，全国事业单位聘用制人员占 80%。2016 年 7 月 1 日开始，我国事业单位全部实行了聘用制。

当完成了以上择业就业程序，最后要做好档案转寄、户口迁移等工作。绝大多数毕业生毕业时都涉及人事关系从学校转出的问题，加上当前毕业生就业形式的多元化程度越来越高，因此，毕业生在与用人单位签订就业协议尤其是与本身没有人事权且需要实行人事代理的单位签约时，要了解清楚日后自己人事关系的去向，并将档案转寄地址（户口迁移地址）在协议书相关条款中填写清楚，以方便毕业派遣。

当然，毕业生还要做好党团组织关系的转办手续。

第三节　简历博得“眼缘”

个人简历是获得择业就业机会必不可少的重要工具。一份好的个人简历，能让用人单位在没和你实质性接触和了解你之前，从几百份应聘简历中脱颖而出，一瞬间就博得应聘单位的“眼缘”，让用人单位先入为主认同你，为自己创造面试机会。为此，制作一份完美反映毕业生的学习、成绩、生活、工作经历等情况的个人简历至关重要，每个择业就业的毕业生都要花精力和时间认真制作。

一、样式与类型

个人简历一般有两种样式：表格式和条目式。表格式简历通过表格的形式展示求职者的基本情况，简明清晰，易于阅读。条目式简历不受表格限制，容量较大，可以根据实际情况展示求职者的资料。采用何种样式，根据实际情况决定。

目前，大学生择业就业时，常见的个人简历类型主要有以下几种。

1. 时序型个人简历

时序型个人简历是最传统的简历格式，是按中国式的习惯由远及近、由过去到现在的时间先后顺序编写学历和工作经历。求职者如果想强调过去无可挑剔的工作经历和学习经历，可以考虑使用时序型格式。

2. 功能型个人简历

功能型个人简历一般在简历一开始就强调技能、能力、资格及成就，让人关注的焦点在于求职者所做的事情及掌握的技能，把自己的能力素质亮点放在重要位置，吸引用人单位的注意力。如果一名毕业生在所求工作领域中只有一点经验，可尝试选择制作功能型个人简历。

3. 个性型个人简历

个性型个人简历综合了时序型个人简历和功能型个人简历的特点，可以以功能型个人简历为基本结构，再加上各种名称作小标题，表明各项业绩都是在何处取得的。这种个性型个人简历有很多时序型个人简历和功能型个人简历所拥有的特点。

二、原则与要求

在制作个人简历时，许多学生深怕遗漏信息，总希望将自己的个人情况都详细写进简历，但一份完美的个人简历，无论从形式、内容，还是用词都应恰如其分地将自己的必要情况充分表现出来。简历要“简”，更要有“力”，达到“见其文如见其人”，为此，制作简历时，要遵循两大原则。

1. 紧扣求职目标，做到“一职一信”

职场应聘时，用人单位寻找的是适合某一特定岗位的人，这个人可能是千百名应聘者中最合适的一个，用人单位想知道你可以为他们做什么。针对不同应聘岗位撰写简历，对症下药，一份简历只适用于一个单位或者一个岗位，根据岗位的要求取舍素材，判断重点，注意紧扣与求职岗位目标的相关度。如果个人简历的陈述没有工作重点或岗位重点，或是把自己描述成一个适合于所有岗位的求职者，搞“简历批发”策略，其效果自然不如个性化的“零售”策略。

2. 制成“销售广告”，争取一次成功

众所周知，吸引眼球的销售广告通常简短而富有感召力，并且多次重复重要信息。个人简历类似“个人推销的销售广告”。撰写简历时，避免以大段文字形式出现，尽量运用动作性短语使语言鲜活有力，字数最好控制在 A4 纸两页以内，无须封面，无须宣传标语，一般在简历页面上端写一段总结性语言，陈述个人情况和最大优势，然后在情况介绍中再加以叙述，效果会更好。

面对竞争激烈的大学生招聘市场，为了使个人简历能打动招聘者并赢得面试机会，应尽量避免出现使自己被拒绝或被淘汰的不相关信息，把符合应聘条件的教育背景、工作经历及技术水平等关键信息清楚醒目地展现，争取一次成功。

撰写个人简历，还要把握的基本要求：

认真——个人简历的布局要构思精巧，书面整洁，不能结构混乱，一塌糊涂。写完简历要反复校对，消灭错字，避免出现低级错误。

求实——个人内容力求真实，绝不虚构，所有的招聘单位都讨厌造假者，一旦被发现造假可能带来严重的后果。要陈述的能力、技能多用数字、事实来表达。避免使用抽象、空洞、情感色彩过重的修饰词，如“擅长”“优秀”“卓有成效”“显著提高”等。

简明——简历文字简略得当，内容突出重点，尽量用短句。简历只写与应聘职位相关

的实践经历、技能等，避免不分主次地把自己的经历和技能全部写出来，要懂得抓住用人单位的眼球，防止用人单位还没读到你的优势信息，就把你的简历丢到一边。

易读——简历展现要求字大行稀，段落分明，避免烦杂，正文部分不多于两种字体，以便于阅读。

美观——简历设计要整齐、清楚、简洁、大方，如果以表格式呈现，要注意表格规范整齐，不能有凌乱感觉；如果是以条目式呈现，要注意不同的题目应区别醒目，不易产生混淆为好。

三、结构与内容

1. 标题

简历的标题通常为“简历”，也可以是“个人简历”或“求职简历”。有时也可根据应聘单位性质，起有个性化的标题，如应聘广告公司、艺术机构等，但应聘国有企事业单位、研究机构或高等院校，则用朴实的标题为好。

2. 个人基本情况

个人基本情况内容主要包括个人基本信息和接受教育情况。个人基本情况涉及姓名、年龄、性别、民族、政治面貌、籍贯，通信地址和联络方式；个人接受教育情况涵盖毕业院校的学校名称、所学专业、最高学历等，个人进修、特殊培训的学校或单位名称、所学专业、学习时间等。

3. 实习实践经历

实习经历和实践经历十分重要，一般应聘单位最感兴趣的是应聘者的工作经验。求职者在撰写简历时，工作经验一栏一定要用心填写，它是用人单位了解你、看重你的关键所在。因此，在介绍工作经验时，要尽量详细描述工作实践的工作内容、职责范围等。如果你的工作经验与所求职业相匹配，可重点突出介绍相关工作经验，做好用数据说明你在实习、实践中做过什么、做得如何，尽量避免使用如“承担大量的工作”“获得较好的成绩”；如果不相匹配，可介绍相关工作成绩、对待工作的态度及工作风格等；如没有过实习、实践经历则可以将在学校组织过的活动、参与过的工作、假期社会实践、有价值的兼职经历等适当提及。

4. 个人专长

个人专长的内容有助于用人单位全面了解求职者的情况，可增加求职者被录用的机会。个人专长需列明个人所学专业或由个人兴趣发展而来的专长，主要是与应聘工作相关的专长。可以强调外语和计算机方面的专长，也可列明已获得的一些相关证书。如有论文发表、获得专利证书和承担科研项目，以及获得的荣誉，将这些信息写入个人简历将成为加分项。

5. 自我评价

自我评价是应聘单位比较看重的内容。在自我评价中，要简明扼要地说明自己的最大优势是什么，要反映出自己的能力和实力。

第四章

考公考编进职场

第一节 参加公务员招考

一、了解政策

国家公务员录用考试是我国国家机关录用国家工作人员的重要途径，公务员系统通过向社会公众招考，从社会环境中汲取“新鲜血液”，实现了人员更新和素质提升的双重功能，提高了政府运转效能。近年来，公务员报考持续升温，竞争也更加激烈。

（一）认识公务员

公务员是指依法履行公职、纳入国家行政编制、由国家财政负担工资福利的工作人员。我国公务员的任用，坚持任人唯贤、德才兼备的原则，注重工作实绩。

建立和推行公务员制度，是党和国家的重大决策。党的十三大以来，我国公务员制度走过了从建立到完善的过程，有中国特色的公务员管理制度体系基本形成。2005 年 4 月 27 日，第十届全国人大常委会第十五次会议审议通过了《中华人民共和国公务员法》（以下简称《公务员法》）。《公务员法》坚持党管干部原则，依据宪法，结合干部人事制度建设的实践，以法律的形式明确了公务员管理方面的一系列重大问题，是我国干部人事管理方面第一部总章程性质的法律。

《公务员法》中指出，国家对公务员实行分类管理，以提高管理效能和科学化水平。中央公务员主管部门负责全国公务员的综合管理工作。县级以上地方各级公务员主管部门负责本辖区内公务员的综合管理工作。上级公务员主管部门指导下级公务员主管部门的公务员管理工作。各级公务员主管部门指导同级各机关的公务员管理工作。国家实行公务员职位分类制度。公务员职位类别按照公务员职位的性质、特点和管理需要，划分为综合管理类、专业技术类和行政执法类等类别。

公务员应当履行的义务：模范遵守宪法和法律；按照规定的权限和程序认真履行职责，努力提高工作效率；全心全意为人民服务，接受人民监督；维护国家的安全、荣誉和利益；忠于职守，勤勉尽责，服从和执行上级依法做出的决定和命令；保守国家秘密和工作秘密；遵守纪律，恪守职业道德，模范遵守社会公德；清正廉洁，公道正派；法律规定的其他义务。

公务员享有的权利：获得履行职责应当具有的工作条件；非因法定事由、非经法定程序，不被免职、降职、辞退或处分；获得工资报酬，享受福利、保险待遇；参加培训；对机关工作和领导人员提出批评和建议；提出申诉和控告；申请辞职；法律规定的其他权利。

（二）选拔录用政策

1. 报考基本条件

（1）具有中华人民共和国国籍；

（2）拥护中华人民共和国宪法，拥护中国共产党领导和社会主义制度；

（3）具有良好的政治素质和道德品行；

（4）年龄 18 周岁以上、35 周岁以下，当年应届毕业硕士研究生和博士研究生（非在职）年龄可放宽到 40 周岁以下；

（5）具有正常履行职责的身体条件；

（6）具有符合职位要求的工作能力；

（7）具有大学专科及以上文化程度；

（8）具备中央公务员主管部门规定的拟任职位所要求的其他资格条件，招考职位明确要求有基层工作经历的，报考人员必须具备相应的基层和生产一线工作经历。

2. 考试录用政策

公务员考试录用，是指机关按照规定的条件和程序，面向社会采用公开考试、严格考察的办法选拔公务员的制度。机关录用担任主任科员以下及其他相当职务层次的非领导职务公务员，均采取公开考试、严格考察、平等竞争、择优录取的办法。

公务员的考试录用工作，分别由中央公务员主管部门和省级公务员主管部门负责组织。中央机关及其直属机构公务员录用的主管部门是中共中央组织部、人力资源和社会保障部，地方各级机关公务员录用的主管部门是省级党委组织部和政府人事行政部门或经其授权的设区的市级党委组织部和政府人事行政部门。设区的市级以下各级公务员主管部门按照省级公务员主管部门的规定，负责本辖区内公务员录用的有关工作。

中央公务员主管部门负责全国公务员录用的综合管理工作，具体包括：拟定公务员录用法规；制定公务员录用的规章、政策；指导和监督地方各级机关公务员的录用工作。中央公务员主管部门负责组织中央机关及其直属机构公务员的录用。

省级公务员主管部门负责本辖区公务员录用的综合管理工作，具体包括：贯彻国家有关公务员录用的法律、法规、规章和政策；根据公务员法和相关规定，制定本辖区内公务员录用实施办法；负责组织本辖区内各级机关公务员的录用；指导和监督设区的市级以下各级机关公务员录用工作；承办中央公务员主管部门委托的公务员录用有关工作。必要时，省级公务员主管部门可以授权设区的市级公务员主管部门组织本辖区内公务员的录用。

公务员考试录用的基本原则：公开、平等、竞争、择优。公开是指各类各级机关录用公务员必须面向社会，公开招考，特殊职位除外；平等是指公民报考公务员的法律地位平等；竞争、择优是指通过有效竞争的方式对考生的政治、业务素质进行考察，最终选择其中的优秀人员。

二、知晓程序

考公考编备考攻略

公务员的选拔录用考试有“国考”和“省考”两种形式，下面重点介绍“省考”。“省考”的流程与“国考”基本相同，但各省考试时间、考题难易程度等有所不同。

（一）发布招考公告

每年，招录机关根据职位空缺情况和职位要求，提出招考的职位、名额和报考资格条件，拟订录用计划。中央机关及其直属机构的录用计划由中央公务员主管部门审定。省级机关及其直属机构的录用计划由省级公务员主管部门审定。

省级以上公务员主管部门依据有关法律、法规、规章和政策，制定招考工作方案。公务员主管部门依据招考工作方案，制定招考公告，面向社会发布。招考公告一般包括以下内容：招录机关、招考职位、名额和报考资格条件，报名方式方法、时间和地点，报考需要提交的申请材料，考试科目、时间和地点，其他须知事项。

中央机关及其直属机构每年考试录用公务员的招考简章可以通过中国政府网、人民网、新华网、国家公务员局网等网站查阅，各个省级公务员招考简章可以从各个省的公务员考试网查阅。

对招考简章中的专业、学历、学位、资格条件、基层工作经历及备注的内容等信息需要咨询时，报考人员可以直接与招录机关联系，招录机关的咨询电话可以通过上述网站查询。有关报考政策、报名网络流程和考场考务安排等事宜的详细情况，需参阅当年的报考指南。

（二）报名与资格审查

1. 网上报名

公务员考试报名主要采取网上报名的方式。报考人员可登录每年的考录专题网站进行网上报名，也可以通过人力资源和社会保障部门户网站或国家公务员局门户网站上的相关链接登录考录专题网站。网上报名按以下程序进行。

第一，提交报考申请。报考人员可在规定时间内登录考录专题网站，提交报考申请。报考人员只能选择一个部门（单位）中的一个职位进行报名。报名时，要仔细阅读诚信承诺书，提交的报考申请材料应当真实、准确。

第二，查询资格审查结果。报考人员按照报考公告规定时间登录考录专题网站查询是否通过了资格审查。通过资格审查的，不能再报考其他职位。规定时间内，报考申请尚未审查或未通过资格审查的，可以改报其他职位。

第三，查询报名序号。通过资格审查的人员，登录考录专题网站查询报名序号。报名序号是报考人员报名确认和下载打印准考证等事项的重要依据和关键字，务必牢记。

2. 报名确认

通过资格审查的报考人员需要进行网上报名确认。未按期参加报名确认并缴费者视为自动放弃考试。

3. 打印准考证

报名确认成功后，报考人员在规定时间内，登录所选考区考试机构网站下载打印准考证。打印时如遇到问题，可与当地公务员考试机构联系解决。

（三）参加录用考试

公务员录用考试采取笔试和面试的方式进行，考试内容根据公务员应当具备的基本能力和不同职位类别分别设置。

1. 笔试

笔试包括公共科目和专业科目。公共科目由中央公务员主管部门统一确定，包括行政职业能力测验和申论两科。专业科目由省级以上公务员主管部门根据需要设置。

报考中联部、外交部等部门日语、法语、俄语、西班牙语、阿拉伯语、德语、朝鲜语（韩语）7 个非通用语职位的人员，还将参加外语水平考试。部分招录机关会根据职位特点设置专业科目考试，专业科目考试设置情况及相关事项将在考录专题网站及招录机关网站上统一公布。

考试一般在全国各省会城市、自治区首府、直辖市和个别较大城市设置考场。报考人员应按照准考证上确定的时间和地点参加考试。公共科目笔试成绩及最低合格分数线可登录考录专题网站查询。对西部地区和艰苦边远地区职位、基层职位和特殊专业职位，在划定最低合格分数线时将予以政策倾斜。

2. 面试

笔试结束后，招录机关按照省级以上公务员主管部门的规定，根据笔试成绩由高到低确定面试人选。面试由省级以上公务员主管部门组织实施，也可以委托招录机关或授权设区的市级公务员主管部门组织实施。

招考职位上通过公共科目笔试最低合格分数线的人数达不到计划录用人数与面试人选的比例时，招录机关通过调剂补充人选。调剂职位及调剂相关事宜，在公共科目笔试成绩公布后，通过考录专题网站面向社会统一公布。

调剂结束后，报考人员可登录考录专题网站查询各招录机关的面试公告。面试时，报考人员须提供本人身份证件、所在单位出具的同意报考证明或所在学校盖章的报名推荐表、报名登记表等材料。大学生村干部、“农村义务教育阶段学校教师特设岗位计划”、“三支一扶”计划、“大学生志愿服务西部计划”等服务基层项目人员的认定由相应的主管部门出具证明。凡有关材料主要信息不实，影响资格审查结果的，招录机关有权取消该报考人员参加面试的资格。

（四）考察与体检

面试和专业科目考试结束后，将按照综合成绩从高到低的顺序确定进入体检和考察的人选。一般来说，综合成绩的计算方法为：公共科目笔试总成绩占 50%，面试成绩和专业科目考试成绩共占 50%，以百分制计算总成绩。招录机关根据报考者的考试成绩由高到低的顺序确定考察人选，并对其进行报考资格复审和考察。

报考资格复审主要核实报考者是否符合规定的报考资格条件，确认其报名时提交的信息和材料是否真实、准确。考察内容主要包括报考者的政治思想、道德品质、能力素质学习和工作表现、遵纪守法、廉洁自律及是否需要回避等方面的情况。

体检工作由设区的市级以上公务员主管部门负责组织，招录机关实施。体检的项目和标准依照国家统一规定执行，在设区的市级以上公务员主管部门指定的医疗机构进行。

（五）公示、审批及备案

拟录用人员由招录机关按规定的程序和标准从考试成绩、考察情况和体检结果合格的人员中综合考虑，择优确定，并在考录专题网站上公示。公示内容包括拟录用人员姓名、性别、准考证号、所在工作单位或毕业院校，同时公布举报电话，接受社会监督，公示期为 7 天。

公示期满，对没有问题或反映问题不影响录用的，按照规定程序办理审批或备案手续；对有严重问题并查有实据的，不予录用；对反映有严重问题，但一时难以查实的，暂缓录用，待查实并做出结论后再决定是否录用。

新录用的公务员试用期为一年。试用期内，由招录机关对新录用的公务员进行考察，并安排必要的培训。试用期满合格的，予以任职；试用期满不合格的，取消录用。

三、应试技巧

近几年，我国的公务员报考人数居高不下，大学生报考人数也逐年递增。面对激烈的竞争，除了认真复习基础知识，掌握一定的应考方法和技巧，对于提高考录成功率也有着不可忽视的作用。下面以“国考”为例，具体说明公务员考试的技巧和方法。

国家公务员行政职业能力测试考试备考六大步骤

（一）合理选择报考职位

每年，无论是“国考”还是“省考”，招录机关所发布的职位成千上万，面对如此庞大复杂的职位表，选择合适的职位进行报考，是提高报考成功率及最终录取率的关键之一。

第一，筛选职位表，形成备选职位数据库。报考条件、职位、专业要求、性别、特殊要求等信息都会在招考简章里详细说明。招考简章公布以后，要认真研读，将自己的专业、学历、学位、政治面貌等各项条件逐一列出，把对于自己的完全限制项排除掉，利用Excel中的筛选功能，将符合报考条件的职位从庞大的职位信息中筛选出来。一般情况下经过初步筛选后，职位表中就剩下符合自身条件的数十个岗位了。

第二，结合职位特点和个人兴趣、性格、能力、愿望等因素，进一步缩小报考范围。一般来说，综合管理类职位对任职者的能力要求比较全面。除了具备丰富的知识，在工作中还需要具有很强的信息收集、整理、加工能力，对任职者的思维能力、判断能力要求较高。报考此类的考生，性格最好不要过于内向，要喜欢挑战，乐于接受新事物。行政执法类职位最为强调贯彻执行能力，政治素质要高，能够准确地理解组织的目标、上级的工作意图。报考此类的考生，需要果敢、坚强的性格，能与群众很好地交流，乐于奉献。当然，两者都需要具备一些基本的知识、能力，比如良好的沟通能力、分析判断能力、计划组织协调能力、自我情绪控制能力等基本能力要求。

第三，合理选择工作地点，形成拟报考职位。根据近几年的报考数据统计，公务员考试中，工作地点在经济欠发达城市的职位其参加面试的分数线通常要低于经济发达城市的职位。因此，考生要结合自身的实力慎重考虑报考岗位的工作地点。如果自身实力不是特别出众，建议尽量避开省会城市及经济发达城市，选择地级市或二线城市的职位报考，从而提高报考成功率。在职位选择过程中，考生尽量选择二三个拟报考职位，避免报名审核没通过时，再花费大量时间和精力重新筛选。

第四，合理把握报考节奏，适时调整。公务员考试的报名时间一般都会持续几天。考生不必急于报名，每天报名结束之后，报名网站上都会公布各个职位的报名情况和缴费情况。考生可对自己拟报考职位的报考情况进行追踪，如果某个拟报考职位的报名人数过多，竞争激烈，也可以随时调整，留给自己更多的选择机会，减小竞争难度。但也不要等到最后一刻才去报名，万一资格审查未能通过，导致没有充足的时间更换职位，会影响再次报名。

（二）合理安排备考时间

（1）做好知识储备。一般应该在公务员考试前一年或至少半年就开始着手准备。在这段时间里，要注意听新闻、看报纸，时刻关注国家各个方面的动态，着手进行《申论》热点资料的搜集与整理，为《申论》备考打下基础。

（2）制订备考计划。根据自身基础条件，制订出一个适合自己的、科学合理的备考计划。尤其是从7月开始至考试前的阶段性计划，要根据自己的复习情况，科学、严谨地制订，以求达到最好的复习效果。

（3）夯实基础，科学复习。第一轮复习一般安排在9月下旬之前。挑选一套好的公务员考试教材后，第一遍通读教材，大概了解公务员考试有哪些内容要考。同时，通过做近两年的真题，感性认识公务员考试的题型、命题风格、分值分布、考查的重点及难易程度；掌握解题思路，培养解题技巧，领悟公务员考试的命题侧重点和命题技术的变化。第二遍精读教材，全面打基础。以系统阶段式学习模式为基础，复习进度讲究由浅入深、循序渐进、系统不间断，仔细按照教材复习《行政职业能力测验》与《申论》，全面、深入地掌握知识，将基础打牢。

（4）查漏补缺，总结方法。第二轮复习一般安排在9月下旬至10月上旬。运用学到的各种方法、思路和技巧去做题，仔细揣摩，查找自己的弱项，将漏洞补上，齐头并进。

（5）巩固提高，提升考试水平。10月中旬至11月中旬，进行第三轮复习。通过做大量的练习题、模拟题、历年真题等，归纳解题思路、方法和技巧，梳理知识；对前两个阶段所学知识进行系统的总结，巩固相关知识，总结经验，做到学与思的结合。

（6）模拟实训，调整心态。考前20天的主要任务是模拟实训，调整心态。考生通过做一定量的全真预测题对之前的复习加以巩固。按照“国考”考试的时间进行实战演练，锻炼自己的考试能力，让自己适应考试环境。另外，可以适当休息，调节身心，准备好应考的最佳状态。

（三）掌握笔试答题技巧

所有参加公务员考试的报考人员均需参加《行政职业能力测验》和《申论》两科考试。《行政职业能力测验》为客观性试题，考试时限为120分钟，主要测试与公务员职业密切相关的、适合通过客观化纸笔测验方式进行考查的基本素质和能力要素，包括言语理解与表达、数量关系、判断推理、资料分析和常识判断等部分。《申论》为主观性试题，考试时限为150分钟，主要测查从事机关工作应当具备的基本能力。从2010年开始，《申论》考试按照综合管理类和行政执法类职位的不同要求，设置两类试卷。其中，综合管理类职位的《申论》考试主要测查报考者的阅读理解能力、综合分析能力、提出问题和解决问题能力、文字表达能力。

（四）掌握面试测评技巧

公务员面试主要测评应试人员适应职位要求的基本素质和实际工作能力，包括与拟任职位有关的知识、经验、能力、性格和价值观等基本情况。面试内容包括：语言表达能力、应变能力、综合分析能力、相关实际工作能力、交往能力和某些性格特征。需特别注意的是，面试侧重于对考生进行素质评定，依据现场的全部表现，对其素质状况做出评定，不把考生阐述观点的正确与否作为第一位的考查指标。

第一，充分做好面试前的准备。

（1）知识准备。面试试题有多种题型，考察要素是多方面的，涉及的知识面也是非常广泛的。因此，在日常的工作、学习中要开阔眼界，关注社会热点，并收集相关材料进行分析加工，丰富自己的社会信息储备。要反复实战练习，克服过度紧张、语言表达不流畅等问题，控制好答题时间节奏。

（2）形象准备。在着装上要和公务员职务的严肃性、庄重性相适应，穿着打扮要选择简约得体的套装，配合整洁自然的妆容，体现成熟、干练、稳重的气质。留给对方的印象应是严谨而不失活泼，青春而不失稳重。

（3）证件准备。公务员面试时准备的证件分两部分：一是在资料审核阶段需要本人提供的各种证件（需提前准备，以免延误审核），二是在面试当天进入考场时的证件，避免考试前遗漏证件错失面试机会。

第二，了解面试程序，做到心中有数。面试一般需要提前 10 ～ 30 分钟到达指定地点报到，考试工作人员核对应试者身份证件和面试通知书等相关证件。之后，应试者抽签确定分组和进场顺序。抽签完毕后进入候考区等待考试。考试未结束时不能随便离开，由考场工作人员监督，防止已经考试完毕的应试者将情况透露给未考试的应试者。应试者按顺序进入考场进行面试答题，考桌上会提供纸笔。思考时把回答要点列好，注意要分清主次、轻重、缓急。特别要写清一、二、三、四……这样会更加有条理。回答完所有题目后，主考官宣布请应试者退场，到候分室等候分数。记分员核算分数后，应试者在候分室得到分数通知后即可离开考场。

第三，了解面试形式，掌握面试技巧。通常公务员面试采用的是结构化面试，随着公务员考试不断科学化、深入化、系统化，逐渐出现了无领导小组讨论这一测评方式。结构化面试和无领导小组讨论两者之间最明显的区别是前者是逐一面试，后者是群体面试。无领导小组讨论比结构化面试更为科学、客观，并且效率极高。

进行结构化面试时面试者应注意，第一印象非常关键。面试者要通过自身的体态、气质、神情、衣着和音调、语气、语速、节奏，给考官留下良好的第一印象。回答问题要口齿清楚、思路清晰、条理分明。注意加强对时间的掌控，不要超时。另外，如果是多道题集中回答，则要注意扬长避短，对自己擅长回答的题目可以详细阐述，对自己没有把握的题目可以少说一点，但不要相差悬殊。

无领导小组讨论是近些年公务员面试的常用方法之一，采用情景模拟的方式对考生进行集体面试。5 ～ 7 名考生为一组，围绕一个主题进行讨论。讨论进程由面试者自行安排，不指定谁是领导，考官以此来检测面试者的组织协调能力、口头表达能力、辩论能力、说服能力、情绪稳定性、处理人际关系的技巧、非言语沟通（如面部表情、身体姿势、语调语速和手势等）等方面的能力、素质和个性特点是否达到拟任岗位的相关要求，由此来综合评价面试者的优劣。

一般而言，在无领导小组讨论中，考官评价的依据标准主要是受测者参与有效发言次数的多少；受测者是否有随时消除紧张气氛、说服别人、调节争议、创造积极发言气氛的能力，并最终使众人达成一致意见；受测者是否能提出自己的见解和方案，同时敢于发表不同意见，并支持或肯定别人的意见等。在讨论过程中，应试者首先应确定自己要担任的角色，是首先发言的“破冰者”，还是引领全局者，是掌控时间者，还是总结陈词者、组织协调者。只有根据自身条件选好角色，才能更好地展示自己的特点。其次要学会倾听，利用倾听的机会，提取他人观点中对自己有用的信息。自己发言时，要讲究技巧，一是观点明确，二是条理清晰，三是语言凝练，而且言语要真诚可信。同时，还要注意奠定良好的人际关系基础，切忌我行我素、冷落他人。

第四，举止仪表得体，精神状态饱满。穿着打扮要端庄得体、衣冠整洁，要适合公务员工作的职业特点和面试考场环境。言行举止要尽量做到神情自若、优雅大方。进入考场前要先敲门，听到主考官说“请进”后推门进入考场。进入考场，会看到面试者的面前有一桌一椅。在桌旁站定后，向各位评委鞠躬，报出自己的面试顺序号。每题回答完，要说“回答完毕”。如果是集中回答，那么所有的回答结束后要说“回答完毕”。听主考官的口令指示，离开考桌，立正鞠躬，然后退场。

第二节　参加事业单位招考

一、了解政策

（一）认识事业单位

事业单位是指国家为了社会公益目的，由国家机关举办或其他组织利用国有资产举办的，从事教育、科技、文化、卫生等活动的社会服务组织。事业单位不以营利为目的，其上级部门多为政府行政主管部门或政府职能部门，其人员工资和办公经费来源多为财政拨款。

事业单位不属于政府机构，但一般要接受国家行政机关的领导，要有其组织或机构的表现形式，要成为法人实体。从目前情况来看，事业单位绝大部分由国家出资建立，大多为行政单位的下属机构，也有一部分由民间建立，或由企业集团建立。

（二）选拔录用政策

1. 事业单位招考

事业单位考试，即事业单位公开招聘工作人员的考试，由各事业单位的人事部门委托省、市级和地级市的人社厅局所属人事考试中心命题和组织报名、考试并交用人单位成绩名单，部分事业单位自行命题组织实施。考试的时间各地不一，大部分地区都会在每年的6～8月进行，一般由省、市级统计编制进入计划、统一组织考试、统一录用。

考试通常分为笔试和面试，采用笔试、面试各占50%的权重，有的按面试40%或面试60%划分，也有的岗位只需参加笔试。部分地区根据参加考试的笔试情况，会设最低分数。

2. 公务员考试与事业单位考试的区别

（1）发起机构不同。公务员考试的发起机构是国家（中组部和人力资源和社会保障部），地方（省、市委组织部和人事厅），各用人单位上报岗位需求；事业单位考试是由各用人单位的人事部门自主招考。

（2）报名方式不同。公务员考试是网络报名；事业单位考试一般采取网络报名（大规模的考试）和现场报名（小规模的考试）。

（3）举办的统一性不同。公务员考试国家每年举行一次，一般在 11 月进行，各省一般每年招考一次，不同省份举行的时间不同，但一般安排在国家公务员考试之后，个别单位如警察招考可能单独举办；事业单位考试尚无全国招考，多为全省市和县级统一招考，部分单位单独发公告招考。

（4）笔试考试科目不同。公务员“国考”只考《行政能力测验》《申论》，个别省有公共基础课和专业课，警察招考加心理测验和体能测试；事业单位考试一般考《行政能力测验》（多数包含公共基础课）《申论》，个别单位考公文写作，部分加专业测试。

（5）分数计算方法不同。公务员考试笔试和面试基本上各占一半，一般设置总分最低线，个别设单科最低线；事业单位考试笔试和面试基本上各占一半，有按面试 40% 或面试 60% 划分的，一般无最低分数线。

（6）人事编制不同。公务员考试录用后是公务员编制；事业单位考试录用后是事业单位编制，须参加公务员考试并被录用后，方可转为公务员编制。

二、知晓程序

（一）制定招聘方案并发布

招聘单位根据工作需要和岗位设定情况，制定招聘方案；招聘单位主管部门审核招聘方案，同意后报省事业单位公开招聘主管机关备案；经审核同意的招聘方案通过省人力资源和社会保障厅网站平台对社会公布；组织报名和报名人员的资格审查。

公布的招聘信息主要内容：公开招聘的范围、招聘岗位、招聘人数，以及相关待遇；招聘方式：考试方式、考试时间、考试内容、考试范围、面试人选比例等。

（二）组织相应笔试和面试

招聘初级专业技术和管理岗位人员，笔试内容一般为综合知识或专业基础知识；招聘中级管理和中高级专业技术岗位人员，笔试内容一般为专业知识或业务理论；招聘工勤岗位人员，笔试内容一般为专业知识或工作技能。

笔试方式采用专业测试（专业笔试、技能测试）、结构化测试、情景模块、试讲、答辩及实际操作等多种方式。

笔试后，根据既定的面试入围比例，确定面试人选名单，进行面试；面试后，根据既定的笔试入围比例，确定考核体检范围人选。

（三）体检和确定拟聘人员

招聘单位或其主管部门成立考核体检小组，具体负责考核体检工作。

考核根据岗位要求采用多种方式进行，侧重思想政治表现、道德品质、业务能力和工作实绩等方面情况。

体检参照公务员录取体检通用标准执行，国家另有规定的从其规定。

考核体检合格后，确定拟聘用人员名单。

（四）公示和签订聘用合同

由省事业单位公开招聘主管机关统一公示拟聘用人员名单，公示期原则为七个工作日。

聘用单位或其主管部门提出聘用意见，报省事业单位公开招聘主管机关办理备案手续。

发放《事业单位招聘人员备案通知书》，聘用单位和受聘人员签订聘用合同，确立人事关系。

事业单位招考与公务员招考相比，各省、市、地方事业单位招考流程会有所相同，但招录程序同样严格和规范。应聘人员应提前查询意向城市或单位招考计划，科学选择报考职位并完成报考审核，合理安排备考时间，制定笔试和面试技巧，提高自己整体能力和水平，努力争取求职成功。

三、应试技巧

事业单位招考和公务员招考的技巧和方法大致相同，在此不再赘述。

第三节　不同考生备考策略

一、初试考生

第一次参加公务员或事业单位招考的考生，对考试不是很了解，对考试的形式、内容和难度没有较强概念，甚至对于参加考试也是跟风而已，并没有以认真的态度来对待。这类考生在备考阶段必须对考公考编有一个全面而透彻的了解，整体把握考试的脉络。从考试考察的基本能力入手，有的放矢地逐步了解题型设置、难度水平等有关信息。做到对考试有一定认识后，着手进行历年真题的针对性训练，从而熟悉试题并进一步掌握自身的优势弱项，以便对症下药，进行后面的弱项强补训练。对考试熟悉之后，再进行专项训练，稳扎稳打、稳步提高。

二、经验考生

经验考生是指已经参加过一次或多次考公考编考生，对于考试的考察形式及内容已经非常熟悉，对于这些已经不成问题。此类考生需要注意的是认真总结在历次考试当中自己没有成功的原因，正视不足和弱点。在备考阶段，经验考生一定要查找出自己失利的原因，然后强化自己的弱势。侧重复习最新热点问题，历年来的难点问题和考试的新变化、新趋向，一定要突破旧有复习模式，广泛接触最新的考试题型，掌握新的方法技巧。这样才不会重蹈覆辙，在新一轮的考试当中才能有新的进展、新的突破。

三、基础薄弱型考生

基础薄弱的考生，其首要任务是对基础知识的掌握和运用，对于数学的基本公式、基本理论、基本规律、基础常识，言语理解与表达中的词的使用、病句修改、语句连贯等，都要认真对待，力求尽可能多地掌握。这类考生还可以参考一些内容丰富全面、难度贴近考试、方法易懂易学、技巧新颖实用的复习资料，然后进行更有针对性的专项训练，如言语理解与表达的专项（词的使用、病句修改、语句连贯、阅读理解），数量关系的专项（数字推理、数学运算），判断推理专项（图形推理、定义判断、类比推理、逻辑判断），在训练中加强对基础知识的掌握，多做多练必能熟能生巧。

四、基础扎实型考生

对于基础比较扎实的考生，在对基础知识做到“温故知新”的基础上，一定要针对最新的考试及地方真题进行大量的训练，在训练过程中寻找做题的捷径、技巧和方法，或借鉴一些复习资料，力求在保证正确率的基础上提升自己的答题速度，从而做到快速、准确地答题。在基础好的情况下，所制订计划的针对性一定要强。

五、偏文科思维考生

偏文科思维的考生对于纯理论化、理性化的问题，如数量关系、判断推理等部分上可能会稍弱；而在感性化的问题，如言语理解与表达部分上存在优势。所以，应该注意加强对数学、逻辑等基础知识的学习，同时注重归纳总结，在面对行政职业能力测验考试题目时尽量做到理性思考。在申论文章的写作上，一定要注意题目设置资料的运用，在感性的基础上加强一些理性的思考，不要过于主观臆断。

六、偏理科思维考生

偏理科思维的考生在言语理解与表达上可能会稍弱，所以应该多加强语言表达能力的训练，申论文章的写作在坚守原则的基础上，一定要注意具体情况具体分析，处理问题应该灵活多变。

第五章

自主创业进职场

第一节　了解创业

创业是中华民族传统美德

一、创业意义

（一）时代召唤

1. 发展与变革时代呼唤大学生投身创业

知识经济的发展为当代大学生创业提供了千载难逢的机遇，当前许多大学生利用高科技自主创业，已成为知识经济发展浪潮中的中坚力量。如今，利用知识和智慧创立事业并迅速致富已不再是空想。大学生拥有技术，拥有专利，就可能获得风险投资，而以技术入股，还可能申请到扶持高新技术的银行贷款，社会呼唤大学生创业。

2. 劳动力供大于求形势需要大学生创业

面对我国劳动力总量供大于求、就业压力巨大的现实，大学生除了到已有的企事单位就业，国家、地方也都在相关政策下大力提倡毕业生探索自主创业，利用专利技术争取风险投资或政府小额贷款，创办民营公司，承包国有中小企业，或进军高科技、农业和第三产业，为社会创造更多的就业岗位。因为毕业生掌握了一定的科学技术和专业知识，且具有一定的综合素质，具有较大的实现成功创业的可能性。

3. 提升国家自主创新能力促进经济转型

大学生是富有创新思维的一个群体，大学生创业会促进技术创新、工艺改进、新产品开发、发明专利等成果的形成。这些成果的实际应用，能够为企业创造巨额利润，还能推动当地社会经济的发展，进而有利于提升中国自主创新的能力，促进国家经济转型，增强国家科技创新的能力，符合国家创新驱动发展的战略要求。

大学生创业更多地集中在电子信息、新材料、现代物流、旅游、商贸、文化、服务等现代产业领域，以新的产业发展方式带动国内新兴产业的发展，推动传统产业的前进，形成先进的制造业与现代服务业共同发展的良好态势。

4. 创业为社会创造财富和培养中坚力量

大学生创业为社会创造巨大财富和价值的例子不胜枚举。如远大空调有限公司的创办者张剑、张跃两兄弟就是自主创业的学生，该公司生产的中央空调已成为国际知名品牌，产品远销欧美各地。中国缺乏创新型人才，急需高素质的企业家队伍。提倡、鼓励学生创业，是提高学生能力素质和心理素质的一条有效途径。不论同学们创业成功与否，其中必定会为社会培育出一大批精英人才，并造就一批未来社会的中坚力量。

5. 创业挑战传统教育促使新成才观形成

21 世纪的学生创业浪潮涌起，对中国传统教育提出了挑战。一是，学生在创业中出现的问题暴露了传统教育存在的弊端；二是，社会和学生对创业的需求，要求教育进行及时的改革。通过转变观念，对学生开展以创新和创业为中心的素质教育，大力培养学生的创新能力和实践能力，促使全新成才观形成。

（二）创就事业

“创就事业”反映了当代大学生的创业趋向，“创”是创业，“就”是就业，“事”是事业，“业”是“职业”。创业与就业既有共同的特点又有实质性的区别，创中有就，就中有创。创业可以理解为就业的另一种形式。二者的关系可用“职业”“事业”两个参照物予以分析。《现代汉语词典》解释：“创业”，创办事业；“就业”，得到职业，参加工作；“事业”，人所从事的，具有一定目标、规模和系统而对社会发展有影响的经常活动；“职业”，个人在社会中所从事的作为主要生活来源的工作。

1. 职业作为参照物

（1）创业与职业既有联系又有区别。大多数情况下，创业总是从依附某个职业开始的，犹如飞船借助火箭起飞一样，一旦起飞成功，无论是价值还是意义，都远远大于依附体。从人员数量上讲，职业远远大于自主创业的人数，因为依赖于职业的人占大多数；从人员流动上讲，在某个单位工作几十年乃至终生的占相当大的比例；从创新的角度讲，职业无法产生创新，而创业必须有创新并且其本身就是创新。创业是职业产生的前提和基础，已经存在的职业仍然可以继续给创业提供平台。有了职业的个人，仍然可以利用现有的职业基础，进一步创新创业。

（2）创业与就业在以职业为“参照物”下的关系。创业属于就业的范畴，创业是就业的特殊形式，是就业的高级状态。因为创业的目的与就业一样，都是为了谋个职业，都是为了获得劳动收入，也就是为了有个基本的“生活来源”，这种创业处于就业的中、低层次阶段。在这个阶段的创业行为，创业者表现得和就业者一样都是被动的，基本上听命于人，而且做出的很多成果可能并不是你最原始的想法。

（3）以创新的心态去就业。提倡“先就业，再择业，择业之后再创业”，对大学生就业是有积极意义的，但对有创业意识和激情的大学生来说，又在无意中起到了负面暗示，即便是倡导学生先就业，也应以“创新的心态去就业”为导向，持这种心态的就业才会珍惜自己的岗位，才会注重在时间中积累创业经验。

2. 事业作为参照物

以事业为“参照物”，创业与就业的差异就显现了，创业是就业的高级状态，事业是就业和创业向更高阶段发展的必然要求。在向更高阶段发展的过程中，创业者将要付出更多的努力、承担更大的责任、创造更多的就业机会和社会财富，同时也必将产生更加深远的影响。具体表现为：创业是创造岗位群，就业是担心失去岗位；创业是在造钟，就业是在守时；创业是在提供更多的椅子，就业是在抢有限的椅子；创业行为是积极主动的，就业行为是相对被动的；创业是在创造更多的财富，就业是在分享有限的财富。

二、创业寓意

（一）创业定义

“创业”一词，由“创”和“业”两个字组成，是创立基业、创立事业的意思。“创”是指开始（做），一般理解为创办、创建、创意、创造、创新等；“业”是指事业，一般理解为学业、专业、职业、行业、企业等。

创业是创业者发现某种信息、资源、机会或掌握某种技术，利用或借用相应的平台或载体，将其发现的信息、资源、机会或掌握的技术，以一定的方式转化、创造成更多的财富、价值，并实现某种追求或目标的过程。创业具有较高的风险，但也有较高的回报。随着市场经济的高速发展和知识经济的迅猛来临，越来越多的大学生投入到创业浪潮中，并取得不少成功的经验，大学生创业也因此成为热门的话题。

广义的创业概念为“创造新的事业的过程”，泛指在各个领域开创事业并且在特定领域内造成较大的影响，一般强调关系到国计民生的事业。所有主动的并带有一定风险性质的、重新配置并运用社会资源进行社会实践的主体活动，都可以称为创业。

狭义的创业概念是将创业作为一个经济范畴，主要是指个人或团体依法登记设立企业，以营利为目的从事生产、加工、销售、服务、分销或组合等有偿经营的商业活动。通常说的大学生自主创业就指狭义的创业，它是大学生毕业后不通过传统的就业渠道谋取职业发展，而是利用自己的知识、才能和技术，以自筹资金、技术入股、寻求合作等方式开办自己的企业，从而既为自己也为社会上更多的人创造就业机会的过程。

对创业的内涵，可以从以下方面理解：创业是一个复杂的创造过程，它强调各种要素和各个环节的有效集成；创业需要投入大量时间和精力，付出足够的努力，拥有必要的相关资源，资源是创业的基础；创业的直接结果是产出，产出可以是产品也可以是服务，但都必须是有使用价值的；创业能给创业者带来回报，创业的直接目的是增值；当然创业也要承担必要的各种风险。

（二）创业模式

据调查统计，目前大学生参加的不同形式创业，主要有以下四种模式。

1. 个体经营（独资）和合伙制

这一模式主要是指大学生个人或者几个人创办的“工作室型小企业”，或者选择一些企业，凭借他们的品牌和产品质量开展业务。大学生选择这种创业模式的比例约占所有创业模式的 90% 以上，是最为常见的大学生创业模式之一。这种模式对创业者的要求不高，而且此创业模式的行业多集中在科技含量较低的服务业。这种创业模式具有以下特点：①涉及行业很多，选择自由灵活。创业者可以抓住学生消费群体特点来确定行业，在各个领域进行创业。②启动资金少，大大降低了大学生的创业风险。③代理加盟创业品牌形象较好。④代理加盟创业客户信任度较高。⑤需要较多的精力投入，创业者需要花大量的时间来经营店面。

2. 法人股份制的小型公司

这一模式主要指大学生以股份形式合资从事的创业活动，多数由家长、亲戚作为后盾，提供资金支持。目前这种创业模式也是我国高校学生就业的一条途径，广泛存在于大学里高年级或刚毕业的大学生创业团队中。高年级学生意识到就业的压力，更多的学生会选择合作创办企业解决自己的工作问题。这些创业团队往往选择较高科技含量的行业开展业务，如信息、电子、机械等行业。

3. 依托一些公司，凭借其庞大的客户关系网进行创业

这一模式主要是把一些公司的客源当作自己创业企业的客户从而扩大自身业务量、建立协作关系，拓展自身市场。在社会上可以看到一些成功的民营企业将自己的创业经验、管理方法等传授给大学生创业者，帮扶其创业，就属于这种创业模式的范畴。这种创业模式是合作竞争、适者生存的新经济时代的必然产物。随着经济发展，这一模式已经成为一种最具潜力的创业模式之一，也是新经济时代主流的创业模式。

4. 高新技术专业的大学生或创业计划进驻创业园，以技术创业

这一模式是利用国家的优惠政策，凭借自身专业技术或完善的创业计划在国家兴建的创业园区进行创业的方式。

自 1998 年清华大学的首届大学生创业大赛成功举办以来，我国大学生创业计划大赛逐年涌现，国家关于大学生创业的优惠政策不断出台，各地的创业园区相继兴建，大学生

创业得到了政府和社会各界前所未有的关注、认可和支持。这就有利于大学生创业者发挥自己的专业特长，凭借自己的兴趣和技术创业，通过详细的创业计划书，吸引风险投资商，而且不少大学生创业者利用这一创业模式已经迈出了成功的第一步。

（三）创业过程

1. 发现和评估新的市场机会

这是整个创业活动的起点，是创业成功与否的前提。发现和评估新的市场机会，具体包括对市场机会的创新性、实际价值、风险与回报、个人能力和目标、市场竞争等方面的综合分析。好的创业机会，必然具有特定的市场定位，专注于满足顾客需求，同时能为顾客带来增值效果。在选定创业项目时，要遵循“做自己熟悉的、做自己喜欢的、做自己能做的”原则。

2. 制订创业经营计划

这是整个创业活动开始的基础，是对已发现的市场机会的进一步谋划。通过制订创业经营计划，创业者需要明确新企业或新开张的店铺主要从事哪些产品或服务，以此确定创业所需资源及获得这些资源的途径和方法，制定生产经营的基本战略和策略，设计出基本的管理体制，做好财务规划和投资效益分析等。一份完善的创业计划，不仅对自己的创业活动有着极强的指导意义，也是说服投资人提供投资的重要文件。

3. 确定并获取创业资源

这是实施创业计划的第一步。创业者要对现有资源状况进行分析，区别创业的关键资源和一般资源，搞清楚资源缺口可能造成的影响和需要采取的弥补措施，想办法获取创业所需的资源，并在整个创业过程中加强对资源的控制和提高利用效率。一般而言，创业资源包括人力、物力和财力等资源，也包括信息、环境和文化等资源。

4. 正式创办并管理新企业

这是创业计划的实现阶段。在这个阶段，创业者要选择适当的企业法律形式和正确的管理模式，及时发现运作中出现的问题和可能出现的问题，并完善相应的管理和控制系统，确保企业或店铺的正常运作和健康成长。

（四）创业精神

1. 坚韧精神

大凡成功的创业者都具有一个共同的特点：意志坚强、坚韧执着。只要认定自己的创业道路是正确的，就会以顽强的毅力一直走下去，哪怕前进的道路上布满荆棘也不达目的不罢休。坚韧、顽强和毅力是成功者的素质，缺少这些素质，即使你有再美好的创业计划，有再好的创业条件，也会与成功无缘。设定创业目标，只是迈向成功创业的第一步，在现实生活中，绝大多数的创业者在迈出这一步时，都是非常出色的，但接下来再往前走时，会遇到种种想象不到的困难，有些人因此会退却，失去创业初始时的那种激情。因此，要抓住创业实践机会，发扬坚韧精神，不断磨炼自己。

2. 团队精神

团队精神即团队成员关于团队意识和与团队有关的一种心理状态，是团队成员对团队及团队事务的一系列态度的综合，包括对团队正确的认识、对团队的积极情感和积极反应意向三种心理成分，简单来说就是大局意识、协作精神和服务意识的集中体现。团队精神的核心是协同合作，最高境界是全体成员的向心力、凝聚力，反映的是个体利益和整体利益的统一，进而保证团队的高效运转。创业已经不再是一种个体行为，强强合作、取长补短组成团队去进行创业已成为趋势，因此，团队所具有的支撑力可以使创业活动具有生命力，并推动创业不断地发展壮大。

3. 冒险精神

冒险精神即热情勇敢、当机立断的精神。创业往往是风险与机会并存的，这要求创业者必须善于发现新生事物，并对新生事物有强烈的探求欲，必须敢于冒险，即使没有十足把握，也应该果断尝试。因此，创业需要胆量，需要冒险，市场上不可能存在万事俱备的商机，创业者要看准机会，大胆尝试，才能获得成功。相反，如果过于谨慎，在商机面前犹豫不决，往往会失去商机。

4. 自信精神

自信精神源于对自己所从事事业的信念，坚信自己的创业之路能够成功。创业不是两到三年就能够完成的，有些大学生创业五年后没有起色就要放弃，却不知百年企业的成长经历了几代人的努力。因此，创业者应坚信自己能够面对和有能力克服所遇到的挑战，并清醒地认识到创业中将会遇到的各种问题，且自信完全有能力把握和解决这些问题。

（五）创业能力

创业者的成功各有千秋，对创业者的素质界定不尽相同，总体而言，大学生创业者的素质结构要求主要集中在三个“力”上，即矢志不渝的创业毅力、驾驭风险的创业魅力和扎实强劲的创业内力。创业者素质体现在创业者能力上，表现为：

1. 职业驾驭能力

职业驾驭能力，是一个涵盖专业技术、职业职场等的综合性概念，是创业者运用所学的一切知识，使之“嫁接”至创业领域，实现“开花”和“结果”的本领。

1）专业技术能力

专业技术能力，是创业者运用专业知识进行专业生产的本领和能力，也就是创业者在掌握进入某一职业领域所必需的专业技术知识的基础上，能将专业知识进行“内化”，并将内化成果“外化”，从而顺利进行专业生产的本领。

大学生创业者要具有较强的理论学习能力，扎实打牢专业理论基础，广泛涉猎创业领域的职业知识，为专业技术能力的提高奠定坚实的理论基础。积极参与创业实践活动，博采众长，认真分析利弊，科学归纳总结，逐步探索出具有个性色彩的创业之路。坚持知行合一，在学习中实践，将学习专业知识与创业实践相结合，自觉将学习成果转化为实践动力；在实践中学习，科学准确定位，高度重视创业实践过程中专业技术知识和创业经验的积累，适时调整创业战略，努力形成个性创业经验特色，逐步完善创业理论知识体系。

2）经营管理能力

经营管理能力，是创业者对创业项目的内部运营、资金、人力资源的管理能力。在现代社会中，经营管理能力既涉及对企业内部的运营管理，也涉及对企业发展所需资金的筹集、核算、分配、使用，还涉及对人、财、物、时间、空间的合理组合，是一种较高层次的运筹性能力。经营管理能力主要表现在以下几方面。

（1）懂得经营。大学生创业者要取得创业成功，不仅要有锐意进取的创业精神，必须要精通经营之道。要遵循市场规律，通过消费者需求分析、市场定位分析、自我实力分析等过程，了解和掌握生产经营活动的内容、策略和手段，要有信息管理能力。信息是企业生存发展的重要资源，是企业管理活动赖以展开的前提，要能够准确快速地掌握信息和传递信息，对比选优，多设方案，做到兼收并蓄；要知晓市场经营策略、销售策略、定价策略，熟悉生产经营的组织和管理等。

（2）善于管理。大学生创业者要有项目管理能力，通过任务项目化，将任务切割成各个项目，并加强对其的管理，着力化解企业需跨领域解决的复杂问题，提高企业运营效率；要有目标管理能力，通过项目目标化，将目标划分为组织目标和个人目标，实现系统管理与整体管理的有机结合，从而盘活关键的管理活动；要有节点管理能力，通过目标节点化，将目标完成的进度切割为各个时间节点，加强计划管理，实行倒逼机制，促进目标实现。此外，大学生创业者还需了解生产环节，掌握管理的窍门，精通经营核算，做好生产管理与质量控制等工作。

（3）科学理财。大学生创业者要有理财分析能力，通过精确的理财分析，比较项目的优劣，确保企业不因盲目上马的项目导致企业经营运作陷入困境；财务杠杆是解决企业盈利、实现利润最大化的有效举措，创业者要有运用财务杠杆的能力，确定杠杆支点，在控制企业风险的前提下，以较低的代价获取较高的利润收益。

（4）知人善用。在生产力的诸要素中，人是最活跃的、起决定作用的因素，也是企业能否发展的决定性因素。大学生创业者要做到知人善用，任人唯贤，建立和完善企业的人力资源管理制度，统一思想，权责相配，建立规章，民主管理，信守承诺，按劳取酬。

3）综合协调能力

综合协调能力是指能够妥善处理和有效协调企业与公众（政府部门、新闻媒体、客户等）、企业内部人员之间关系的能力。良好的外部环境（企业与政府、新闻媒体、客户等的关系）与内部环境（企业内部的人际关系）是创业成功的必要条件。

大学生创业者要努力营造良好的外部环境。积极争取工商、税务等部门的支持与理解，同时要善于团结一切可以团结的人，求同存异、共同协调发展，做到不失原则、灵活有度，善于巧妙地将一切有利于企业发展的积极因素调动起来，为己所用，要倾力打造和谐的外部环境。

正确协调人际关系是决定创业成功与否的重要条件。协调交际能力作为一种社会实践能力，仅凭书本是学不到的，需要在实践活动中学习，不断积累，总结经验。大学生创业者要敢于冒险和接受挑战，敢于承担责任和压力，对自己的决定和想法要充满信心、充满希望。要养成观察与思考的习惯，只有做到三思而后行，才能掌握准确的信息，为思考做准备，进而做出正确的决策。要正确处理好内部人际关系，特别是上下级关系，要动之以情、晓之以理，把诚意传达给下属，使其受到感应，并产生共识，自愿接受自己的观点，同时要严于律己、率先垂范，为企业内部员工树立榜样。

4）勇于创新能力

创新是一个民族前进的不竭动力，也是企业发展的动力源泉。创新能力是创业能力素质的重要组成部分，其有两层含义：一是大脑活动的能力，即创造性思维、创造性想象、独立性思维和捕捉灵感的能力；二是创新实践的能力，即在创新活动中完成创新任务的具体工作的能力。创新能力作为一种综合能力，与人们的知识、技能、经验、心态等有着密切的关系。具有广博的人文社会知识、扎实的专业基础知识、熟练的专业技能、丰富的实践经验、良好的心态的人容易形成创新能力。

2. 组织领导能力

1）战略决策能力

战略是依据企业的长期目标、行动计划和资源配置优先原则设定企业目标的方法。一个及时、果敢、英明的战略决策是创业成功的最初推动力。战略决策能力是一个创业者的核心领导能力。因此，大学生创业者要有权衡取舍的魄力和能力，在瞬息万变的市场竞争中，有果断做出决策的能力。当创业者需要在一个目标与另一个目标之间有所取舍时，必须将决策建立在对现实条件充分分析的基础上，选择一种风险较小、较为满意的目标方案的战略，实现现实性与先进性的无缝对接。

2）决策学习能力

正确决策是确保创业活动顺利进行的前提。尤其是创业机会的识别和选择、创业团队的组建、创业资金的融通、企业发展战略，以及商业模式的设计等重大决策，直接关系着对创业全局的驾驭和创业的成败。若要决策正确，大学生创业者必须具有较强的信息获取和处理能力，能敏锐地洞察环境变动中所产生的商机和挑战，形成有价值的创意并付诸创业行动。特别要随时了解同行业的经营状况及市场变化，了解竞争对手的情况，做到“知己知彼”，以便适时调整创业中的竞争策略，使所创之业拥有并保持竞争优势。同时，通过不断的创新思维和创新实践，进行反思和学习，总结创新经验，汲取失败教训，及时修正偏差和错误，进一步提高决策能力，促进企业健康成长。

3）化危为机能力

当创业者面对与社会大众或顾客有关的重大事故时，处理事故时所采取的态度和决策，以及企业在面对危机时所采取的不同态度和方法，将对塑造良好企业形象产生不可估量的效果。企业经营运作中的一个意外或事故的影响，都可能迅速扩大范围并产生恶劣后果，所以，创业者要有随机应变、化危为机的能力，要灵活机动，能根据社会舆论的风向迅速做出回应，并采取相应对策，将企业危机化解到最低限度。

3. 社会综合能力

1）自我管理能力

大学生创业者要具有剖析自我、超越自我的勇气和能力，能够将自己和企业适时地交给专业的咨询管理公司，通过专业公司一层层地剖析自己和企业，查找不足，并积极解决问题。要有持之以恒的学习能力，“未来最成功的企业将是一种学习型组织，企业未来唯一持久的竞争优势，就是具备比竞争对手更快的学习能力”，大学生创业者要不断自我充电、自我加压、吐故纳新，始终以学习者的姿态从容面对纷繁复杂的环境变化。

2）商务谈判能力

商务谈判是指不同的经济实体为了自身的经济利益和对方的需要，通过沟通、协商、妥协、合作、策略等各种方式，把可能的商机确定下来的活动过程。通过商务谈判所获得的效益，都是企业的纯利润，是创业成功的助推剂。为此，大学生创业者要认真学习商务谈判知识，掌握制定客观、全面的谈判策略的能力；要注重“柔道战略”运用，掌控商务谈判的主动权；要善于施加心理策略，“知己知彼，百战不殆”，准确抓住对方心理，提高谈判成功率。

3）社会交往能力

社会交往能力是指学会认识人际关系，正确理解人际关系，培养良好人际关系的能力。创业的过程就是不断熟悉社会，同时让社会了解自己、接纳自己的过程。为此，创业者一定要敢于面向社会，闯入社会，把社会看成自己获得支持的来源，在实践中逐步提高自己的创业意识，从而获取创业能力。同时，必须把社会的需要、利益、价值标准与评价原则作为自己行动的一个参照系，把自己所从事的事业与集体的、社会的事业联系起来，提高自己的社交能力，扩大交往，与人合作，取信于他人，取信于社会，为自己创造一个开放的创业环境。

4）恪守道德能力

创业不仅涉及法律，还涉及道德层面的相关内容，严格遵守职业道德是彰显创业能力的重要体现。道德与责任同在，大学生创业者在任何时候都不能透支自己的道德，相反，应该认真践行职业道德，决不做危害祖国、人民、社会的不道德行为，始终自觉培养严于律己的道德风尚。

三、创业要素

（一）创业团队

1. 团队概念

创业团队是一种特殊群体，是指创业初期（包括企业成立前和成立早期）由两个以上才能互补、责任共担、愿为共同的创业目标而奋斗的人所形成的工作团队。创业团队有狭义和广义两种理解：狭义的创业团队特指那些拥有一定的所有权、发挥某种管理功能并全程参与新企业创建的人；广义的创业团队不仅包括前者意义上的创业团队成员，还包括与创业过程有关的各类利益相关者，如核心员工、风险投资家、专家顾问等。创业团队组成要素有目标、人员、定位、权限和计划。

2. 组建原则

——目标明确合理。明确的目标使团队的任务方向明晰，避免迷失方向或者团队成员目标不一致。合理的目标是经过大家的努力协作可以达成的目标。在创业初期，目标定得过高，不切实际，容易使团队失去信心；目标定得过低，团队成员容易丧失斗志与激情。

——计划实际可行。计划要责任落实到个人，落实到具体细节，要有明确的时间期限、可支配资源、控制指标及改进的措施。

——分工职责明确。创业工作的复杂性和个人能力决定了一个人从事创业的所有工作，因此，应根据成员的特点进行分工，扬长避短。分工明确的最佳状态是所有工作都有人做，成员间的工作又不交叉重复，并且，所有工作都由最佳人选做。职责明晰，要求每个成员清楚自己的职权范围及承担的工作责任，这样有助于降低交易成本，提高组织效率。

——团队动态调整。创业团队组建之后，将会随着内外部情况变化而调整原有的团队规模及人员组成。创业过程中往往存在某些团队成员不适合团队文化、达不到标准的成员，可能致使整个团队人心涣散。再者，有的成员在创业过程中会因为自身原因需要退出队伍。所以，要做好团队成员动态调整的准备，适时引进更适合的人才加入团队。

——人员互补匹配。从人力资源管理的角度来看，建立优势互补的创业团队是保持创业团队稳定的关键。在创建一个团队的时候，不仅要考虑成员相互之间的人际关系、亲情关系，更重要的是考虑成员之间在能力和技术上的互补性。

3. 团队类型

从不同角度、层次和结构，可以将创业团队分为不同类型。依据创业团队组成结构，可以将创业团队分为星状创业团队、网状创业团队和虚拟星状创业团队。

——星状创业团队。这种创业团队中有一个核心人物充当领队的角色。这种团队在形成之前，一般是核心人物有了创业的想法，然后根据自己的设想进行创业团队的组织。因此，在团队形成之前，核心人物就已经仔细思考过团队组成，根据自己的想法选择相应人员加入团队，这些加入创业团队的成员也许是核心人物以前熟悉的人，也许是不熟悉的人，但他们在企业中更多的是作为支持者角色。

——网状创业团队。这种创业团队的成员通常在创业之前都有密切的关系，如同学、亲友、同事等，一般在交往过程中共同认可某一创业想法，并就创业达成了共识，进而共同创业。在创业团队组成时，没有明确的核心人物，大家根据各自的特点进行自发的组织角色定位。因此，在企业初创时期，各成员基本上扮演着协作者或伙伴角色。

——虚拟星状创业团队。这种创业团队是由网状创业团队演化而来的，基本上是前两种团队的中间形态。在团队中有一个核心成员，但是该核心成员地位的确立是团队成员协商的结果，因此核心人物从某种意义上说是整个团队的代言人，而不是主导型人物，其在团队中的行为必须充分考虑其他团队成员的意见，不如星状创业团队中的核心主导人物那样有权威。

4. 组建策略

——诚实守信。重承诺，守信用，是对创业团队最基本的道德要求。创业合作伙伴将全面介入企业的经营管理，了解创业企业内部的所有情况，如果道德有问题，企业的资金、人员、关系、精力等都可能遭受不必要的损失。此外，从经济学的角度来看，个人信用往往是建立在一定的财产基础上，有财产便能承担责任，因此，作为资本匮乏的创业者寻找经济实力比较强的创业合作伙伴是可行的。

——志同道合。创业团队成员要有共同的目标愿景，认同团队将要努力的目标和方向，同时还要有自己的行动纲领和行为准则。创业者在组建创业团队时一定要和创业合作伙伴事先沟通，了解对方的创业目的和动机。企业创新时期是非常脆弱的，需要创业者之间紧密团结，形成坚强的堡垒才能抵御外界的压力，否则等企业经营到一定阶段时，可能由于创业合作伙伴的意见不一而导致企业停滞不前，甚至导致企业解体，进而导致创业失败。

——取长补短。每个人都有自己的优势和不足。理想的创业合作者要求双方在能力、性格、资本上有较好的互补性。实现优势互补，合伙的各方都能真实感受到对方对于创业企业发展的重要作用，才会更加珍惜彼此的合作机会，再加上集体智慧的力量，创业成功的概率就会大得多。

——分工协作。创业团队最完美的组合是成员性格内外分明。比如，负责设计、生产的人主内和负责销售的人主外。创业者一般是比较偏向主外的人，往往不容易找到主内的人选，主要原因是不知道该找什么样的人来合伙。理想的人选是聪明且野心不大的人。如果主外的创业者选择既聪明又有活力的创业合作伙伴，那么这两位积极进取的创业者必定会因争取控制权而发生冲突和争执。然而，在控制权的归属上，最合适的还是主外的人拥有控制权。

——权责明晰。创业团队成员要以法律文本的形式确定一个清晰的利润分配方案。要把最基本的责、权、利界定清楚，尤其是股权、期权和分红权，此外还包括增资、扩股、融资、撤资、人事安排、解散等与团队成员利益紧密相关的事宜。其中，核心的条款是股权配置或投资比例问题。它不仅关系到各创业合作伙伴以后在企业中的地位、作用，还关系到创业合作伙伴的利益分配等实质性问题，因此，合作创业一定要做到账目清楚、手续齐全，签订好合作协议，把各方应尽的职责和应享的权益仔细协定下来，绝不能口头说说。

此外，在组建创业团队时，不能简单把知心朋友等同于创业合作伙伴。由于对社会事物的接触具有局限性，对创业合作者的选择往往会感情用事，比较容易单纯地把身边亲密的朋友等同于最理想的创业合作伙伴。当友情面对金钱的困惑、公司经营的压力时，不是谁都经受得住考验的。默契的合作者有可能在长期的合作中成为知心朋友，但知心朋友并不一定都能成为最好的创业合作伙伴，因此在选择合作人时，千万不能感情用事。

（二）创业资源

1. 资源分类

创业资源是指创业企业在创造价值过程中所需要的特定资源的总称。创业资源有广义和狭义之分。所谓广义创业资源，可界定为涵盖使创业者顺利进行创业活动的必要性资源。所谓狭义创业资源，主要指建立企业营利模式所必需的，促使创业者启动创业活动的关键优势资源，不同企业的关键优势资源各不相同。

创业者要做到必要资源富余充足，关键优势资源不断递增。依据自己的关键优势资源选择创业项目，依据创业项目整合关键优势资源。

不同创业活动，具有不同的创业资源需求，一般分为有形资源和无形资源。

有形资源主要有：

——金融资源。企业物质要素和非物质要素的货币体现，具体表现为已经发生的能用会计方式记录在账的，能以货币计量的各种经济资源，包括资金、债权和其他。

——实物资源。企业从事生产经营活动所需要的一切生产资料，其构成状况可按实物资源在生产经营过程的作用划分为劳动对象和劳动手段。

——组织资源。为了实现既定的目标，按一定规则和程序而设置的多层次岗位及其相应人员隶属关系的权责角色结构，包括企业的战略规划、员工开发、评价和报酬系统等。

无形资源主要有：

——人力资源。人力资源是企业资源结构中最重要的关键性资源，是企业技术资源和信息资源的载体，是其他资源的操作者，决定着所有资源效力的发挥水平。主要指存在于企业组织系统内部的有经验的、掌握特殊技能的、被激励起来的员工和可供企业利用的外部人员的总和。

——科技资源。主要涉及两个方面：①与解决实际问题有关的软件方面的知识；②为解决这些实际问题而使用的设备、工具等硬件方面的知识。

——品牌资源。品牌是一个名称、名词、符号或设计，或是它们的组合，其目的是识别某个销售者或某群销售者的产品或服务，并使之同竞争对手的产品和服务区别开来。

——市场资源。包括营销网络与客户资源、行业经验资源、人脉关系。

——政策资源。主要指政府采取一系列系统的创业扶植政策，如支持创业教育与培训，提升创业技能；通过资金扶持、减免税费、财政补贴、社会保障等鼓励创业；为创业者提供信息与管理咨询及专业化服务，提供金融支持、项目支持等。

——信息资源。人类社会信息活动中积累起来的，以信息为核心的各类信息技术、设备、设施、信息生产者等活动要素的集合。

2. 资源内容

创业者资源包括：创业者内部资源、职业资源和人脉资源。

创业者的内部资源主要包括：

——现金资产、房产和交通工具等。

——技术专长，涉及有形和无形两种。有形方面：已申请成功的发明专利、实用新型专利和外观专利，或者是某一领域公认的专家，如注册会计师、律师、高级美工师、设计师、工程师、医生、心理咨询师等；无形方面：专有技术、科研成果，或者对某个特定行业和领域的深入研究。

——信用资源，你能够通过你长期积累的信用资源做些什么，能获得别人多少投资，以及是否有人愿意在你还没有付工资的情况下为你工作。

——商业经验，对市场经济和游戏规则的了解程度，尤其是对将进入的行业的深入理解程度。行业之间的差异很大，各行业的关键成功因素都不一样，需要有深入的研究和实践才能积累足够的商业经验。

——家族资源，含经济支持、创业指导、学习机会、人脉关系、客户资源。

大学生处于资源积累的初始阶段，自身拥有的资源数量少、质量不高，但是要想创业就必须具备一定的内部资源。内部资源的积累需要创业者进行一定的规划，充分准备，逐步获得创业所需的能力和资源。大学生可以先从自己感兴趣的领域打造个人专长，个人感兴趣的事情往往能够成为未来创业的基础，乃至核心优势。

创业者的职业资源主要包括：

创业者在创业之前，在为他人工作时所建立的项目资源和人际资源。从职业资源入手创业，充分利用工作中建立的各种关系符合创业活动“不熟不做”的教条，尤其是在国内目前还没有普遍认同和执行竞业避止法则的情况下，选择从职业资源入手进行创业，已经成为许多人创业成功的捷径和法宝。据调查，离职“下海”创业的人员中 90% 以上利用了原先在工作中积累的资源和关系。

大学生要积极建立与高校教师之间的良好关系，以此来获得老师的支持甚至借用老师的个人资源。大学生应重点关注两类教师资源的积累：一是技术专家型，可以为学生创业提供技术方面的指点和支持，以及研发设施资源的借用；二是创业专家型，能为大学生的创业提供商业方面的指导和支持。

创业者的人脉资源主要包括：

——同学资源。同学之间因为接触比较密切，彼此比较了解，同时因为同学圈子一般不存在利害冲突，友谊一般都较可靠，纯洁度更高。很多企业中的高层管理人员到各大名校读 EMBA，其主要收获之一是拓展人脉关系。同学圈子对于创业者来说，是值得珍惜的战略性外部资源之一。与同学相似的是战友，以及同乡资源。同学资源和同乡资源，可并称为创业者最重要的外部资源。

——朋友资源。“在家靠父母，出门靠朋友”是至理名言。一个创业者如果不善于结交朋友，没有一些高质量的朋友，恐怕很难获得更好的发展。

大学生创业者要着力于创业团队和创业“贵人”的积累上建立人脉。

3. 资源获取

——技术资源的获取。技术决定着创业的发展前景及核心竞争力，一定意义上讲，拥有了核心技术，就拥有了获得资金支持的资本。技术资源是创业中最关键的资源，是获利能力的根本因素。获取技术资源的途径主要有：吸引技术持有者加入创业团队；购买他人的前景型技术，再完善开发；购买他人成熟的技术，进行分析；同时购买技术和聘请技术持有者；自己研发等。

——人力资源的获取。人力资源是创业企业持续发展的重要资源，创业者及其团队拥有知识、技能、经验、人际关系和商务网络等高素质人才的获取和开发尤为关键。创业者要在实践活动中，多接触社会、积累经验、广交朋友、拓展人脉。

同学。在许多成功者的身后都可以看到同学的身影，有少年时代的同学，有大学时代的同学，更有各种学习班、研讨班、进修班、研修班和培训班上的同学。

朋友。同学、战友、老乡、同事一样是朋友。朋友犹如资本金，对创业者来说多多益善。

贵人。贵人的含义在于“贵”而不在于多，不管对方身份地位如何，你需要他时，他恰好能帮助你，并且还愿意帮助你，这样的人就是你的贵人。

——创业资金的获取。

自备资金：成功的创业者资金约三分之一来自自己的积蓄。从萌生创业想法到最终付诸实践，在这期间创业者要攒下积蓄。“先打工赚钱，再出来创业”是许多创业者的路径规划。

亲情融资：向家人和朋友借钱，是很多创业者筹集资金采用的方法之一。

合伙融资：人多力量大，不少人选择合伙创业的方式来减轻创业初期资金的压力。每个合伙人各出几万元，十几万元、二十几万元，启动资金很快凑拢。

创业基金：当下很多省市的创业园区、政府机构都为创业者提供创业基金的政策和孵化器，提供办公场所和初始基金。一些知名创业扶植服务机构、基金也会定期举办创业大赛、Demo 活动。用赢取创业基金的方式筹集创业的“第一桶金”，也是一个高效、可行的办法，但要求创业者具备足够的实力，能从众多申请者中脱颖而出。

投资资金：要为自己的项目做一个可行性的创业计划。这个计划要包括项目的背景、市场状况、运营和盈利模式等。要想得到投资，首先要说服投资人，投资人的目的是赚钱，让投资人觉得你的项目确实可行，这是获得投资的前提。“天使投资”主要面向初创期和种子期的企业，投资资金数量都比较少，一般几万元到几十万元不等。

银行贷款：很多银行都设有小额担保贷款，在必要时可用于满足企业日常生产经营的资金周转，帮助创业公司突破瓶颈。

众筹募资：创业者可以把自己的产品原型或创意提交到众筹平台，发起募集资金，由感兴趣的人来捐献指定数目的资金（捐助者可以在项目完成后，得到一定的回馈，如利用这个项目制造出来的产品）。有了这种平台的帮助，任何有想法的人都可以启动一个新产品的设计生产。

——信息资源的获取。信息资源主要来自于市场与政策，渠道有政府机构、同行创业者或企业、专业信息机构、大学创业研究机构、互联网、新闻媒体和相关会议等。

4. 资源整合

优化整合资源是创业活动的主线，大学生创业成功与否的关键是能否有效地整合资源。在不同的创业过程和环节，运用筛选、取舍、管理方法，优化资源配置，从而获得部分乃至整体的资源，才能有效发挥创业资源的作用。

——寻找式资源整合。这是创业初期主要的资源整合方法，其基本方法是结合自身创业团队的资源情况，分析资源储备存在的不足，提出整合外界资源的方案，积极地寻找和整合所能利用的创业资源。该阶段资源整合需要具备较强的预见力和洞察力。

——累积式资源整合。这是创业中期主要的资源整合方法，其基本方法是在创业企业的发展过程中，进一步了解创业资源的特征，对已有的资源进行准确的分析定位，并在此基础上进行进一步的整合利用，发挥资源的最大效能。该阶段资源整合强调对已有的资源进行准确的分析定位。

——开拓式资源整合。这是企业取得初步发展之后主要的资源整合方法，其基本方法是把创新式思维注入其中，用创新的视角去寻找具有创新点的创业资源。特别是继续寻找企业新的增长点，在新的增长点上充分开拓和整合利用资源，这一点对创业基础较为薄弱的大学生创业者来说尤为重要。该阶段的资源整合突出创新能力。

（三）创业机会

1. 内涵特征

创业机会即市场机会或商业机会，是指有吸引力、较为持久和适时的一种商务活动的空间，并最终体现在能够为顾客创造价值或增加价值的产品或服务中。大学生创业者要想实现创业梦想，就要善于发现、捕捉和利用市场机会，如能具备良好的市场需求的洞察能力和市场机会的把握能力，正确识别创业机会，将有助于实现成功创业。创业机会具有以下特征：

隐藏性。市场机会总是时时处处存在于人们的日常生活中，需要创业者具有“慧眼”，通过对社会的仔细观察、了解、分析和调查才能发掘出真正的创业机会，并通过实践检验机会的可靠性。

易逝性。市场机会往往存在于朝夕之间。在当前激烈的市场竞争中，创业机会对每个创业者来说都是公平的，谁先抓住创业机会，谁就能在激烈残酷的创业竞争中脱颖而出。

偶然性。市场机会虽普遍存在于创业者的身边，但并非很容易被捕捉到，大多数的创业机会是在偶然间形成的，越是有意识地去追求，越难见其身影。因此，平时不注意知识、经验的总结和积淀，即便好的创业机会出现在你面前，你也会“视而不见”。

时效性。不同社会时期产生的创业机会具有鲜明的时代特征，要想在这些机会所处的领域中选择最适合创业的机会，并不是创业者能决定的，而是由当时社会的政治、经济制度来决定的，因此，不同社会时期的不同制度为创业者的创业机会赋予了鲜明的时代色彩。

2. 识别途径

——现有市场机会和潜在市场机会。现有市场机会是指市场机会中那些明显未被满足的市场需求。另外那些隐藏在现有需求背后的、未被满足的市场需求称为潜在市场机会。现有市场机会表现明显，往往发现者和进入者较多，竞争势必激烈。潜在市场机会则不易被发现，识别难度大，往往蕴藏着极大的商业价值，需要创业者深度分析研究，才能将之体现为创业资源。

——行业市场机会和边缘市场机会。行业市场机会是指市场中某个行业内的市场机会。边缘市场机会是指在不同行业之间的交叉结合部分出现的市场机会。一般情况下，人们对行业市场机会比较重视，因为发现和识别创业机会的难度较小，但正因为难度小，参与者众多，往往竞争激烈，成功的概率较低。而在行业之间出现的市场机会，往往涉足的人较少或难以被发现，需要创业者具有丰富的知识和经验及丰富的想象力和大胆的开拓精神，一旦顺利开发，创业成功的概率就会很高。

——当前市场机会与未来市场机会。当前市场机会是指那些已经在社会经济发展中呈现出来的市场机会，而未来市场机会是指通过前期的市场调研和预测分析将来会在某一时期内出现的市场机会。如果创业者对将来可能出现的某种市场机会具有比较清晰的认识和判断，就可以提前做好准备，并调动已有的市场资源，为创业机会的出现搭建平台，从而获取创业的领先优势。

——全面市场机会和局部市场机会。全面市场机会是指在大范围市场出现的未被满足的实际需求，如国际市场或全国市场出现的市场机会，着重于拓展市场的宽度和广度。而局部市场机会则是在一个局部范围或细分市场出现的未被满足的需求。在大市场中寻找和发掘局部或细分市场机会，见缝插针，拾遗补阙，创业者就可以集中优势资源投入目标市场，有利于增强主动性，减少盲目性，从而增加成功的可能性。

一般来讲，创业机会的识别方法有多种。由于大学生属于创业群体中的弱势，创办的企业多为微小企业，因此生存居第一位，成长居第二位。为了避免在激烈的市场竞争中遭遇失败，寻求创业机会应以在选择的经营范围内能够发挥自己的专长和先立足后发展为原则。简单来讲，在夹缝中求生存，填补市场空白，借助市场外力才能真正把握住创业机会。

3. 把握机会

着眼于问题把握机会。其中问题产生于现实与理想的差距。机会并不意味着无须代价就能获得，许多成功的企业都是从解决问题起步的。顾客需求在没有满足之前就是问题，而设法满足这一需求，就抓住了市场机会。

利用变化把握机会。其中变化中常常蕴藏着无限商机。许多创业机会产生于不断变化的市场环境，而环境变化将带来产业结构的调整、消费结构的升级、思想观念的转变、政府政策的变化及居民收入水平的提高等。人们通过这些变化就会发现新的机会。

跟踪技术创新把握机会。世界产业发展的历史表明，几乎每个新兴产业的形成和发展，都是技术创新的结果。产业的变更或替代，既满足了顾客需求，同时也带来了前所未有的创业机会。

在市场夹缝中把握机会。创业机会存在于为顾客创造价值的产品或服务中，而顾客的需求是有差异的。创业者要善于找出顾客的特殊需要，盯住顾客的个性需要并认真研究其需求特征，这样就可以发现和把握商机。

捕捉政策变化把握机会。市场受政策影响很大，新政策的出台往往引发新商机。如果创业者善于研究和利用政策，就能抓住商机站在潮头。

弥补对手缺陷把握机会。很多创业机会是缘于竞争对手的失误而“意外”获得的，如果能及时抓住竞争对手的漏洞而大做文章，就可能比竞争对手更快、更可靠、更便宜地提供产品或服务，也许就能得到机会。

第二节　投身企业

一、构思创业

（一）撰写创业计划书

创业计划书又称商业计划书，它阐述了创业者的创业机会和愿景，以及如何将创业机会和愿景变为现实等内容，是引领创业的纲领性文件，也是创业的行动导向和路线图。创业计划书既可以作为创业者开展创业活动的行动指南，也可以作为创业者与外界沟通的基本依据。目前，大学生创业者往往是以撰写好的创业计划书来赢得投资人的关注的。创业计划书具有如下作用。

1. 理清思路，指导实践

在撰写创业计划书的过程中，创业者需要全面分析影响创业企业的各种因素，明晰企业目标及实现路径，从而帮助创业者进一步明确创业方向、梳理创业思路。因此，撰写一份高质量的创业计划书对于指导创业实践，进而提高创业成功的可能性具有重要作用。

2. 对外宣传，获得融资

在创业起步阶段，对创业者而言，融资难的问题尤为突出。创业计划书作为一份全方位的创业项目计划和推销文本，通过向潜在的投资人介绍宣传企业的发展目标、市场竞争力和优劣势、企业资金需求现状、创业团队及风险管理等内容，使投资人能够快速而有效地了解创业项目，最终达到融资成功的目的。

3. 有效管理，寻求合作

高质量的创业计划书相当于创业者随身携带的一张“金名片”，可以增强创业者自信，使创业者在创业实践中有章可循，对企业经营有把握、管理有控制，同时可以随时向供应商、商业加速器和孵化器及重要的职位候选者等合作伙伴介绍企业相关情况，为创业者找到合适的战略合作伙伴，为开展创业活动提供支持，最终达到多方共同发展的目的。

（二）创业计划书内容

创业计划书的“6C”规范

完整的创业计划书一般包括：创业计划摘要、产业背景和公司概述、产品介绍、市场分析、生产制造介绍、管理组织、财务与融资、附录八个方面，应该详细描述公司的目标、为实现目标将采取的战略、公司的组织结构、公司运营需要的资金。

1. 创业计划摘要

为吸引战略伙伴与投资人的注意，将创业计划的核心提炼出来，列在创业计划书最前面，就是创业计划摘要，它是整个创业计划的精华。

摘要虽然列在创业计划的最前面，但它是在其他部分定稿之后才撰写的。摘要重点阐明创业计划的要点，即简明扼要、条理清晰地阐明商机分析、创业的基本思路、目标及优势，一般不超过两页纸的内容。创业者要反复推敲，精益求精，使摘要结构完整，语句清晰流畅，并且富有吸引力，便于投资人一目了然地评审计划并作出投资判断。

2. 产业背景和公司概述

首先，要阐述创业思路的形成和发展过程，以及企业的目标和发展战略，重点对商机进行分析。其次，要客观描述公司情况，包括经营范围、重点产品等，不仅要突出优势介绍，还要分析并说明竞争对手的情况，以及拟采取的措施，这往往更能赢得投资人的信任。如果创业者刚刚进入社会初次创业，应重点介绍自己的成长背景、求学经历，并突出自己的性格、兴趣爱好与特长，表明自己的生活追求和强烈的进取精神，阐述自己为什么要独立创业，特别是对自己的创意所产生商机的可行性分析。要突出优势、资源状况，以及风险分析和对策，使战略伙伴或投资人充分了解，从而为今后的合作打下基础。

3. 产品介绍

具有市场需求潜力的产品或服务项目是公司利润的源泉，而且，战略伙伴和投资人最关心的问题之一就是创业企业的产品、技术和服务能在多大程度上满足市场需求。在进行投资项目评估时，他们会提出相当多的问题，创业者一定要对所有可能发生的情况进行充分的考虑，并给予合理的答复，详尽、准确地描述其产品或服务项目，特别是产品的技术特点。如果产品或服务项目特别多，不必面面俱到，可以把它们分成几类分别描述（描述要通俗易懂，使非专业技术人员的投资人一目了然）。

4. 市场分析

当企业要开发一种新产品或向新的市场扩展时，首先要进行市场分析和预测，然后针对目标市场制定销售策略。市场需求分析重点分析市场现实需求和潜在需求；市场容量和未来市场的发展趋势；目标顾客和目标市场；企业在市场竞争中的地位，竞争对手的情况，各自的竞争优势；预计的市场份额和销售额。另外，要进行市场机构和营销渠道的选择，制定价格、促销策略，建立销售网络，以及确定拟采取的对策等。

5. 生产制造介绍

产品或服务项目介绍一般包括有关生产方式、生产设备、质量保证等方面的问题，其主要内容包括四方面：产品的功能、生产制造方式、生产设备情况、质量指标与质量控制等。

6. 管理组织

拥有一个科学、高效、团结的管理组织与高素质的管理团队是管理好企业的重要保证。在创业计划中，必须阐明企业的管理结构和主要管理人员的相关情况，重点展示管理团队的凝聚力和战斗力，使战略伙伴或投资人了解企业的管理团队是由一批具有丰富的管理经验和较高的职业道德的人士组成的，使之对企业的发展潜力有信心。

7. 财务与融资

战略伙伴和创业投资人最关心企业经营的财务损益情况，从中判断自己的投资能否获得预期的回报，这是决定战略合伙人是否加盟、创业投资人是否投资的关键因素。主要内容包括：

——财务状况预测。财务状况预测对战略伙伴或投资人具有重要的参考价值，所以，创业者要根据经营计划、市场计划的各项分析和预测，增强企业的可信度。

——融资计划。这部分是创业计划的关键部分，是创业投资人十分关心的问题，内容包括：①资金需求量和资本结构。为保证项目实施，需要新增投资多少；新增投资中，需投资方投入多少，对外借贷多少，公司自身投入多少；有对外借贷时，抵押或担保措施是什么。②如何使用这些资金。说明投入资金的用途和使用计划。③投资人可以得到的回报。预计未来 3 ～ 5 年内平均每年的净资产回报率；投资方以何种方式收回投资（包括具体方式和执行时间）。

8. 附录

附录是对正文部分的补充。通常包含两部分内容：一是对读者有说服力的内容；二是可以提高计划书中所提及信息可信度的内容。附录中的文档包括市场研究报告、主要人员的简历、技术说明、专利复印件、版权或商标注册证明，以及产品手册等。通常，附录对于提高创业计划的质量有着重要的作用，对于创业者获取外部资源的支持有着特殊的意义。

（三）创业计划书评价标准

创业计划书一般由三方进行评价，第一方为创业者，主要判定创业计划是否具有吸引力或实际操作性；第二方为资源提供方，包括创业投资人、一般投资人、管理者等；第三方为独立于计划制订和使用方的咨询机构，受到委托对创业计划进行工作性评价。

1. 评价要素

一份成功的创业计划书，应该能够简洁清晰地展示市场容量，了解顾客的需要，解释他们为什么会购买你的产品，解释为什么你最适合做这件事，还要有投资退出策略；相反，如果过分乐观，或拿出的数据与产业标准相去甚远，或忽视竞争风险，或进入了一个拥挤的市场，那么就是一份失败的创业计划书。

具体来说，创业计划书的评价要素包括六个方面的内容，即报告完整全面、方案可行、技术含量高或具备创新性、经济效益好、资金筹措方案合理和市场前景广阔。

2. 评价标准

使用者的目的不同，对于创业计划的评价标准也不同。下面是根据创业计划投资基金或从投资人角度的评价标准。

（1）摘要：内容清晰、简洁，重点突出，具有吸引力。

（2）新创企业：明确阐述创业目的、企业性质、企业的背景和现状、创业理念及企业的战略目标。

（3）产品业务：描述产品或服务的基本性能、特征，产品的商业价值，产品的技术含量，产品的发展阶段，产品的所有权状况。

（4）市场分析与营销策略：包括市场描述、竞争分析、市场细分、市场定位、产品定价、营销渠道、促销方式。

（5）经营计划：包括产品生产业务计划、产品的成本和毛利、经营的难度及所需要的资源。

（6）管理团队：包括关键人物背景、组织结构、角色分配、管理团队实施战略的能力。

（7）财务分析：财务报表清晰明了，与计划实施同步，内容包括相应时间段的现金流量表、资产负债表、损益表等。

（8）回报：以条款方式提供所需投资、利益分配方式、可能的退出策略。

（9）可行性：一是市场机会，明确市场需要及其合适的满足方式；二是竞争优势，企业拥有独特的核心能力，以及能获得持续的竞争优势；三是管理能力，管理团队能够有效地发展企业，并合理规避投资风险；四是财务预算，企业的发展具有明显的财务需求；五是投资潜力，创业项目具有真正的实际投资价值。

（10）创业计划写作：计划要清晰、简洁，突出主题。

总之，通过分析企业内外部的各种环境因素，创业者选定了自己的目标市场，并着手制订一份完整的创业计划书，向现实的和潜在的合作伙伴、投资人、员工、客户及供应商等全面阐述公司的创业机会，阐述创立公司、把握这一机会的措施及实施进程，说明所需要的资源，揭示风险和预期回报。创业计划的质量直接关系到创业项目的成败。

在编写创业计划时，应注意的主要问题是：①针对读者，突出主题；②结构完整，内容规范；③计划周密，协调统一；④预测合理，数据准确；⑤保护知识产权，注意保密。

（四）创业计划书路演

一份高质量的创业计划书的撰写非常重要，但如何将其展示给听众并最终获得听众的青睐也同样重要。

路演的英文是 Roadshow，创业项目路演就是创业者在台上向投资方或评委讲解项目属性、发展规划和融资计划等。一个好的项目，之所以通过路演来呈现，是因为相比于创业计划书的静态文字传递、表格交互，路演更为生动、真实。无论是企业在创业初期，还是发展到融资阶段，路演都是外界了解创业企业或创业项目的最重要和最直接的一扇窗户。

1. 路演展示要点

通常来说，如果投资人看过创业计划书，邀请创业者来做路演，说明对创业团队的产品有了一定的认可，路演的过程不仅仅是进一步了解产品，更重要的是看创始人和创业团队是否靠谱，是否真的有本事把创业计划书的规划落到实处。路演展示时需注意以下几点。

（1）认真打磨故事内容。将你的创业计划书采用“讲故事”的形式向听众娓娓道来更容易吸引听众的注意力，进而激发他们的兴趣。在故事的开头可以阐述你的产品或服务项目及市场部分，故事的主体部分要着重强调产品或服务项目的独特性及竞争优势，故事的末尾讲如何实现这个计划、风险及回报。故事内容应简明扼要，结构紧凑，直击人心，避免让听众感到无聊。

（2）尽量制作产品模型。如有可能，尽量将产品制作成模型，这样就可以将产品更直观地展现给投资人，有利于投资人进一步加深对产品的了解。如果无法制作成模型，则可以采用动画的形式进行展示。

（3）图表表述优于文字。在创业计划书展示过程中，能用图表表述的内容尽可能用图表表述，比如市场竞争分析、财务预测、生产流程等，这会让内容变得更加鲜活，也更便于投资人理解。

（4）内容优于篇幅长短。投资人或评委评判一份创业计划书好坏的依据不在于其篇幅的长短，而在于其具体内容。一般来说，计划书的长度要控制在 30 ～ 50 页，这样既可以保证涵盖重要内容，又不至于显得过于冗长。使用 PPT 描述时，其作用在于以更生动的方式展示创业机会，需进一步突出内容重点。路演 PPT 长度一般控制在 15 ～ 20 页。如有可能，可制作 1 分钟左右的视频，更直观地展示项目内容。

2. 有效利用 PPT

（1）结构完整：其基本要求是把创业计划涉及的内容全覆盖，可有详有略。

（2）适合展示：PPT 应该是展示稿，而不是逐字稿。你需要找到你所要阐释的点，而不是照本宣科，否则展示效果势必大打折扣。

（3）语言生动：没有什么比你的热情和感染力更重要了。这方面可以借鉴学习很多资源，如 TED 演讲，以及名人的演讲，从中分析并找到属于自己的风格。

3. 现场答辩反馈

创业项目的路演展示往往有现场答辩与反馈环节，创业者要敏锐地预见投资人或评委可能会提出什么问题，并做好准备。

投资人或评委可能会用很挑剔的眼光看待创业计划，这时，创业者可能会很泄气。其实，投资人或评委仅仅是在做分内的事情，提出的问题可能会对创业项目有很大帮助，会给创业者很大的启发。回答问题阶段非常重要，此时投资人或评委往往要考察创业者是否挖掘到问题的本质，以及对创业企业了解多少。

现场回答投资人或评委的问题时要注意：

（1）对投资人或评委问题的要点有准确理解，回答要具有针对性而不是泛泛而谈。

（2）能在投资人或评委提问结束后迅速做出回答，回答内容连贯、条理清楚。

（3）回答问题要准确可信，回答问题应建立在准确的事实和可信的逻辑推理上。

（4）特定方面要充分阐述。对投资人或评委特别指出的方面能做出充分的说明和解释。

（5）整体答辩要有逻辑性。陈述和回答的内容有整体一致性。

（6）团队成员在回答时有较好的配合，能协调合作，彼此互补，对相关领域的问题能阐述清楚。

获取第一桶金的方式

二、开办企业

（一）企业组织形式

企业是在市场经济条件下，独立存在的经济实体。任何企业都要依法建立。依据国家规定和现阶段实际，创业企业组织形式主要有三类模式。

第一类模式：单一业主模式。

（1）个体工商户。个体工商户指公民在法律允许的范围内，依法经核准登记，从事工商业经营的个人或家庭。

设立个体工商户，应先办理名称预先登记，然后提交申请材料，材料齐全、符合法定形式的，等候领取准予设立登记通知书，领取准予设立登记通知书后，按照通知书确定的日期到工商局交费并领取营业执照。

（2）个人独资企业。个人独资企业是指一个自然人投资，财产为投资人个人所有，投资人以其个人财产对企业债务承担无限责任的经营实体。

设立个人独资企业应当具备下列条件：投资人为一个自然人；有合法的企业名称；有投资人申报的出资；有固定的生产经营场所和必要的生产经营条件；有必要的从业人员。

申请设立个人独资企业，应当由投资人或其委托的代理人向个人独资企业所在地的登记机关提交设立申请书、投资人身份证明、生产经营所使用证明等文件。委托代理人申请设立登记时，需要出具投资人的委托书和代理人的合法证明。

登记机关收到设立申请文件之日起 15 日以内，对符合规定条件的，予以登记并发给营业执照，营业执照的签发日期为个人独资企业成立日期。

第二类模式：合伙经营模式。

合伙企业是指由合伙人订立合伙协议、共同出资、合伙经营、共享收益、共担风险，并对合伙企业的债务承担无限连带责任的营利性组织。

设立合伙企业，必须具备的条件：有两个以上合伙人；有书面合伙协议；有各合伙人实际缴付的出资；有合伙企业的名称；有经营场所和从事合伙经营的必要条件。

第三类模式：公司模式。

（1）有限责任公司。有限责任公司是指由 2 ～ 50 名股东共同出资，每个股东以其所认缴的出资额为限对公司承担责任，公司法人以其全部资产对公司债务承担全部责任的经济组织，有限责任公司是一种比较普遍的企业法律形式。

按照《公司法》规定，设立有限责任公司应具备以下条件：股东符合法定人数，股东可以是自然人，也可以是法人，一个自然人或法人也可以设立一人有限责任公司；股东出资达到法定资本的最低限额，法定资本（注册资本）既是公司取得法人组织资格的基本特征之一，又是企业承担风险的资本担保，股东出资方式可以是货币，也可以是实物、工业产权、非专利技术、土地使用权，全体股东的货币出资额不得低于注册资本的 30%；有限责任公司章程由股东共同制定，所有股东在章程上签名、盖章；有公司名称，建立符合有限责任公司要求的组织机构，公司名称需预先向工商行政管理机关申请登记，有限责任公司的组织机构由股东会、董事会（执行董事）、监事会（监事）组成，公司法定代表人依照公司章程的规定，由董事会、执行董事或经理担任，并依法登记；有公司住所、固定的生产经营场所和必要的生产经营条件。

（2）一人有限责任公司。一人有限责任公司是指只有一个自然人股东或一个法人股东的有限责任公司。一人有限责任公司应当在公司登记中注明是自然人独资或法人独资，并在公司营业执照中载明。一人有限责任公司的公司章程由股东制订。一人有限责任公司不设股东会；一人有限责任公司的注册资本最低限额为人民币 10 万元，股东应当一次足额缴纳公司章程规定的出资额；一个自然人只能投资设立一个一人有限责任公司，该一人有限责任公司不能投资设立新的一人有限责任公司；一人有限责任公司的股东不能证明公司财产独立于股东自己的财产的，应当对公司债务承担连带责任。

（3）股份有限公司。股份有限公司以其全部资本分为等额股份，股东以其所持股份为限对公司承担责任，公司以其全部资产对公司的债务承担责任。股份有限公司设立程序复杂，对注册资本要求比较高，一般不适合创业者选择。

（二）企业地址选择

企业选址不仅关系到设施建设本身的投资，而且很大程度上决定了企业产品和服务的成本，从而影响企业的市场竞争力和经济效益。

影响企业选址的因素有很多，主要受市场、商圈、物业、社区、个人和价格多种因素的制约。一个企业选址运作的成功往往是各种因素综合分析的结果，因此，在具体选址时，要从以下方面考量。

（1）经济实用。无论什么企业，选址都希望以最小的投入获得最大的回报。因为选址关系启动资金、初期建设费用、投产后的运营费用和经营一段时间后的收益，所以选址必须考虑经济实用。

（2）立足长远。企业选址应该有长远的眼光和战略意识。布局是否合理，市场前景是否宽广，新能源、新材料、新技术能否方便获取，都是创业者应当考虑的要点。

（3）人才为本。人才是企业的第一资源。企业在选址时要考虑是否有利于招贤纳才并能留住人才。尤其是高端产业项目，需要该领域的专业人才，甚至是复合型人才，如果偏离大中城市将很难招募到合适的人才，因为他们是高智商、高收入、高压力的群体，他们在奉献才智之余，需要在繁华都市里寻找属于他们自己的放松方式。

（4）目标客源。选址时要考虑是否近便，是否利于顾客的消费，是否有利于招徕顾客。

针对不同行业，有不同的选址技巧。

——制造业选址。制造业需要大量的原料来源和转运仓储，所以选择的经营场所要靠近原料基地且地域宽广，便于运输；要尽量远离居民区，以地广人稀的郊区为宜，这样有利于保护环境和居民健康。

——加工业选址。加工行业种类很多，如农副产品加工、蔬菜食品加工、电子机械类产品加工、服饰附件加工、空港物流加工等。综合起来，加工业选址应把握以下技巧：①看资源是否丰富，是否便于就地取材；②弄清楚劳动力是否密集，以及劳动力的知识和技术水平是否满足所需；③要了解当地居民的消费水平和消费习惯。

——餐饮业选址。随着人们生活水平的不断提高，人们对餐饮行业要求逐步提高，不仅饭菜要可口味美，还要赏心悦目，为使餐饮店做到环境宜人，服务上乘，富有特色，在选址时应把握以下技巧：①了解是否有固定消费群体，有消费才有市场；②了解周边居民的消费习惯和消费水平，这决定了店铺的特色和档次；③了解周边环境，以干净卫生且基础设施配套齐全为宜。

——文化娱乐业选址。文化娱乐行业满足的是人们的精神需求，因此，文化娱乐场所的选址应当注意：①与人群聚集地保持适当距离，可以闹中取静，但太近则影响人们休息，太远又会有舟车劳顿之苦；②停车场地要宽敞便利；③ 周边环境要清爽、优雅，能怡情悦性。

——教育培训业选址。教育培训行业自身的育人特性决定了选址方面的与众不同。为了选址成功，最好远离公共娱乐场所、农贸市场、传染病医院、看守所等不利于学生或学员安全和身心的场所。为了生源稳定，选址最好交通便利，停车方便。

（三）企业注册流程

（1）注册公司所需资料。

公司法定代表人签署的公司设立登记申请书；

全体股东签署的公司章程；

法人股东资格证明或自然人股东身份证及其复印件；

董事、监事和经理的任职文件及身份证复印件；

指定代表或委托代理人证明；

代理人身份证及其复印件；

住所使用证明。

（2）注册公司具体流程。

——核准名称。确定公司类型、名字、注册资本、股东及出资比例后，可以去工商局现场或线上提交核名申请。

——提交材料。核名通过后，确认地址信息、高管信息、经营范围，在线提交预申请。在线预审通过之后，按照预约时间去工商局递交申请材料。

——领取执照。携带准予设立登记通知书、办理人身份证原件，到工商局领取营业执照正、副本。

——刻章等事项。凭营业执照到公安局指定刻章点办理：公司公章、财务章、合同章、法人代表章、发票章。至此，一个公司注册完成。

目前，注册公司实施的“五证合一”，即持工商审核通过的新设企业五证合一登记申请表，到工商局多证合一窗口办理。受理后，工商局工作人员会将《工商企业注册登记联办流转申请表》传递至质监、国地税、社保、统计等其他相关部门，由他们分别完成后台信息录入，然后由工商局打印五证合一的营业执照。

三、防范风险

创业风险规避策略

（一）创业风险

1. 创业风险的含义

创业过程中，创业者要投入大量的人力、财力和物力，要引入和采用各种新的生产要素与市场资源，要建立组织结构、管理体制、工作方法等，或者对现有的组织结构、管理体制、工作方法等进行变革。在这一过程中，由于创业环境的不确定性，创业机会与创业企业的复杂性，以及创业者、创业团队与创业投资人的能力和实力的有限性而导致创业活动结果偏离创业的预期目标，这就是创业风险。

2. 创业风险的分类

（1）按照风险对创业的影响程度，可将风险分为系统风险和非系统风险。

系统风险是指创业企业或创业者之外的，由创业整个大环境所引起的外部风险，常与宏观的政治、经济、社会等方面有密切联系，这种风险影响范围广、程度深，个体创业企业者难以预防和控制，更多地需要国家的宏观调控。

非系统风险是指创业企业的内部风险，如财务风险、技术风险、管理风险、生产风险等，不同的创业企业或创业者面临的内部风险不同，但在某种程度上都可以通过预防、控制、转移、分散等方式进行削弱或抵消。

（2）按照风险产生原因，可将风险分为主观创业风险和客观创业风险。

主观创业风险是指创业者在创业阶段，受到身体素质与心理素质等主观因素影响所导致的创业失败的可能性，主观因素主要来自创业者自身。

客观创业风险是指创业者在创业阶段，受到环境、市场、资金、技术等客观因素影响所导致的创业失败的可能性。

（3）按照风险内容的表现形式，可将风险分为环境风险、市场风险、技术风险、管理风险和财务风险。

环境风险是指创业活动所处的社会受到政治、经济、法律或自然灾害等影响导致企业或创业者蒙受损失的可能性。环境风险具有先兆性，创业者可以通过分析环境变化进行风险防控。

市场风险是指由于市场情况的不确定而给企业带来损失的可能性。市场情况的不确定包括市场价格的不确定、产品竞争力的不确定、售后服务的不确定等。市场情况瞬息万变，创业者要时刻洞察市场变化，将风险化为机遇。

技术风险是指由于技术设备的不稳定和对技术创新市场预测的不充分威胁到企业的生存与发展，导致创业失败的可能性。技术风险又可细分为技术不足风险、技术开发风险、技术保护风险、技术使用风险、技术取得和转让风险。创业者应建立健全技术开发的风险预警系统，及时发现技术开发和生产过程中的风险隐患。

管理风险是指在经营管理过程中，由于管理不善、判断失误、信息不对称等影响了管理水平而导致创业失败的可能性。管理风险具体体现在构成管理体系的管理者的素质、组织结构、企业文化、管理过程等细节上。创业者应根据自身特点，在这些细节方面有的放矢，规避管理风险。

财务风险是指由于创业企业资金使用不当、财务结构不合理导致创业失败的可能性。财务风险存在于财务管理工作的各个环节，在资金筹集、资金运用、资金积累、分配等财务活动中均会产生财务风险，创业者要针对不同的环节进行风险防控。

（4）按照创业过程的不同，可将风险分为创业机会识别与评估的风险、创业团队组建的风险、创业资源获取的风险、创业计划书准备与撰写的风险、创业企业管理的风险等。

创业机会识别与评估的风险是指由于存在信息不对称、推理偏误、处理不当等多方面因素影响而使创业面临方向选择与决策失误的风险。

创业团队组建的风险是指由于在团队组建过程中，由于人员缺失或选择不当所导致的创业风险。

创业资源获取的风险是指由于资源缺乏、无法正常获得所需资源或获取资源成本过高而给创业带来的风险。

创业计划书准备与撰写的风险是指由于创业计划书制订者自身能力的限制或在准备及撰写创业计划书的过程中发生了各种不确定性因素所导致的创业风险。

创业企业管理的风险是指由于管理方式、管理手段、企业文化创建等因素而导致企业在发展战略的制定、组织、运营等各方面存在的风险。

（二）常见风险

大学生创业实践过程中，常见的风险主要有以下几种：

1. 组织管理风险

组织管理风险是指新创企业因组织管理不善而导致企业创业绩效下降的可能性。此类风险的典型表现为“管理体制不规范”“人员配备不合理”“责任体系不清楚”等。创业失败者，基本上都是在管理方面出现了问题，其中包括决策随意、信息不通、理念不清、患得患失、用人不当、忽视创新、急功近利、盲目跟风、意志薄弱等。尤其是大学生知识单一，经验不足，资金实力和心理素质不强，都会增加组织管理上的风险。

2. 资源缺乏风险

团队组建、企业创建、市场开拓、产品推介等创业环节都处于一定的社会关系中，是否拥有良好的社会资源在很大程度上决定着创业之路能走远。大学生初入社会，缺乏一定的社会资源，不能使自己的创业项目更好地融入社会，或者让创业项目没有较大的受众面，甚至最终导致创业失败。当然，资金风险在创业初期是一直伴随在创业者左右的。是否有足够的资金创办企业往往是创业者遇到的第一个问题。企业创办起来后，也必须考虑是否有足够的资金支持企业的日常运作。对于创业企业来说，如果连续几个月入不敷出，或因为其他原因导致企业的现金流中断，都会给企业带来极大的威胁。相当多的企业会在创办初期因资金紧缺而严重影响业务的拓展，甚至错失商机，不得不关门。

3. 竞争应对风险

市场规律作用下任何企业都不可避免竞争，对创业企业更是如此。如果创业者选择的行业是一个竞争非常激烈的领域，那么在创业之初极有可能受到同行的强烈排挤。一些大企业为把小企业吞并或挤垮，常会采用低价销售的手段。对于大企业来说，由于规模效益或实力雄厚，短期内降价并不会对它造成致命的伤害；而对创业企业来说，这可能意味着彻底毁灭的危险。因此，考虑好如何应对来自同行的残酷竞争，是创业企业生存的必要准备。

4. 团队分歧风险

现代企业越来越重视团队的力量。创业企业在诞生或成长过程中最主要的力量来源一般都是创业团队，一个优秀的创业团队能使创业企业迅速地发展起来。但与此同时，风险也就蕴含在其中，团队的力量越大，产生的风险也就越大。一旦创业团队的核心成员在某些问题上产生分歧、不能达到统一时，极有可能会对企业造成强烈的冲击。事实上，做好团队的协作并非易事，特别是与股权、利益相关联时，很多创业伙伴都会闹得不欢而散。

5. 人才流失风险

一些研发、生产或经营性企业需要面向市场，大量的高素质专业人才或业务队伍是这类企业成长的重要基础。防止专业人才及业务骨干流失是创业者应当时刻注意的问题。在那些依靠某种技术或专利创业的企业中，拥有或掌握这一关键技术的业务骨干的流失是创业失败的最主要风险源之一。

6. 意识上的风险

意识上的风险是创业团队最内在的风险。这种风险看似无形，却有强大的毁灭力。风险性较大的意识有投机心理、侥幸心理、试试看的心态、过分依赖他人、想快速回本的心理等。

7. 核心竞争力缺乏风险

对于具有长远发展目标的创业者来说，他们的目标是不断地发展壮大企业。因此，企业是否具有自己的核心竞争力是最主要的风险之一。一家依赖别人的产品或市场来打天下的企业是永远不会成长为优秀企业的。核心竞争力在创业之初可能不是最重要的问题，但要谋求企业的长远发展，这就是最不可忽视的问题。没有核心竞争力的企业终究会被淘汰出局。

（三）规避风险

1. 谨慎选择创业市场，充分论证创业项目

大学生决定创业之前，选择好合适的创业项目至关重要。大学生创业者必须深入市场进行调研，结合自身的资源和市场环境条件，善于挖掘、发现创业的市场，选择与自身资源和市场环境条件相适合的目标市场进入，以此规避由于盲目进入市场而带来的风险。

对项目进行一系列有利因素和不利因素的论证，从企业的投资、企业的产品和市场、创业人员的背景和素质，到企业财务状况、运营管理等进行理论分析，以判断是否适合创业投资。

2. 虚心学好管理经验，提高企业管理效益

虽然大学生创业者具有远大理想与抱负，具备一定的专业知识技能，但由于实践经验不足，加之初涉商场，往往缺乏必要的经营企业的经验。经验不足，从职业角度整合资源实施管理的能力欠缺，将影响大学生创业的成功率。因此，大学生创业不能纸上谈兵，而应具备一定的社会经验，了解企业管理及市场运营知识，通过参加大学社团、参与学校的科研项目，以及尝试一些投资少、见效快、风险小的创业项目，加强适应社会的能力，熟悉社会环境，学会社会交往，提高自立自强的创业能力。

3. 培养团队协作精神，建立良好创业团队

创业团队是企业诞生或成长过程中最主要的人才资本。一般情况下，创业团队的力量越大，其所产生的风险也就越小。但一旦创业团队的核心成员在某些问题上产生分歧、不

能达到统一时，极有可能会对企业造成强烈的冲击。在组建创业团队时，应注意创业团队成员的性格搭配，建立一整套有效的激励机制，学会知人善用，将团队风险降到最低，使整体组织保持活力。

4. 加强财务风险管理，善于规避化解风险

企业财务风险具有牵一发而动全身的效应，因此，必须按照科学规范、职责分明、监督制约、财务核对、安全谨慎和经济有序的原则建立严密的财务会计控制制度；要建立财务预算模型，选择预测风险的方法，对各种情况下可能发生的财务风险及其所带来的影响进行测试，对测试出的风险采取预防措施。

创业有风险，资金的筹集、资源的获取、专业技能的培养等都不是一朝一夕的事情，大学生创业者应根据自身的特点选取最合适的创业方向，善于规避创业风险，为创业打好基础，敢于应对创业中的各种竞争与挑战。

第六章

国内报考研究生

第一节　政策把握和应对

全国硕士研究生招生工作管理规定（2023 年）

一、了解招生工作管理规定

每年教育部为做好全国硕士研究生招生工作，对各省、自治区、直辖市高等学校招生委员会、教育厅（教委）、教育招生考试机构，新疆生产建设兵团教育局，有关部门（单位）教育司（局），各硕士研究生招生单位下发《××××年全国硕士研究生招生工作管理规定》（以下简称《招生工作管理规定》）。

《招生工作管理规定》的主要内容如下。

“第一章　总则”部分明确：

第二条　高等学校和科学研究机构（以下简称招生单位）招收硕士研究生，旨在培养热爱祖国，拥护中国共产党的领导，拥护社会主义制度，遵纪守法，品德良好，具有服务国家服务人民的社会责任感，掌握本学科坚实的基础理论和系统的专业知识，具有创新精神、创新能力和从事科学研究、教学、管理等工作能力的高层次学术型专门人才以及具有较强解决实际问题的能力、能够承担专业技术或管理工作、具有良好职业素养的高层次应用型专门人才。

第四条 招生学科（类别）、专业（领域）必须经国务院学位委员会或其授权单位批准。

第五条 招生对象主要为国家承认学历的应届本科毕业、本科毕业以及具有与本科毕业同等学力的中国公民。

第六条 全国硕士研究生招生考试分初试和复试两个阶段进行。初试和复试都是硕士研究生招生考试的重要组成部分。初试由国家统一组织，复试由招生单位自行组织。初试方式分为全国统一考试（含联合考试）、单独考试以及推荐免试。

全国统一考试的部分或全部考试科目由教育部教育考试院（原教育部考试中心，下同）负责统一命题，其他考试科目由招生单位自行命题。

单独考试由具有单独考试资格的招生单位进行，考生须符合特定报名条件，考试科目由招生单位单独命题、委托其他招生单位命题或选用全国统一命制试题。

推荐免试是指依据国家有关政策，对部分高等学校按规定推荐的本校优秀应届本科毕业生，及其他符合相关规定的考生，经确认其免初试资格，由招生单位直接进行复试考核的选拔方式。

第八条 硕士研究生学习方式分为全日制和非全日制两种。全日制和非全日制研究生考试招生依据国家统一要求，执行相同的政策和标准。

硕士研究生就业方式分为定向就业和非定向就业两种类型。

“第二章 管理机构及其职责”部分明确：

第九条 教育部负责宏观管理全国硕士研究生招生工作。

第十条 省（区、市）高等学校招生委员会负责本地区硕士研究生招生管理工作，统一领导协调本省（区、市）教育行政部门、教育招生考试机构等部门按照职责开展相关考试招生工作。

第十一条 招生单位主管部门的主要职责：根据国家的有关规定和国家下达的招生规模，拟定本部门所属各招生单位的招生计划，对所属招生单位的考试招生工作进行监督管理，根据有关规定调查处理本部门所属招生单位招生工作中发生的问题，并依法依规追究相关部门和人员的责任。

第十二条 招生单位负责组织实施本单位的招生工作。

“第三章 招生计划和奖助政策”部分明确：

第十三条 国家根据经济、社会发展需要确定年度招生计划。招生单位根据国家下达的招生计划、社会需求和办学条件，确定各学科（类别）、各专业（领域）的招生人数。

第十四条 国家对所有纳入招生计划的全日制硕士研究生均安排生均拨款，所有纳入招生计划的硕士研究生都要缴纳学费。国家和招生单位通过设立奖学金、助学金、助学贷款、三助岗位、绿色通道等制度，建立多元奖助体系，支持硕士研究生完成学业，提高硕士研究生待遇水平。

“第四章　报名”部分明确：

第十五条　报名参加全国硕士研究生招生考试的人员，须符合下列条件：

（一）中华人民共和国公民。

（二）拥护中国共产党的领导，品德良好，遵纪守法。

（三）身体健康状况符合国家和招生单位规定的体检要求。

（四）考生学业水平必须符合下列条件之一：

1. 国家承认学历的应届本科毕业生（含普通高校、成人高校、普通高校举办的成人高等学历教育等应届本科毕业生）及自学考试和网络教育届时可毕业本科生。考生录取当年入学前（具体期限由招生单位规定）必须取得国家承认的本科毕业证书或教育部留学服务中心出具的《国（境）外学历学位认证书》，否则录取资格无效。

2. 具有国家承认的大学本科毕业学历的人员。

3. 获得国家承认的高职高专毕业学历后满 2 年（从毕业后到录取当年入学之日，下同）或 2 年以上的人员，以及国家承认学历的本科结业生，符合招生单位根据本单位的培养目标对考生提出的具体学业要求的，按本科毕业同等学力身份报考。

4. 已获硕士、博士学位的人员。

在校研究生报考须在报名前征得所在培养单位同意。

第十六条　对报名参加法律（非法学）专业、法律（法学）专业、工商管理、公共管理、工程管理硕士中的工程管理 [代码为 125601] 和项目管理 [代码为 125602]、旅游管理、教育硕士中的教育管理、体育硕士中的竞赛组织专业学位全国硕士研究生招生考试的，另行作了相应规定。

第十七条　报名参加单独考试的人员，明确了相应的条件要求。

第十八条　具有推荐免试资格的考生，须在国家规定时间内登录“全国推荐免试攻读研究生信息公开暨管理服务系统”（网址：http//yz.chsi.com.cn/tm）填报志愿并参加复试。

推免生推荐和接收办法由推荐学校和接收单位根据教育部有关规定制定并公布。

第十九条　报名包括网上报名和网上确认两个阶段。所有参加硕士研究生招生考试的考生均须进行网上报名，并在网上确认网报信息和采集本人图像等相关电子信息，同时按规定缴纳报考费。

“第五章　命题”部分明确：

第二十四条　全国统一命题科目的命题工作由教育部教育考试院统一组织，考试大纲由教育部教育考试院统一编制或教育部指定相关机构组织编制；自命题科目的命题工作由招生单位自行组织。

第二十九条　单独考试初试科目设置与相应学科专业全国统一考试初试科目设置相同，单独考试的各考试科目可由招生单位命题、委托其他招生单位命题，也可以选用全国统一命制试题。

“第六章　初试”部分明确：

第三十一条　初试时间一般为每年 12 月中下旬，安排二天。不在规定日期举行的硕士研究生招生考试，国家一律不予承认。

第三十二条　硕士研究生招生初试一般设置四个单元考试科目，即思想政治理论、外国语、业务课一和业务课二，满分分别为 100 分、100 分、150 分、150 分。

第三十三条　教育学、历史学、医学门类初试设置三个单元考试科目，即思想政治理论、外国语、专业基础综合，满分分别为 100 分、100 分、300 分。

体育、应用心理、文物与博物馆、药学、中药学、临床医学、口腔医学、中医、公共卫生、护理等专业学位硕士初试设置三个单元考试科目，即思想政治理论、外国语、专业基础综合，满分分别为 100 分、100 分、300 分。

会计、图书情报、工商管理、公共管理、旅游管理、工程管理和审计等专业学位硕士初试设置两个单元考试科目，即外国语、管理类综合能力，满分分别为 100 分、200 分。

金融、应用统计、税务、国际商务、保险、资产评估等专业学位硕士初试第三单元业务课一设置经济类综合能力考试科目，满分为 150 分。

第三十四条　硕士研究生招生考试的全国统一命题科目为思想政治理论、英语（一）、英语（二）、俄语、日语、数学（一）、数学（二）、数学（三）、教育学专业基础、心理学专业基础、历史学专业基础、临床医学综合能力（中医）、临床医学综合能力（西医），数学（农）、化学（农）、植物生理学与生物化学、动物生理学与生物化学、计算机学科专业基础、管理类综合能力、法律硕士专业基础（非法学）、法律硕士综合（非法学）、法律硕士专业基础（法学）、法律硕士综合（法学）、经济类综合能力。其中，教育学专业基础、心理学专业基础、历史学专业基础、数学（农）、化学（农）、植物生理学与生物化学、动物生理学与生物化学、计算机学科专业基础、经济类综合能力试题由招生单位统筹考虑本单位实际情况自主选择使用；口腔医学专业学位既可选用统一命题的临床医学综合能力，也可由招生单位自主命题。

医学学术学位硕士研究生初试业务课科目由招生单位按一级学科自主命题。

从 2024 年全国硕士研究生招生考试起，教育专业学位硕士业务课考试科目将增设全国统一命题科目，供相关招生单位自主选择使用。

第三十五条　招生单位必须按教育部的有关规定确定考试科目并使用相关试题。

第三十六条　初试方式均为笔试。每科考试时间一般为 3 小时。详细考试时间、考试科目及有关要求等由考点和招生单位予以公布。

“第七章　评卷”部分明确：

第四十条　全国统一命题科目的评卷工作由省（区、市）高等学校招生委员会在教育部教育考试院指导下统一组织，具体的评卷细则、工作程序、要求和纪律，由省级教育招生考试机构根据教育部的要求制订。

第四十一条　全国统一命题科目评卷工作实行省（区、市）高等学校招生委员会统一领导、省级教育招生考试机构统一组织、评卷工作承办单位具体实施的管理体制。招生单位有承担当地全国统一命题科目评卷的责任和义务。

第四十六条　招生单位应当在规定时间内向考生公布成绩。考生对评卷结果有异议，可以依程序申请成绩复查，具体的复查办法按照教育部相关考务文件执行。

“第八章　复试”部分明确：

第四十八条　复试是硕士研究生招生考试的重要组成部分，用于考查考生的创新能力、专业素养和综合素质等，是硕士研究生录取的必要环节，复试不合格者不予录取。

第四十九条　复试时间、地点、内容、方式、成绩使用办法、组织管理等由招生单位按教育部有关规定自主确定。复试办法和程序由招生单位公布。全部复试工作一般应在录取当年4月底前完成。

第五十条　教育部按照一区、二区制定并公布参加全国统一考试考生进入复试的初试成绩基本要求。一区包括北京、天津、河北、山西、辽宁、吉林、黑龙江、上海、江苏、浙江、安徽、福建、江西、山东、河南、湖北、湖南、广东、重庆、四川、陕西等21省（市）；二区包括内蒙古、广西、海南、贵州、云南、西藏、甘肃、青海、宁夏、新疆等10省（区）。原则上学术学位类按学科门类分别划线，专业学位类按专业学位类别分别划线（工商管理等管理类专业学位将根据情况分别划线）。

报考地处二区招生单位且毕业后在国务院公布的民族区域自治地方定向就业的少数民族普通高校应届本科毕业生；或者工作单位和户籍在国务院公布的民族区域自治地方，且定向就业单位为原单位的少数民族在职人员考生，可按规定享受少数民族照顾政策。

第五十一条　招生单位在国家确定的初试成绩基本要求基础上，结合生源和招生计划等情况，自主确定本单位考生进入复试的初试成绩要求及其他学术要求，但不得出台歧视性或其他有违公平的规定。

经教育部批准的部分招生单位可直接自主确定考生进入复试的初试成绩要求及其他学术要求，相关要求须报省级教育招生考试机构备案，未经备案的不得公布执行。参加单独考试的考生进入复试的初试成绩要求由招生单位依据教育部有关政策自行确定。

相关招生单位依据教育部有关政策分学科门类或专业自主确定并公布“退役大学生士兵”专项计划考生进入复试的初试成绩要求和接受其他招生单位该计划考生调剂的初试成绩要求。

相关招生单位自主确定并公布报考本单位临床医学、口腔医学和中医（以下简称临床医学类）专业学位硕士研究生进入复试的初试成绩要求。教育部划定临床医学类专业学位硕士研究生初试成绩基本要求供招生单位参考。

招生单位自主划定的总分要求低于教育部划定的初试成绩基本要求的，下一年度不得扩大该专业招生规模（不含“退役大学生士兵”专项计划）。

第五十二条　对初试公共科目成绩略低于全国初试成绩基本要求，但专业科目成绩特别优异或在科研创新方面具有突出表现的考生，可允许其破格参加第一志愿报考单位第一志愿专业复试（以下简称破格复试）。

破格复试应优先考虑基础学科、艰苦专业以及国家急需但生源相对不足的学科、专业。对一志愿合格生源不足的专业，招生单位要积极做好调剂工作，不得单纯为完成招生计划或保护一志愿生源而降低标准进行破格复试。合格生源（含调剂生源）充足的招生专业一般不再进行破格复试。破格复试考生不得调剂。

第五十三条　复试应采取差额形式，招生单位自主确定复试差额比例并提前公布，差额比例一般不低于 120%。

招生单位要按照教育部有关规定制定本单位的复试录取办法和各院系实施细则，提前在本单位网站向社会公布并严格执行。复试录取办法中应当明确考生进入复试的初试成绩和其他学术要求，以及复试、调剂、录取等各环节具体规定，特别要明确破格复试条件和程序。未按要求提前公布的复试录取规定一律无效。

第五十四条　招生单位在复试前应当对考生的居民身份证、学历学位证书、学历（学籍）核验结果、学生证等报名材料原件及考生资格进行严格审查，对不符合规定者，不予复试。

考生学历（学籍）信息核验有问题的，招生单位应当要求考生在规定时间内完成学历（学籍）核验。

少数民族考生身份以报考时查验的身份证为准，复试时不得更改。少数民族地区以国务院有关部门公布的《全国民族区域自治地方简表》为准。

第五十五条　以同等学力参加复试的考生，在复试中须加试至少两门与报考专业相关的本科主干课程。加试科目不得与初试科目相同。加试方式为笔试。报考法律硕士（非法学）、工商管理硕士、公共管理硕士、工程管理硕士或旅游管理硕士的同等学力考生可以不加试。对成人教育应届本科毕业生及复试时尚未取得本科毕业证书的自考和网络教育考生，招生单位可自主确定是否加试，相关办法应在招生章程中提前公布。

第五十六条　会计硕士、图书情报硕士、工商管理硕士、公共管理硕士、旅游管理硕士、工程管理硕士和审计硕士的思想政治理论考试由招生单位在复试中进行，成绩计入复试总成绩。

第五十七条　外国语听力及口语测试均在复试中进行，由招生单位自行组织，成绩计入复试总成绩。

第五十八条　招生单位认为有必要时，可对考生再次复试。

第五十九条　参加“大学生志愿服务西部计划”“三支一扶计划”“农村义务教育阶段学校教师特设岗位计划”“赴外汉语教师志愿者”等项目服务期满、考核合格的考生，3 年内参加全国硕士研究生招生考试的，初试总分加 10 分，同等条件下优先录取。

高校学生应征入伍服现役退役，达到报考条件后，3 年内参加全国硕士研究生招生考试的考生，初试总分加 10 分，同等条件下优先录取。纳入“退役大学生士兵”专项计划招录的，不再享受退役大学生士兵初试加分政策。在部队荣立二等功以上，符合全国硕士研究生招生考试报考条件的，可申请免初试攻读硕士研究生。

参加“选聘高校毕业生到村任职”项目服务期满、考核称职以上的考生，3 年内参加全国硕士研究生招生考试的，初试总分加 10 分，同等条件下优先录取，其中报考人文社科类专业研究生的，初试总分加 15 分。

加分项目不累计，同时满足两项以上加分条件的考生按最高项加分。各省级教育招生考试机构、各招生单位应严格规范执行硕士研究生招生考试的初试总分加分政策，除教育部统一规定的范围和标准外，不得擅自扩大范围、另设标准。

第六十条　考生体检工作由招生单位在考生拟录取后组织进行。招生单位参照教育部、原卫生部、中国残联印发的《普通高等学校招生体检工作指导意见》（教学〔2003〕3 号）要求，按照《教育部办公厅 卫生部办公厅关于普通高等学校招生学生入学身体检查取消乙肝项目检测有关问题的通知》（教学厅〔2010〕2 号）规定，结合招生专业实际情况，提出本单位体检要求。

“第九章　调剂”部分明确：

第六十一条　招生单位应当按教育部有关政策制定本单位（含所属院、系、所）调剂工作办法，详细说明接收考生调剂的时间、基本要求、工作程序、调剂复试办法、联系咨询电话等信息，并提前在“全国硕士生招生调剂服务系统”和本单位网站公布。

第六十二条　考生调剂基本条件：

（一）符合调入专业的报考条件。

（二）初试成绩（含加分，下同）符合第一志愿报考专业在调入地区的全国初试成绩基本要求。

（三）调入专业与第一志愿报考专业相同或相近，应在同一学科门类范围内。

（四）初试科目与调入专业初试科目相同或相近，其中初试全国统一命题科目应与调入专业全国统一命题科目相同。

（五）第一志愿报考照顾专业（指体育学及体育硕士，中医学、中西医结合及中医硕士，工学照顾专业，下同）的考生若调剂出本类照顾专业，其初试成绩必须达到调入地区该照顾专业所在学科门类（类别）的全国初试成绩基本要求。第一志愿报考非照顾专业的考生若调入照顾专业，其初试成绩必须符合调入地区对应的非照顾专业学科门类（类别）的全国初试成绩基本要求。体育学与体育硕士，中医学、中西医结合与中医硕士，工学照顾专业之间调剂按照顾专业内部调剂政策执行。

（六）第一志愿报考工商管理、公共管理、旅游管理、工程管理、会计、图书情报、审计专业学位硕士的考生，在满足调入专业报考条件、且初试成绩同时符合调出专业和调入专业在调入地区的全国初试成绩基本要求的基础上，可申请相互调剂，但不得调入其他专业；其他专业考生也不得调入以上专业。

第一志愿报考法律（非法学）专业学位硕士的考生不得调入其他专业，其他专业的考生也不得调入该专业。

（七）报考“少数民族高层次骨干人才计划”的考生不得调剂到该计划以外录取；未报考的不得调剂入该计划录取。

（八）报考“退役大学生士兵”专项计划的考生，申请调剂到普通计划录取，其初试成绩须达到调入地区相关专业所在学科门类（专业学位类别）的全国初试成绩基本要求。符合条件的，可按规定享受退役大学生士兵初试加分政策。

报考普通计划的考生，符合“退役大学生士兵”专项计划报考条件的，可申请调剂到该专项计划录取，其初试成绩须符合相关招生单位确定的接受“退役大学生士兵”专项计划考生调剂的初试成绩要求。调入“退役大学生士兵”专项计划招录的考生，不再享受退役大学生士兵初试加分政策。

（九）相关招生单位自主确定并公布本单位接受报考其他单位临床医学类专业学位硕士研究生调剂的成绩要求。教育部划定临床医学类专业学位硕士研究生初试成绩基本要求作为报考临床医学类专业学位硕士研究生的考生调剂到其他专业的基本成绩要求。

报考临床医学类专业学位硕士研究生的考生可按相关政策调剂到其他专业，报考其他专业（含医学学术学位）的考生不可调剂到临床医学类专业学位。

（十）参加单独考试（含强军计划、援藏计划）的考生不得调剂。

考生申请调剂前，应充分了解招生单位（含各院、系、所）的调剂工作办法，以及相关专业不同学习方式（全日制和非全日制）招生、培养、奖助、就业等相关政策。招生单位也要积极做好政策宣传解读工作。

第六十三条　招生单位接收所有调剂考生（既包括接收外单位调剂考生，也包括接收本单位内部调剂考生，以及报考“退役大学生士兵”专项计划与普通计划之间调剂的考生）均须通过教育部指定的“全国硕士生招生调剂服务系统”进行。

招生单位每次开放调剂系统持续时间不得低于12个小时。对申请同一招生单位同一专业、初试科目完全相同的调剂考生，招生单位应当按考生初试成绩择优遴选进入复试的考生。不得简单以考生提交调剂志愿的时间先后顺序等非学业水平标准作为遴选依据。

考生调剂志愿锁定时间由招生单位自主设定，最长不超过36小时。锁定时间到达后，如招生单位未明确受理意见，锁定解除，考生可继续填报其他志愿。

招生单位应根据本单位实际复试录取情况，通过“全国硕士生招生调剂服务系统”及时、准确发布计划余额信息及接收考生调剂申请的初试成绩等基本要求，并积极利用调剂系统在线留言功能、咨询电话等渠道为考生调剂提供良好服务。

“第十章　思想政治素质和品德考核”部分明确：

第六十五条　思想政治素质和品德考核是保证入学新生质量的重要工作环节，招生单位必须严格遵循实事求是的原则认真做好考核工作，对于思想品德考核不合格者不予录取。

第六十六条　思想政治素质和品德考核主要是考核考生本人的现实表现，内容应当包括考生的政治态度、思想表现、道德品质、遵纪守法、诚实守信等方面。

招生单位要强化对考生诚信的要求，充分利用《国家教育考试考生诚信档案》记录，对考生在报考时填写的考试作弊受处罚情况进行认真核查，将考生诚信状况作为思想品德考核的重要内容和录取的重要依据。凡有违反国家教育考试规定、情节严重受到停考处罚，在处罚结束后继续报名参加研究生招生考试的，由招生单位决定是否予以录取。

第六十七条　招生单位在复试的同时应当组织思想政治工作部门、招生工作部门、导师与考生面谈，直接了解考生思想政治情况。招生单位还可采取“函调”或“派人外调”的方式开展对考生的思想政治素质和品德考核。

拟录取名单确定后，招生单位应向考生所在单位函调人事档案（或档案审查意见）和本人现实表现等材料，全面考查其思想政治和品德情况。函调的考生现实表现材料，需由考生本人档案或工作所在单位的人事、政工部门加盖印章。

“第十一章　录取”部分明确：

第六十八条　招生单位要在研究生招生工作领导小组的统一领导下，按照教育部有关招生录取政策规定及各省级高等学校招生委员会的补充规定，根据本单位招生计划、复试录取办法以及考生初试和复试成绩、思想政治表现、身心健康状况等择优确定拟录取名单。录取工作要依法保护残疾考生的合法权益。

第六十九条　招生单位要严格按照教育部下达的招生计划（含各专项计划）及相关要求开展招生录取工作，录取人数不得超过本单位招生计划。招生单位承担的各类专项计划均包含在本单位的招生总规模以内，专项计划专项使用，不得挪用。

各招生单位破格复试录取人数原则上不超过本单位全日制硕士生招生计划的3%。

单独考试录取人数不得超过教育部下达的单独考试招生限额，且录取要符合有关要求。

在本招生单位内，学术学位招生计划可调整到专业学位使用，但专业学位招生计划不得调整到学术学位专业使用。全日制招生计划与非全日制招生计划不得相互调整使用。

第七十条　定向就业的硕士研究生应当在被录取前与招生单位、用人单位分别签订定向就业合同。参加单独考试的考生，只能被录取为回原单位定向就业的硕士研究生。报考非定向就业研究生录取为定向就业的，招生单位须严格审核定向就业合同，从严掌握。

考生因报考硕士研究生与所在单位产生的问题由考生自行处理。若因此造成考生不能复试或无法录取，招生单位不承担责任。

第七十一条　经考生确认的报考信息在录取阶段一律不作修改，对报考资格不符合规定者不予录取。

第七十三条　被录取的新生，经考生本人申请和招生单位同意后可以保留入学资格，工作1至2年，再入学学习。录取为保留入学资格的考生纳入招生单位当年的招生计划。

第七十四条　应届本科毕业生及自学考试和网络教育届时可毕业本科生考生，入学时未取得国家承认的本科毕业证书者，录取资格无效。

“第十二章　信息公开公示”部分明确：

第七十六条　教育部建立“全国硕士研究生招生信息公开平台”，作为招生单位研究生招生信息公开平台。

招生单位在“全国硕士研究生招生信息公开平台”公开的所有招生信息，均须符合招生政策并按教育部有关规定事先在本单位网站进行公开公示。

第七十八条　招生单位要提前在本单位网站上公布硕士研究生招生章程、招生政策和规定、招生专业目录和分专业（临床医学、口腔医学、中医专业学位按领域或方向）招生计划。招生章程中应按相关规定公布本单位各专业硕士研究生报考条件、学习方式、学制、学费标准、奖助办法、毕业就业、住宿情况以及培养所在校区等内容。原则上招生单位非全日制硕士研究生招收在职定向就业人员。招生章程应报当地省级教育招生考试机构备案。

第八十条　招生单位的研究生招生管理部门应当统一公示拟录取名单，公示时间不少于 10 个工作日，公示期间名单不得修改；名单如有变动，须对变动部分作出说明，并对变动内容另行公示 10 个工作日。未经招生单位公示的考生，一律不得录取，不予学籍注册。

公示期间，招生单位应将拟录取名单报省级教育行政部门、教育招生考试机构进行政策审核，省级教育行政部门、教育招生考试机构应将审核意见及时反馈招生单位。

公示结束后，招生单位应按要求将录取名单报“全国硕士研究生招生信息公开平台”。最终录取名单及新生学籍注册均以招生单位上报平台的信息为准。

“第十三章　违规处理”部分明确：

第八十二条　考生应自觉树立遵章守纪、诚实考试的意识。初试期间，考生应自觉遵守《全国硕士研究生招生考试考场规则》及各考点考场纪律；复试期间，考生应自觉遵守招生单位考场规则及考生所签署的《诚信复试承诺书》等内容，在招生单位复试工作结束前不得对外透露或传播复试试题内容等有关情况。对在研究生考试招生中违反考试管理规定和考场纪律，影响考试公平、公正的考生、考试工作人员及其他相关人员，一律按《中华人民共和国教育法》及《国家教育考试违规处理办法》（教育部令第 33 号）严肃处理。对在校生，由其所在学校按有关规定给予处分，直至开除学籍；对在职考生，应通知考生所在单位，由考生所在单位视情节给予党纪或政纪处分；对考试工作人员，由教育招生考试机构或其所在单位视情节给予相应的行政处分；构成违法的，依法追究法律责任，其中构成犯罪的，依法追究刑事责任。

第八十三条　相关单位应当将考生在硕士研究生招生考试中的违规或作弊事实记入《国家教育考试考生诚信档案》，并将考生的有关情况通报其所在学校或单位，记入考生人事档案，作为其今后升学和就业的重要参考依据。

“第十四章　附则”部分明确：

第八十八条　现役军人报考硕士研究生及军队系统的招生单位招收硕士研究生的办法由军队相关部门参照本规定另行制订；推荐免试工作相关管理办法由教育部另文规定。

二、考研全流程解析

准备考研的学生一般从大三第一学期就要着手准备。从大三第一学期开始到大四考研的每个月考研全流程解析如下。

（一）大三第一学期开始（当年 9 月份）至翌年 1 月上旬第一学期结束

1. 外部重要事件

一般社会考研辅导机构会在校园内针对大三的学生举办各种考研交流活动，通过导学班为大三学生提供考研深度信息的咨询。

2. 考生对应步骤

考生可多参加各考研辅导机构的考研讲座，获取考研相关信息，多咨询各个考研辅导机构，全面了解考研相关信息，系统整合、规划考研复习步骤。在经济条件允许的前提下，选取一家适合的考研辅导机构，报名参加考研英语、数学导学课程，在辅导专家指点下确保以最佳模式启动考研英语、数学的复习。

（二）大三第一学期结束至大三第二学期开始

1. 外部重要事件

全国硕士研究生入学统一考试初试，并开始阅卷。

2. 考生对应步骤

关注身边大四考生应考状态，尽量去考试现场感受考试气氛，了解初试流程。

（三）大三第二学期初期至 3 月份

1. 外部重要事件

开学后，一般社会考研辅导机构会在校园内针对大三的学生举办新一轮考研交流活动。2 月中旬到 3 月初公布上一年考研考生初试成绩。3 月中上旬，自主招生的研究生招生单位上一年考研复试分数线公布。3 月中下旬，上一年考研国家复试分数线公布。3 月底，自主招生的研究生招生单位陆续开始复试。社会考研辅导机构的考研政治导学课程陆续开课。

2. 考生对应步骤

密切关注目标院校专业初试成绩、复试分数线，在考研咨询老师帮助下分析目标院校考试难度。尽可能去目标院校复试现场，深入了解目标院校复试时间、地点、科目、方式、内容等，并努力结识一些目标院校考研成功的师兄师姐。

根据自身政治学科的基础及目标院校的考试难度，选择是否参加考研政治导学课程，在辅导专家指点下确保以最佳模式启动考研政治的复习。

（四）大三第二学期前期至 4 月份

1. 外部重要事件

研究生招生单位陆续开始上一年考生复试，并根据招生录取情况开始组织调剂工作。

一般社会考研辅导机构考研公共课春季基础班开课。

2. 考生对应步骤

继续关注目标院校目标专业的复试、调剂信息。

按照考研机构咨询考研辅导专家的规划安排，并结合自身的实际情况，全面展开公共课的基础复习。

在考研机构咨询辅导专家和师兄师姐的指导下收集目标院校目标专业往年的招生专业目录，明确专业课复习参考用书，进行专业课复习的基础规划。跨专业考研同学应开始启动专业课的基础复习。

根据自身的实际基础并结合经济条件选择是否参加考研英语、数学、政治春季基础班课程。

（五）大三第二学期中期至 5 月份

1. 外部重要事件

5 月中旬，教育部考试中心召开下一年全国硕士研究生入学统一考试第一次工作会议暨大纲修订预备会议，总结分析上一年阅卷情况，讨论下一年全国硕士研究生入学统一考试大纲修订方案。

一般社会考研辅导机构考研专业课春季基础班开课。

2. 考生对应步骤

继续公共课的基础复习；根据实际情况考虑是否参加考研英语、数学、政治春季基础班课程；开始全面启动专业课的基础复习，构建起专业课复习的系统知识框架。

撰写第一篇供发表的学术论文。部分考生需要开始准备四六级考试的复习。

（六）大三第二学期后期至 6 月份

1. 外部重要事件

6 月中旬，教育部考试中心召开下一年全国硕士研究生入学统一考试第二次工作会议暨大纲修订正式会议，邀请政治、英语、数学及各统考专业课学科专家正式讨论下一年全国硕士研究生入学统一考试大纲修方案，并开展大纲具体修订工作。

2. 考生对应步骤

完成英语、数学的第一轮基础复习，过渡到第二轮综合强化复习阶段。

继续专业课的基础复习，同时借助考研辅导机构和师兄师姐的力量有针对性地收集目标院校目标专业精要复习资料，包括命题老师的讲义、论文、专著和专业课真题。

规划下一阶段复习方案。应对四六级、期末考试。

（七）大三第二学期结束至大四第一学期开始前（暑假期间）

1. 外部重要事件

全国各研究生招生单位根据教育部下一年研究生招生的总体要求和本单位上一年度的招生计划完成情况，上报下一年度研究生招生计划（含保送生名额），教育部汇总各研究生招生单位计划，制订全国硕士研究生招生计划。

一般社会考研辅导机构考研公共课、专业课暑期强化班开课。

2. 考生对应步骤

跟随考研暑期强化班课程进度（或自主复习），考生进入公共课强化复习阶段。专业课从基础复习阶段逐渐转入系统强化复习阶段。

（八）大四第一学期初期至 9 月份

1. 外部重要事件

教育部考试中心编写的全国硕士研究生招生考试政治、英语、数学及部分统考专业课考试大纲、大纲解析陆续出版发行。

教育部在 9 月初公布全国硕士研究生招生简章：各研究生招生单位根据《全国硕士研究生招生考试招生简章》的要求，陆续公布本单位《硕士研究生招生简章及招生专业目录》。

9 月份，各高校应届大四毕业生可以提前在网上进行全国硕士研究生入学统一考试预报名。

2. 考生对应步骤

购买考试大纲及大纲解析。

从各大门户网站和考研专业网站搜索查询对最新考试大纲的权威解析内容，明确大纲基本内容及变化之处。

了解全国研究生招生最新政策变化和网上预报名流程，做好预报名工作。

对目标院校目标专业研究生招生计划、考试科目、指定参考教材的变化进行细致分析，全面收集最新复习资料，同时根据最新变化调整专业课复习计划。

公共课进入强化复习后期阶段。

联系导师和师兄师姐，收集目标专业命题老师研究生课程的最新讲义。

（九）大四第一学期前期至 10 月份

1. 外部重要事件

10 月份，全国考生在网上进行全国硕士研究生招生考试正式报名。

一般社会考研辅导机构非统考专业课强化课程全面开课。

2. 考生对应步骤

利用"十一"假期集中学习或参加权威考研辅导机构的特训复习计划，让自己实现由量到质的变化。

登录中国研究生招生信息网，进行网上正式报名。

公共课、专业课复习全面进入综合提升阶段。

每年的 10 月份，都会有超过 15% 的考生因为对自己复习状态的不自信而放弃考试：为迅速突破这一"心理怀疑期"，考生一定要学会利用一定的方法和工具来调整自己的状态，为后期的冲刺复习奠定良好的心理基础。

（十）大四第一学期中期至 11 月份

1. 外部重要事件

11 月份，全国硕士研究生招生考试报名信息确认，所有考生均须确认网报信息，并缴费和照相。

11 月份，全国硕士研究生入学统一考试非统考专业课命题工作正式展开。

一般社会考研辅导机构的考研公共课、专业课秋季冲刺课程全面启动，考研政治"形势与政策"精讲班开课。

11 月份，教育部考试中心召开全国硕士研究生招生考试第三次工作会议暨命题会议，全国统考初试的思想政治理论及数学，非外国语言文学专业的英语、俄语、日语，教育学专业基础综合、心理学专业基础综合、历史学基础、西医综合、中医综合、农学联考、计算机学科专业基础综合等科目由教育部统一命题。

2. 考生对应步骤

根据公布日期，做好现场报名确认工作。

通过参加秋季冲刺课程，准确把握今年考研最新命题规则与动态，有效提升综合复习阶段的复习效果。

通过参加权威考研辅导机构的"形势与政策"精讲班，精准、高效地把握当年的时政重难点。

（十一）大四第一学期后期至 12 月份

1. 外部重要事件

12 月初，教育部联席组织其他相关部门部署研究生入学考试安排。

一般社会考研辅导机构考研政治冲刺串讲课程开课。

12 月底，全国硕士研究生入学统一考试初试。

一般社会考研辅导机构考研政治"点题预测"课程开课。

2. 考生对应步骤

通过参加权威考研辅导机构的政治冲刺串讲课程，最大概率地把握当年政治命题动态。

公共课、专业课全面进入最后冲刺复习阶段。

调整最后冲刺阶段的心理状态，确保冲刺阶段的最佳复习效率。

参加权威考研辅导机构考研政治“点题预测”课程，这是确保政治高分的最后精要课程。

调整作息时间，平和心态，进行最后的冲刺复习，全力以赴参加考试。

（十二）大四第一学期结束至大四第二学期开学

1. 外部重要事件

各研究生招生单位开始阅卷。

通常春节后考研初试成绩公布。

3 月初，自主招生的研究生招生单位复试分数线公布。

3 月中旬，国家复试分数线公布。

2. 考生对应步骤

保持与目标院校目标专业导师、师兄师姐的紧密沟通，获取最新复试信息，全力准备复试。

随时关注个人考研初试分数和目标院校目标专业的复试分数线，做好复试或调剂的心理准备。

（十三）大四第二学期初期至 3、4 月份

1. 外部重要事件

复试：3 月中下旬，自主招生的研究生招生单位陆续开始复试，4 月底基本结束。

调剂：3 月中下旬，全国调剂工作开始，4 月底基本结束。

体检：4 月底，各研究生招生单位开始组织体检工作，考生复试时应按招生单位规定到指定的二级甲等以上（含二级甲等）医院进行体格检查。

政审：5 月初，各研究生招生单位开始组织政审工作，招生院校对档案进行审查，包括组织关系，同时要求填写政审表格，保管档案的单位、学校、人才中心或居委会的盖章。

录取：5 月中旬，各研究生招生单位开始组织录取工作，招生单位根据国家下达的招生计划、考生入学考试的成绩（含初试和复试），并结合其平时学习成绩和思想政治表现、业务素质及身体健康状况确定录取名单。思想品德考核不合格者，不予录取。被录取的新生经本人申请和招生单位同意，可以保留入学资格，参加工作 1 ～ 2 年，再入学学习，

2. 考生对应步骤

全方位搜索并收集复试的有关信息，全力准备迎战复试。

通过各种有效途径，第一时间获取各个研究生招生单位最精准的内部调剂信息，积极主动联系需要调剂的研究生招生单位，争取最有利的调剂结果。

配合通过复试的学校安排进行体检、政审等工作，及时领取录取通知书，准备学费，开始筹划研究生的生活。

（十四）大四第二学期结束

研究生考取后，开始认真规划之后的学习、生活和工作。

第二节　院校专业的选择

院校专业选择在一定程度上决定硕士研究生阶段学习的内容和考生今后从事的工作。考生要根据自己的情况，结合目标院校的往年报考情况，认真细致地做好选择。

一、硕士类型选择

1. 硕士类型

硕士类型有学术型硕士和专业硕士两种，并且专业硕士有逐年扩招趋势。

学术型硕士：按学科设立，以学术研究为导向，偏重理论和研究，培养大学教师和科研机构的研究人员。

专业硕士：以专业实践为导向，重视实践和应用，培养在专业和专门技术上受到正规的、高水平训练的高层次人才。

2. 分析指标

绝对难度：从初试科目、试卷难度、分数要求三方面进行比较。

相对难度：从报名绝对人数、报名录取比例、实际录取分数线、复试差额录取比例四方面进行比较。

二、专业范围选择

专业范围是考生考研选择的专业学科门类，主要有三种选择类型。

1. 考研可选择的“本专业”

考生本科就读专业所属学科门类的学术型硕士和专业硕士，即为考生考研“本专业”。

2. 考研可选择的“相近专业”

考生本科就读专业所属一级学科平行的其他一级学科，均为考生考研可选择的“相近专业”。

3. 考研可选择的“跨专业”

不属于考生本科就读专业所属学科门类的学术型硕士和专业硕士，则为考生考研可选择的“跨专业”。通过了解、拓宽跨专业考研的选择空间，了解到可选择的全部空间，扩大选择面，可避开难度过大的专业，从而降低考研难度。

三、意向专业选择

1. 收集可选择的全部专业名单

通过“专业范围选择”，得到可选择的每个一级学科所包含的全部专业。

2. 进行专业深度解析

具体详细了解意向专业的专业内涵、培养方案、就业方向、相同一级学科的其他专业，进行专业深度解析进而选择意向专业。

3. 意向专业选择

意向专业选择建议控制在 3 个专业及以内。

四、意向地区选择

1. 就业原则

一般在一个城市学习，同学、老师等人脉较为集中，最容易留在那里就业，所以在选择院校时需要考虑地区。

2. 安家原则

需要配合自己职业生涯规划和家庭预期等综合考量。

3. 经济原则

学费及生活成本也是部分考生需要考虑的指标。

考生确定的意向地区建议控制在 3 个城市及以内。

五、意向硕士点选择

根据“意向专业选择”和“意向地区选择”情况，登录中国研究生招生信息网，单击“硕士专业目录”，填写该页面的“所在省市”和“专业名称”两项，进行搜索。搜索的结果为意向专业在意向地区的全部研究生招生单位，在此基础上完成意向硕士点的选择。

六、意向硕士点竞争难度分析

考生可通过以下五个指标对意向硕士点进行筛选。

1. 报名录取比例

硕士点的报名录取比例越高，则难度越低。尽量选择报名录取比例连续或超过两年达到可以接受的水平（如 30%）的硕士点。

2. 总分和单科分数线

硕士点的总分和单科分数线越低，则难度越低。尽量选择总分和单科分数线连续或超过两年保持在考生可以接受的水平的硕士点。

3. 初试参考书分析

不指定参考书：此类硕士点非常注重学生平时的个人修养，专业课考试难度较高，一定要多查资料或找到师兄或师姐，给出往年考生常用的复习参考资料。

指定参考书：部分院校会给出具体的专业参考书目，但同一专业不同院校所列的专业参考书的数量多寡不同，参考书的难度也较大，需根据专业课基础及对专业参考书的掌握程度对硕士点进行合理选择。

4. 复试

主要考虑复试差额录取比例、复试内容等。复试差额录取比例越大，难度越大。复试内容一般包含专业课笔试、英语口语与听力、综合素质面试等内容，具体内容又有差别，需要确定复试各模块的具体内容，以及所占比重，了解初试和复试分数比重分布，从而权衡考试难度。

5. 历年院校调剂信息

若硕士点连续或超过两年招收调剂人数名额比较多，则第一志愿报考本硕士点录取机会更大。

考生需要对意向硕士点的竞争难度进行分析，从而为最终确定目标硕士点提供依据。

七、自我竞争力分析

考生应了解自己在公共课和专业课方面的基础，以便独立或在他人协助下，对自己的竞争力水平进行合理评价，有依据地调整自己的院校专业选择期望值。

1. 公共课基础

学习计划完成情况；

每月测试成绩的过线情况；

是否最后选择考数学的专业；

每月测试成绩在全国考生中的排名情况。

2. 专业课基础

是否跨专业考研；

就读学校的专业排名；

学校是否开设过考研的专业课考试科目；

学校是否进行专业课理论内涵以外的讲解，如数理运算、案例分析、政策解读、实验操作等；

是否学习过意向院校指定初试参考书；

最终根据“自我竞争力分析”和“意向硕士点竞争难度分析”，对“意向硕士点选择”进行比较后，确定自己考研目标硕士点。

第三节 研究生招考常识

一、研究生专业目录

2022 年 9 月国务院学位委员会、教育部印发《研究生教育学科专业目录（2022 年）》（以下简称“新版目录”）和《研究生教育学科专业目录管理办法》。新版目录有 14 个门类，共有一级学科 117 个，博士专业学位类别 36 个，硕士专业学位类别 31 个。

（1）新版目录分为学科门类、一级学科和专业学位类别，是国家进行学位授权审核与学科专业管理、学位授予单位开展学位授予与人才培养工作的基本依据，适用于硕士博士学位授予、招生培养，学科专业建设和教育统计、就业指导服务等工作。

（2）新版目录是在原《学位授予和人才培养学科目录（2011 年颁布，2018 年修订）》基础上编制形成的。新版目录体现了优化发展专业学位、支撑行业产业高质量发展，所有门类下均设置了专业学位。加强了对科技前沿和关键领域的学科支撑，新设智能科学与技术、遥感科学与技术、纳米科学与工程、水土保持与荒漠化防治学、法医学等一级学科或交叉学科，并更名部分一级学科。基于更好地服务国家治理体系与治理能力现代化的需要，新设中共党史党建学、纪检监察学、区域国别学等一级学科或交叉学科。此外，新版目录加强对弘扬中华优秀传统文化的学科专业支撑。

（3）新版目录中学科门类代码为两位阿拉伯数字，一级学科和专业学位类别代码为四位阿拉伯数字，其中代码第三位从“5”开始的为专业学位类别。

（4）除交叉学科门类外，各一级学科按所属学科门类授予学位。

（5）专业学位类别按其名称授予学位。名称后加“*”的仅可授硕士专业学位，其他可授硕士、博士专业学位。

（6）新版目录注明可授不同学科门类学位的一级学科，可分属不同学科门类，此类一级学科授予学位的学科门类由学位授予单位学位评定委员会决定。

新版目录的具体内容可从教育部等相关网站的《研究生教育学科专业目录（2022 年）》查询。

二、研究生学位类型

目前，国家全日制研究生学位有学术型硕士和专业硕士两类。两类学位的主要区别如下。

（一）培养目标不同

学术型硕士按学科设立，其以学术研究为导向，偏重理论和研究，培养学术研究人才。

专业硕士与学术型硕士处于同一层次，培养规格各有侧重，在培养目标上有明显差异。

专业硕士教育的突出特点是学术性与职业性紧密结合，获得专业学位的人，主要不是从事学术研究，而是从事具有明显职业背景的工作，如工程师、医师、教师、律师、会计师等。这是一种以专业实践为导向，重视实践和应用，培养在专业和专门技术上受到正规的、高水平训练的高层次人才的培养方式。

（二）培养方式不同

学术型硕士课程设置侧重于基础理论的学习，重点培养学生从事科学研究创新工作的能力和素质。

专业硕士课程设置以实际应用为导向，以职业需求为目标，以综合素养和应用知识与能力的提高为核心。教学内容强调理论性与应用性课程的有机结合，突出案例分析和实践研究；教学过程重视运用团队学习、案例分析、现场研究、模拟训练等方法；注重培养学生研究实践问题的意识和能力。在具体的学习过程中，要求至少有为期半年的实践环节，实践学分比重较学术型硕士更大。

（三）报考条件不同

《招生工作管理规定》明确报考条件：

1. 学术型硕士

（1）国家承认学历的应届本科毕业生（含普通高校、成人高校、普通高校举办的成人高等学历教育等应届本科毕业生）及自学考试和网络教育届时可毕业的本科生。考生录取当年入学前（具体期限由招生单位规定）必须取得国家承认的本科毕业证书或教育部留学服务中心出具的《国（境）外学历学位认证书》，否则录取资格无效。

（2）具有国家承认的大学本科毕业学历的人员。

（3）获得国家承认的高职高专毕业学历后满 2 年（从毕业后到录取当年入学之日，下同）或 2 年以上的人员，以及国家承认学历的本科结业生，符合招生单位根据本单位的培养目标对考生提出的具体学业要求的，按本科毕业同等学力身份报考。

（4）已获硕士、博士学位的人员。在校研究生报考须在报名前征得所在培养单位同意。

2. 专业硕士

除了要符合报名参加全国硕士研究生招生考试的人员基本条件，部分专业学位硕士有单独规定。

（1）如报考法律（非法学）专业学位硕士的人员需注意，报考前所学专业为非法学专业（普通高等学校本科专业目录法学门类中的法学类专业 [代码为 0301] 毕业生、专科层次法学类毕业生和自学考试形式的法学类毕业生等不得报考）。

（2）报考法律（法学）专业学位硕士的人员，若报考前所学专业为法学专业（仅普通高等学校本科专业目录法学门类中的法学类专业 [代码为 0301] 毕业生、专科层次法学类毕业生、自学考试形式的法学类毕业生，以及获得法学第二学士学位的人员可以报考）。

（3）如报考工商管理、公共管理、工程管理硕士中的工程管理 [代码为 125601] 和项目管理 [代码为 125602]、旅游管理、教育硕士中的教育管理、体育硕士中的竞赛组织专业学位硕士研究生招生考试的人员，附加报考条件为：大学本科毕业后有 3 年以上工作经验的人员；或获得国家承认的高职高专毕业学历或大学本科结业后，符合招生单位相关学业要求，达到大学本科毕业同等学力并有 5 年以上工作经验的人员；或获得硕士学位或博士学位后有 2 年以上工作经验的人员。工商管理硕士专业学位研究生相关考试招生政策同时按照《教育部关于进一步规范工商管理硕士专业学位研究生教育的意见》（教研〔2016〕2 号）有关规定执行。

（四）招生专业不同

学术型硕士招生专业包括哲学、经济学、法学、教育学、文学、历史学、理学、工学、农学、医学、军事学、管理学、艺术学 13 大学科，及其下设的一级学科、二级学科，涵盖所有专业方向。

专业硕士招生专业比较有针对性，根据研招网“专业知识库”显示，“专业学位硕士研究生”招生专业包括金融、应用统计、税务、国际商务、保险、资产评估、审计、法律、社会工作、警务、教育、体育、汉语国际教育、应用心理、翻译、新闻与传播、出版、文物与博物馆、建筑学、城市规划、电子信息、机械、材料与化工、资源与环境、能源动力、土木水利、生物与医药、交通运输、农业、兽医、风景园林、林业、临床医学、口腔医学、公共卫生、护理、药学、中药学、中医、军事、工商管理、公共管理、会计、旅游管理、图书情报、工程管理、艺术等，共计 47 个专业（类）。

具体到某一招生单位的某一具体专业是否招生，需参照招生单位当年的招生专业目录。

（五）调剂要求不同

考生调剂基本条件是初试科目与调入专业初试科目相同或相近，其中初试统考科目与调入专业统考命题科目相同。学术型硕士的考试科目一般可以涵盖专硕的初试科目，因此调剂一般为学术型硕士向专业硕士调剂。

《招生工作管理规定》中明确调剂要求：

如第一志愿报考照顾专业（指体育学及体育硕士，中医学、中西医结合及中医硕士，工学照顾专业，下同）的考生若调剂出本类照顾专业，其初试成绩必须达到调入地区该照顾专业所在学科门类（类别）的全国初试成绩基本要求。第一志愿报考非照顾专业的考生若调入照顾专业，其初试成绩必须符合调入地区对应的非照顾专业学科门类（类别）的全国初试成绩基本要求。体育学与体育硕士，中医学、中西医结合与中医硕士，工学照顾专业之间调剂按照顾专业内部调剂政策执行。

如第一志愿报考工商管理、公共管理、旅游管理、工程管理、会计、图书情报、审计专业学位硕士的考生，在满足调入专业报考条件、且初试成绩同时符合调出专业和调入专业在调入地区的全国初试成绩基本要求的基础上，可申请相互调剂，但不得调入其他专业；报考其他专业的考生不得调入以上专业。

如第一志愿报考法律（非法学）专业学位硕士的考生不得调入其他专业，其他专业的考生也不得调入该专业。

如报考临床医学类专业学位硕士研究生的考生可按相关政策调剂到其他专业，报考其他专业（含医学学术学位）的考生不可调剂到临床医学类专业学位。

（六）入学难度不同

对于大部分专业来说，专业硕士较学术型硕士难度略低。专业硕士公共课英语科目多考英语二，难度相对较小；学术型硕士公共课英语科目考英语一，难度较大。专业硕士多数不考公共课数学科目或考数学三、经济类联考综合能力，难度相对较小；学术型硕士公共课数学科目考数学一、数学二、数学三、数学（农）或招生单位自命题理学数学，难度较大。

（七）学费标准不同

学术型硕士收费标准，从 2014 年秋季学期起，原则上每年硕士生学费不超过 8000 元、博士生学费不超过 10000 元。

全日制专业硕士收费标准，按不高于本校现行普通专业学术型自筹经费研究生收费标准确定（没有普通专业学术型自筹经费研究生的学校，应参照当地其他院校同类专业的有关收费标准确定）。

（八）学制年限不同

专业硕士学制一般为 2 ～ 3 年，学术型硕士学制一般为 3 年，具体情况依各招生单位当年政策为准。

（九）导师制度不同

学术型硕士，实行单导师制。在基本职能方面，研究生导师对学生进行研究生课程教学、课题研究指导与学位论文指导。在导学内容方面，研究生导师对其研究生在读研期间的全过程进行指导。研究生论文完成后，指导教师要对研究生作出客观、全面、准确的评价，并负责向导师组申请审查同意，提交院学位评定委员会，申请组织答辩。

专业硕士，实行双导师制。根据教育部相关文件精神，各专业学位研究生培养单位要建立健全校内外双导师制，以校内导师指导为主，校外导师应参与实践过程、项目研究、课程与论文等多个环节的指导工作。在培养过程中，校内导师以教授理论知识、学术指导为主，而校外导师则以培养技能、指导实践为主。

（十）学位论文不同

学术型硕士的学位论文强调科学理论研究与原创学术创新，一般为学术性论文。

专业硕士的论文强化应用导向，形式可多种多样，鼓励采用调研报告、规划设计、产品开发、案例分析、项目管理、文学艺术作品等多种形式。

（十一）读博方式不同

学术型硕士可以通过自己的导师直接读博，不用参加全国统考，即所谓的直博或硕博连读。

专业硕士一般不能直博或硕博连读，硕士毕业后若进行考博，请咨询招生单位了解相关政策。

三、研究生学习方式

全日制研究生是指符合国家研究生招生规定，通过研究生入学考试或者国家承认的其他入学方式，被具有实施研究生教育资格的高等学校或其他教育机构录取，在基本修业年限或者学校规定年限内，全脱产在校学习的研究生。

非全日制研究生是指符合国家研究生招生规定，通过研究生入学考试或者国家承认的其他入学方式，被具有实施研究生教育资格的高等学校或其他教育机构录取，在学校规定的修业年限（一般应适当延长基本修业年限）内，在从事其他职业或者社会实践的同时，采取多种方式和灵活时间安排进行非脱产学习的研究生。

四、研究生专项计划

目前，研究生专项计划有强军计划、援藏计划、硕师计划、少数民族骨干计划和退役大学生士兵计划。

（一）强军计划

“强军计划”全称为“高层次人才强军计划”，是地方普通高校为军队定向培养硕士研究生的人才培养计划。

“强军计划”的招生对象为作战部队团职以下专业技术干部，以及军队综合大学和工程技术院校从事理工科教学的部分教员，以新武器装备较多的部队技术骨干为重点。学生毕业后，一律回入学前所在部队工作。

（二）援疆计划

研究生援藏计划是国家根据西藏地区对优秀人才的需求，从西藏地区招收培养一批高层次高水平的优秀人才，以更好地服务于西藏。

研究生援藏计划报考条件：考生必须是中华人民共和国公民；考生要拥护中国共产党的领导，品德良好，遵纪守法，自愿长期在西藏地区工作；考生的身体健康状况符合国家和招考院校规定的体检要求；具有国家承认的大学本科学历，毕业后连续工作 2 年以上；持有境外学历（学位）的考生，其学历证书必须通过教育部留学服务中心的认证；符合西藏自治区党委组织部及自治区教育厅规定的其他条件。

研究生援藏计划和招生院校一般每年都会有所调整与变化，具体以每年招考政策为准。

（三）硕师计划

教育部自 2010 年开始，进一步扩大了“农村学校教育硕士师资培养计划”（以下简称“硕师计划”）规模，并与“农村义务教育阶段学校教师特设岗位计划”结合实施。

从具有推荐免试硕士研究生资格的高校中，选拔部分优秀应届普通本科毕业生，录取为“硕师计划”研究生，并与地方政府教育行政部门签约聘为编制内正式教师。在县镇及以下农村学校任教，服务期三年，并在职学习研究生课程。

研究生硕师计划报考条件：政治思想素质好，热爱教育工作；历年应届普通本科毕业生，且毕业时获得学士学位；志愿到县镇及以下农村学校任教，具备教师资格条件；本科所学专业为思想政治教育、汉语言文学、汉语言、历史学、英语、数学与应用数学、信息与计算科学、物理学、应用物理学、化学、应用化学、生物科学、生物技术、地理科学、计算机科学与技术、教育技术学、音乐学、美术学、体育教育等相关专业。

（四）少数民族骨干计划

少数民族骨干计划全称为“少数民族高层次骨干人才培养计划”，又称“民族骨干”“少骨计划”“骨干计划”等，是由教育部、发展改革委、国家民委、财政部、人社部等五部委联合实施的人才培养计划。以目前政策所示，少数民族骨干计划研究生毕业后，履行定向协议回定向地区和单位就业。在职研究生派遣回原工作单位；非在职研究生派遣回定向地区就业单位；毕业离校时仍未就业的非在职研究生派遣回定向省份毕业生就业工作主管部门。毕业研究生档案转回原工作单位、就业单位或定向省份毕业生就业工作主管部门。对未履行定向协议的毕业研究生，将视情记入个人征信档案。

未经生源所在地省级教育行政部门和在职研究生原工作单位同意，骨干计划硕士研究生在学期间和服务期内不得报考博士研究生；经生源所在地省级教育行政部门和在职研究生原工作单位同意，骨干计划硕士研究生在学期间和服务期内可报考骨干计划博士研究生并签订骨干计划博士研究生定向协议书，毕业后服务年限按新协议重新计算。

招生对象：

（1）生源地在内蒙古、广西、西藏、青海、宁夏、新疆（含新疆生产建设兵团）的少数民族考生，以及在上述地区工作满 3 年以上，报名时仍在当地工作的汉族考生。

（2）生源地在海南、重庆、四川、贵州、云南、陕西、甘肃的少数民族考生，以及河北、辽宁、吉林、黑龙江、湖北、湖南（含张家界市享受西部政策的一县两区）等 6 个省的民族自治地方和边境县（市）的少数民族考生，以及在上述地区国务院公布的民族自治地方工作满 3 年以上，报名时仍在民族自治地方工作的汉族考生。

（3）在内地西藏班、新疆班承担教学和管理任务的教职工；在西藏工作且满 5 年以上的“非西藏生源定向西藏就业计划”毕业生。

（五）退役大学生士兵计划

为鼓励更多高素质高校学生参军入伍，支持国防和军队现代化建设，教育部实施“退役大学生士兵“专项硕士研究生招生计划”，简称“退役大学生士兵计划”。

退伍大学生考研专项计划报名条件：报考考生应为高等学校学生应征入伍退出现役，且符合硕士研究生报考条件者。高等学校是指根据国家有关规定批准设立、实施高等学历教育的全日制公办普通高等学校、民办普通高等学校和独立学院。高等学校学生是指高校全日制普通本专科（含高职）、研究生、第二学士学位的应（往）届毕业生、在校生和入学新生，以及成人高校招收的普通本专科（高职）应（往）届毕业生、在校生和入学新生。

每年教育部安排退役大学生士兵计划的招生计划，并确定相应高校承担招生录取工作。

第七章

海外留学深造

第一节 留学规划

一、选择留学

中华民族自古就是一个虚怀若谷、勤奋好学的民族。自清朝开始，就有向海外派留学生的历史。中华人民共和国成立后，特别是改革开放以来，随着经济社会发展和人民生活水平的不断提高，海外留学已经不再神秘，普通工薪家庭的孩子也能走出国门，成为留学大军中的一员。去海外留学业已成为国家打开国门、走向世界的重要标志，也是迎接全球化、国际化的重大战略决策的必然产物。目前，留学归国学生（被称为“留学生”）大部分也已成为中国走向国际化、全球化的重要人才。

通常，海外留学是指一个人去母国以外的国家接受各类教育，理解海外国家和地区的文化和人情，转变思维习惯，形成新的认识和判断，培养新的精神和气质。留学时间可以为短期或长期（从几个星期到几年）。在中国内地，把前往香港、澳门地区的学习也称为留学，这是由于这两个地区有着不同的教育制度。

目前大学毕业生留学的作用和意义，主要有以下几方面。

1. 丰富人生经历

如今社会的信息已经非常发达，如通过媒体、互联网等手段确实可以了解和知晓国外的情况，也能想象得到国外的生活，但这种想象与实际去国外生活截然不同，留学是一个人一直待在国内无法体验的一种人生经历。留学不仅学知识、学技术，更是切身感受、了解和融入留学国家社会的一条重要通道，同时对于留学生个人形成完整的人生观、世界观和价值观也是非常重要的。

2. 培养国际观念

当今世界正处在一种前所未有的交叉与互动之中，人们所面临的机遇和挑战具有国际化特征。作为中国新生力量的年轻大学生，面对这样的大环境，必须注重培养国际观念，时刻准备迎接机遇，积极寻求机会融入全球化进程。一定程度上讲，大学生通过去先进国家学习、生活，接触和接受新兴的科技、人文理念，拓宽自己的国际视野，已成为一条培养国际观念的有效途径，同时，也能展示中国年轻学生的自信与朝气，让世界更多、更好地了解日益变化的中国和中国人。

3. 提高外语水平

在国外，与当地的老师、同学和社会有真正的、充分的接触与交流，衣食住行以及与别人的接触都使用外语来应对和沟通，让自己完全置身于外语环境中，在实际运用场景中，外语水平将会迅速提升。

4. 更多专业选择

一方面，国外大学开设的专业非常广泛，很多专业在国内还是空白的，又或者国内同等专业不被国外大学普遍承认。另一方面，在国内，报考研究生时有的仍然要求有本科同专业的背景，而去国外读硕士则比较灵活，不需要学术考试，转专业比较方便。

5. 充分利用资源

从世界标准来看，目前我国的教育资源仍然较为贫乏。尽管大学一再扩招，但是师资力量、教学设施等与先进国家相比还是存在事实上的差距。出国留学，大学生可以接受先进国家的教育理念、教育方式，利用国外的教学设施，达到资源所享、为我所用。

6. 提高读书效率

目前，我们国内大学的标准读书时间是本科四年、硕士 2 ～ 3 年，而在澳大利亚、英国、新西兰等国，本科仅需 3 年，硕士只需 1 年，这就大大降低了留学的机会成本，你可以比国内的同龄人早两三年硕士毕业开始职业生涯。当然，国外读书时间较短，并不说明教学质量可疑，其实国外大学平时学业的强度相当大，宽进严出体现得非常明显，教学质量是可保证的。

7. 提升改变途径

就实际情况来讲，有的大学毕业生通过努力，在国内已可以拥有工作岗位，收入也颇丰，但他们鉴于职场的竞争压力，认识到要保持持久的竞争力需要不断地充电和学习；或者他们已经预期未来将可达到的职位高度，但与他们理想目标的实现存在努力困境，需要追求超越和提升突破，这时出国留学深造就成为可选择的途径。还有一些人希望通过获得一个相关的海外学位后转行到自己喜欢的行业去发展，这也是选择出国留学的原因之一。

8. 移民海外发展

有些学生和家长基于综合考虑，希望移民海外、未来去国外发展，出国留学获取国外学位无疑是获得“绿卡”的较好加分项。此外，在国外发展，自己拥有一张受国际认可的学位证书也会显得尤其重要。

二、时间规划

时间规划在海外留学的国内准备过程中非常重要。科学的时间规划可以确保按时完成语言考试、文件提交、面试等多个申请步骤。同时，还能留有足够的时间提前准备学术背景、课外活动等。如果计划出国留学，需要进行系统的时间规划，以确保顺利申请研究生。一般性的关键步骤和时间安排建议如下。

1. 前期（大一学期或大二学期）

（1）大一学期或大二学期：开启留学规划，逐渐明确学术和职业兴趣。

（2）寻找留学导师，获取有关研究生申请和学术准备的建议。

（3）提前开始提高英语语言水平，参加托福、雅思或GRE等标准化考试，确保获得足够的分数。

2. 大二学期至大三学期（上半学年）

（1）开始系统备考标准化考试，争取取得令人满意的分数。

（2）深入研究潜在的研究生项目和目标国家，明确研究领域和学府选择。

（3）积极参与学术研究、实习或志愿工作，以丰富个人履历。

3. 大三学期（下半学年）

（1）持续备考标准化考试，确保达到目标分数。

（2）开始研究生申请，包括个人陈述、推荐信和申请文件的准备。

（3）积极寻找获得奖学金和财政支持的机会，详细了解申请程序和截止日期。

4. 大四学期（上半学年）

（1）提交研究生申请材料，确保及时完成所有文件的准备和递交。

（2）紧盯申请结果，准备面试（如果需要）。

（3）持续寻找获得奖学金和财政支持的机会，准备签证申请。

5. 大四学期（下半学年）

（1）做好签证申请和相关文件的准备工作。

（2）确保完成本科学业，获得学位。

（3）准备出国前的旅行和生活安排，熟悉目标国家的文化和生活环境。

6. 留学前准备（本科毕业后）

（1）参加留学前的适应性课程或培训，加强留学前的准备。

（2）准备出境文件，包括签证、护照和必要的健康和医疗文件。

（3）寻找住宿和生活安排，熟悉目标城市的基本信息。

精心编排的时间规划能减轻申请过程中的压力，尽可能确保你按照计划完成每个步骤，避免匆忙和疏漏。通过提前分解并安排每个步骤，可以有条理地处理申请所需的文书材料、考试准备、申请材料提交等任务，而不必在截止日期前匆忙应付。提前准备有助于提高申请的质量，确保申请材料更加仔细和完善，提高了录取机会。此外，提前准备有助于减少紧迫感，降低不必要的焦虑，让自己更加从容地面对整个留学申请过程。

第二节 国家和地区选择

一、主要选择因素考量

1. 选择留学国家和地区：考量教育水平和自身经济能力

出国留学是学生人生道路上的一次重大选择，对学生本人及其家庭是一件耗时和耗资的“大事”，因此，准备出国留学的学生和家长必须认真思考面临的种种困难和考验，以便合理策划留学方案。对于出国留学目的国的选择，最重要的考量因素是该国的教育水平和自身的经济能力。另外，出于全面考虑，还应了解留学国家的地理位置、经济水平、历史文化、气候环境和对留学生的优惠政策等。

在根据自己的实际情况选择合适的留学国家时，部分学生和家长往往存在以下认识误区。

（1）要出国留学，就选定去美国，其他国家都不考虑。美国确实是留学的好地方，但美国对留学签证要求非常高，通常只有获得全额奖学金的人员才有把握获得签证。因此，去美国留学要考虑能否顺利获得签证。

（2）要出国留学，就选定有亲戚朋友在的国家留学。事实上在国外，亲戚朋友的关系不像国内那么亲密，大家都为自己的事情忙忙碌碌。由于家长对国外亲戚抱有过大的期望，可能导致孩子出国后并非想象中的如愿。出国留学的目的，一是接受国外的优质教育，二是锻炼和培养自己的独立生存能力。在国外没有亲戚朋友的帮助，学生能独立生活，并完成学业，在某种意义上讲才实现了出国初衷。

（3）要出国留学，就一定要进世界名牌大学学习。事实上，世界名牌大学招收名额常常非常有限，而提出申请的人又多如牛毛，如果学生不出类拔萃，一般很难迈入这些名牌大学，所以对大多数学生来说，一味申请名牌大学并不是最佳选择。还有些家长非常迷信国外大学的排行榜。事实上，西方国家的权威机构很少对大学进行排名，只有一些民间机构、媒体根据它们自己的标准主观地进行排名。

针对以上认识误区，对合理选择留学国家，建议如下。

（1）家庭经济条件比较优越的，首选教育较发达和较成熟的留学国家，如美国、英国、澳大利亚和加拿大等。

（2）家庭经济条件尚不宽裕的，考虑选择新兴留学国家，一方面这些国家的教育水平也较高，但生活费用相对发达国家低许多；另一方面这些国家因为对国际留学生开放时间相对不长，为树立国家整体教育形象，往往会在收费上相对优惠些，有些国家还会采取减免学费等政策吸引国际生源，如韩国、意大利等。

（3）选择英语语种国家，可以考虑美国、英国、澳大利亚、加拿大和新西兰等；选择非英语国家用英语授课的，可以考虑荷兰等；选择非英语国家用当地语言授课的，可以考虑法国、德国和日本等。

合理选择留学国家是留学成功的重要条件之一，留学者要慎重考虑，切忌草率行事、人云亦云，否则会给自己造成时间、金钱和精力上不必要的损失。

2. 选择留学院校：全方位求证院校实力和认可度

选择出国留学院校，首要的是求证该院校是否是我国教育部门承认学历的。我国教育部门认可的海外院校名单，可以从教育部涉外教育监管网和教育部中国留学网查询核对，还可以对多家留学机构就同一个问题进行咨询求证。在具体选择时，要把握适合原则，全方位求证院校的实力和认可度。

在确定专业的前提下，应参考某所大学在该专业领域的学术声誉、研究成果、师资水平、院系规模、录取难易、毕业生就业率、底薪及地理位置等一系列的数据指标来做纵横向比较，以此选择适合院校。

在选择院校时主要综合考量以下方面。

（1）质量保证：院校提供的课程是否被相关机构所认证。

（2）院校类型：如公立或私立学校；专业院校或综合性院校。

（3）院校规模：院校学生人数和每个班级的学生人数；院校图书馆、实验室、体育及娱乐场馆等设施；教职员工与学生的比例；校区规模等。

（4）院校地理位置：城市的生活指数；城市的气候条件；城市的人口及中国学生的人数等。

（5）院校住宿：院校提供住宿的，是学校学生公寓还是家庭寄宿；如果不能提供学校的学生公寓，是否能够方便找到其他住所；若在校外住宿，从住所到学校教学楼的交通是否方便等。

（6）院校服务：专为学生提供的服务；是否提供新生入学始业教育会；是否有学生就业指导中心等。

（7）院校外语辅导课程：是否提供外语学习辅导课程；课时长短及费用等。

（8）留学生服务：为留学生提供哪些专门设施及服务；是否有留学生学生社团；留学生比例等。

（9）校园生活：为留学生提供哪些课外活动。

另外，在选择海外院校时，不要过于在意院校的排名，即使一些权威机构的排名也有很大局限性，只能做参考，不能单以排名作为衡量院校教育质量的标准。

3. 选择留学专业：适合自己天赋和未来职业规划

通常情况，出国留学如选择了某个专业，很大程度上就意味着选择了某种人生道路，也意味着选择了今后的生活内容、性质和层次。对于出国留学这种高投资高消费行为，学生及家长要仔细考虑，理性看待留学的国家、学校和未来就业的专业。选择留学专业应适合自己的天赋和未来职业规划。

专业选择误区和建议对策

留学专业的选择具有风险。留学应该选择一个自己擅长的专业，才能有动力，才会有所成就。选择专业尽量要与社会需要和自己将来的就业结合起来，社会需求量大的专业，又能结合自身的优势，通过自身努力学习，将来才有可能有所收获，实现理想就业。

（1）根据个人特长选专业。要结合自身的专业特长和兴趣爱好，选择较易发挥自己潜力的专业，这样会学得比较轻松，并且取得成功的概率也较大。

（2）根据自身专业背景选专业。申请某个专业要有一个合理的申请动机，基于一个专业基础进一步深造往往是最好的申请理由之一。如果在某个专业方面，你原来的学业成绩优良，并且希望在该专业领域有进一步的研究与发展，那么你就可以选择该专业，并继续深造。

（3）根据职业目标选专业。选专业就是要提前为就业做准备，要根据自己的职业发展目标和就业市场的走向，选择有发展潜力的专业。对立志学成归国的留学生，建议先了解分析当前和未来国内就业市场情况，再有的放矢选择专业。

（4）先选定专业大类再考虑院校。目前，很多留学者大多先选院校后选专业，应该说这种做法不甚科学。在国外，综合实力弱的学校并不意味着没有好的专业，而综合实力强的学校也并非所有的专业都名列前茅。因此，应先选定专业大类，再考虑选择有优势的院校。

（5）切忌盲目追捧热门专业。何为热门专业，何为冷门专业，都是有时空差异的。热门专业虽然文凭含金量高，但入学竞争异常激烈，而且由于扎堆现象严重，有些专业领域已经或将出现人才饱和现象。

需要提示的是，出国留学选择具体专业不宜过早，可以先选定专业大类，如条件许可，待大学的第二年再慎重选定具体专业为宜。

二、主要留学国家和地区概况

留学选课技巧

（一）留学美国

美国拥有多样化的高等教育体系，能够迎合不同人的不同选择，可为学生提供广泛的学术专业和课程选择。无论你对自然科学、工程、社会科学、人文学科还是商业等领域感兴趣，都可以找到适合自己的课程和专业。尤其是在科学、技术、工程和数学等领域的研究和创新，美国一直处于国际前沿。

美国拥有一些世界著名大学，如哈佛大学、斯坦福大学、麻省理工学院、加州大学伯克利分校等。这些学府在世界大学排名中常常位居前列，拥有卓越的师资力量和研究设施。同时，在学术氛围方面，美国拥有开放的学术文化，鼓励学生自由探索和发展批判性思维，学术自由是美国高等教育的核心价值。

美国的学术社群非常活跃和多元化，能吸引来自世界各地的学生和教授。这种多元化带来了不同的观点和思考方式，推动了创新和知识交流。美国大学积极与国际伙伴合作，推动全球性问题的解决。许多学校都设立国际学生部和建立国际交流项目，提供海外留学生的社会服务，鼓励和支持学生参与国际学术研究交流。

在奖学金和资助机会方面，美国大学通常提供各种奖学金、助学金和研究助理职位，帮助学生支付学费和生活费用。此外，一些学校还提供激励性的奖励来吸引杰出的留学生。

从未来职业前景来看，留学美国可以增加国际竞争力，为未来的职业发展打下坚实基础。美国是世界上最大的经济体之一，留学美国为留学生提供了广泛的就业机会。留学生通常可以在完成学业后获得一定时间的工作签证，这提供了在美国工作和积累国际职业经验的机会。

“常春藤联盟”（Ivy League）是指美国八所顶尖私立大学的联盟。这八所学校都位于美国东部，拥有卓越的学术声誉和悠久的历史。常春藤联盟包括美国很受欢迎和竞争激烈的大学，包含哈佛大学、耶鲁大学、普林斯顿大学、哥伦比亚大学、康奈尔大学、宾夕法尼亚大学、布朗大学和达特茅斯学院。

这些学校有卓越的教学、研究水平及独特的校园文化，拥有杰出的教授和学者，以及丰富的学术资源。常春藤联盟非常具有竞争力，吸引了全球范围内的杰出学生和研究人员。虽然在常春藤联盟之外也有很多出色的美国大学，但这八所学校在美国高等教育中一直具有特殊地位。

美国的大学有公立和私立之分，相比于私立院校，公立院校获得较多来自联邦政府、州政府的税收拨款或地方政府部门的资金支持，美国 3600 所大学中公立大学占了近一半。留学美国的公立大学有多重优势：首先，它们通常提供更为平价的学费，降低了留学成本；其次，美国公立大学在教育质量和研究资源方面居世界领先的地位，能够为国际学生提供高质量的学术教育和交流机会。此外，美国的公立大学非常多元化，提供了与来自各个国家的同学互动和跨文化体验的机会，有助于拓宽视野和建立国际化的社交网络。最重要的是，美国公立大学通常在全球范围内受到广泛认可，为毕业生提供了更多就业机会和升职机会。总体来说，留学美国的公立大学是一个吸引人的选择，有助于获得高质量教育和扩展职业前景。

热门的美国公立大学有：加州大学伯克利分校、加州大学洛杉矶分校、密西根大学、弗吉尼亚大学、佛罗里达大学等。

（二）留学英国

英国教育制度历经数百年的发展，以高水准的教学质量而名扬四海。英国院校历史悠久，培养出了 90 多位诺贝尔奖获得者。英国《泰晤士高等教育》还会定期对所有大学做学术调研，并发表排名。因此英国的学位有较高的声誉，且被世界各国认可。在英国，可以享受顶尖的教育资源，教育质量高且学制短。一般来说，在英国攻读本科学位需要 3 年的时间（苏格兰 4 年），硕士研究生是 1 ～ 2 年，博士生是 3 ～ 4 年。英国授课型硕士（通过一系列专业课、小组合作、实验、毕业项目等模式来完成）大多是 1 年，这比澳洲、美国都更为经济实惠，无形中节约了金钱和时间。

文凭被国际认可，含金量高。英国有众多的世界顶尖名校，有 17 所高校上榜 2023 年 QS 世界大学排名，7 所跻身世界前 50 名，其中有 4 所跻身世界前 10 名。英国各大学和科研机构培养出众多诺贝尔奖获得者，获奖人数在世界各国中名列第二，科研水平非同凡响。在世界教育群体中，英国文凭的含金量高，具有很强的竞争力。

文化气息浓郁，环境舒适。英国拥有历史悠久且至今仍激动人心的文化和艺术，它的音乐、戏剧、电影、文学、时装无疑都可以使赴英学习的海外学生充分领略和享受不同于自己国家的文化氛围。英国既有秀丽的自然风光，又有干净的城市环境及恬静的古朴小镇。英国是一个不分种族、宗教和肤色的国家，欢迎来自世界各地的人们。

语言学习与环境有很大关系，英国是英语的发源地，语言环境好。去英国留学，无疑可以得到一个纯净的英语环境，学到纯正的英式英语，很大程度会使求学者的英语水平得到提升。

目前大学生留学英国的热门院校有：牛津大学、剑桥大学、伦敦政治经济学院、帝国理工学院、伦敦大学学院、爱丁堡大学、曼彻斯特大学等。

（三）留学澳大利亚

澳大利亚学制一般分为 2 年、1.5 年和 1 年制，比较灵活。灵活的学制是很多学生选择去澳大利亚留学的主要原因之一。一般来讲，2 年制硕士课程比较常见，但有相关专业背景的同学，通过学分减免也能申请到 1.5 年或 1 年制的硕士课程。

宽松多样的移民政策。澳大利亚良好的移民政策成为选择澳大利亚留学的一个很大的吸引力。长期以来，澳大利亚政府热衷鼓励年纪轻、有学历、英语好的海外精英移民澳大利亚，以期待这些新移民能够对澳大利亚的经济发展做出贡献。澳洲的移民政策相比英美要宽松许多，并且具备多种移民方式供人们选择。

澳大利亚热门大学的另一大优势是综合排名高，如留学生申请较多的“澳洲八大”，在 QS 世界大学排名上基本在前百之列。就专业而言，澳大利亚的护理、商科会计、工程学等都居世界前列。尤其是对毕业后想要回国发展，或是在热门城市落户的同学来讲，院校综合排名高是一个非常大的助力。

非相关专业背景也有很多选择。对于研究生期间想要跨专业申请的同学来讲，选择留学澳大利亚是非常明智的。部分院校和专业对本科背景的要求相对宽松，像材料工程的学生也有机会申请到“澳洲八大”的商科相关专业。以昆士兰大学的商业硕士课程为例，该课程 2 年学制模式下接受任何本科背景的学生申请，非常适合“跨申选手”。

目前，大学生留学澳大利亚的热门院校有：悉尼大学、墨尔本大学、堪培拉大学、昆士兰大学、阿德莱德大学等。

（四）留学加拿大

加拿大政府很重视教育，每年使用在教育上的经费是国内 GDP 的 7%。针对成绩好的学生，学校也会提供奖学金，政府也提供学生贷款，让学生可以顺利地完成学业。而且加拿大教育体系完整，教学水准也非常高。

同样是西方国家，但是加拿大留学费用相比英国、美国来说低很多。因为英美排名比较高的大学大部分都是私立大学，费用相对高昂，但是加拿大前几名的名牌大学都是公立的，政府有补助，所以学费就便宜许多。另外，加拿大的教育水平也完全不输英美学校，以世界排名为例，多伦多大学在 2022 年 QS 世界大学排名中位列第 26 名，麦吉尔大学位列第 27 名。

因为加拿大是英法双语国家，在加拿大留学除每天生活在英语环境之外，还可以接触到法语。像加拿大的魁北克省和首都渥太华，有 78% 居民都是讲法语的，因此同时可以学习到两种语言。

毕业以后如果想移民加拿大，工作满一年又符合加拿大移民局的语言规定，就可以走移民申请的快速通道，可以更快取得移民申请的批准。

根据联合国的评估，加拿大连续多年被评为世界上最适合居住的国家之一。这项调查每年进行一次，采用超过 200 项指标对 174 个国家的生活质量进行评定。加拿大高居榜首的主要原因在于：完善的教育制度、高质量的生活（归因于广泛的健康保险体系）以及低犯罪率。

目前，大学生留学加拿大的热门院校有：多伦多大学、渥太华大学、不列颠哥伦比亚大学、蒙特利尔大学等。

（五）留学德国

德国大学基本上都位于人文、自然环境优越的城市，生活方便，整体教育水平很高，特别是在生物、汽车、机械制造、建筑、经济等领域，这些大学的专业优势尤为突出。德国教育以公立体系为主，奉行大众化教育，而非英美的精英主义教育。德国大学历史悠久，有很深的文化积淀，每所大学都有不一样的特色，并且都建立在德国基本的教育体系和观念之上。

德国公立大学免学费，留学费用低。政府会负责学校教学的开销，是完全的福利性教学，留学生每学期只需支付 150 ～ 250 欧元的学杂费，折算下来大约是每学期 2000 元人民币。

此外，德国留学生乘坐公共交通也是免费的。在生活费方面，由于德国物价在欧洲不算特别高，日用品较便宜，一般平均下来每个月 900 欧元，也就是大约每月 7000 元人民币。一整年下来，生活费差不多在 7 万元到 9 万元人民币之间。如果开销稍大一些，一年可能需要 10 万元人民币的生活费。德国留学总支出还不到英美留学总支出的 1/4。

德国教育质量高，名校众多，专业领先，教育水平一流，拥有许多世界知名的高等学府。作为“欧洲经济火车头”，德国工业实力尤为强劲，这也得益于德国强大的科技力量和高质量的教育。德国拥有近四百所高校，在机械制造、汽车工程、环境能源、法律、建筑、企业经济、管理、语言等方面在世界高校中处于领先地位。在最新公布的 2023 年 QS 世界大学排名中，共有 11 所德国高校跻身前 200 名，其中 3 所进入了前 100 名。

近年来，中德全方位战略伙伴关系保持高水平运行，中德关系的持续深化也为留学德国提供了更多可能性。中德两国签订了互认学位协定，中国承认德国大学文凭。同时，中德双方在重要的经济和工业领域存在着紧密的合作关系，在科技和教育方面广泛开展合作。德国是在华投资最多的国家之一，德国公司对中国留德学生的需求日益增加，而中国公司也同样需要更多的德语人才。因此，留学德国对未来的职业发展也十分有益。

留学生的合法打工政策越来越好，赴德留学生和德国本土学生在社会福利和保障上享有同等待遇，如生活补助、医疗保险等。德国留学签证明确允许留学生打工，最新政策规定允许留学生每年工作时长 280 个半天（8 小时算一个全天）。德国社会也鼓励学生在上学期间采用勤工俭学方式来贴补生活费用，同时也能在社会实践中得到历练。打工的收入基本可以支付日常生活费用，还能赚到零花钱。

申根签证是前往包括德国在内的多个欧盟国家所需的签证。持有德国居留许可的人通常可以在申根国家自由通行。在德国留学的学生，读书期间可以前往法国、荷兰、比利时、卢森堡、意大利、西班牙、葡萄牙、奥地利、希腊、瑞士、丹麦、挪威、瑞典、芬兰等多个申根国家旅游度假。

目前，大学生留学德国的热门大学有：慕尼黑大学、海德堡大学、柏林自由大学、慕尼黑工业大学、柏林工业大学、哥廷根大学等。

（六）留学中国香港

香港拥有一流的大学和学术机构，其高等教育体系备受国际认可。香港作为英语和中文并用的地区，大多数大学在国际课程中采用英语作为主要教学语言，这使得留学生能够提高英语语言能力，对其未来的职业发展非常有益。

香港是一个国际化大都市，其高校拥有多元文化的学生群体，这为留学生提供了与来自不同国家和背景的同学进行互动和合作的机会。国际化教育环境有助于拓展留学生的国际视野并促进跨文化交流。

香港的大学有许多领域的前沿研究，能提供丰富的学术资源。学生可以从世界级教授的教导中获益，参与创新研究项目，增强综合学术素养。香港地理位置优越，不仅紧邻中国内地，还与东亚其他国家保持着紧密的联系，使留学生可以更容易地探索这个地区的多元文化和经济机会。

作为国际金融中心和商业枢纽，香港为留学生提供了丰富的实习和就业机会，使他们毕业后可以在跨国公司、金融机构、创业等各个领域施展自己的才华。

目前，大学生留学香港的热门院校有：香港大学、香港中文大学、香港科技大学、香港理工大学等。

（七）留学中国澳门

澳门是一个独特的地方，融合了东西方文化，既承载着中国传统文化，又保留了葡萄牙文化的痕迹。这种文化多元性为留学生提供了难得的机会，能够在一个跨文化环境中学习和生活，增强了他们的国际视野，培养了跨文化交际的能力。

澳门以中葡双语教学的特色而闻名，为留学生提供了多语言的学习机会。留学生可以在此提高他们的汉语和葡萄牙语技能，这对未来的职业和国际交往非常有利。此外，澳门也广泛使用英语，这进一步增加了跨文化沟通的便利性。

澳门拥有一些高质量的大学和学术机构，提供多样化的学术项目。留学生有机会与国际知名教授合作，参与世界级的研究项目，积累丰富的学术经验。澳门还是中国—葡语国际教育基地，为留学生提供与葡萄牙及葡语国家的文化和教育交流机会。

澳门毗邻广东省，靠近香港、珠海等重要城市。这个地理位置有利于留学生参与跨境交流、实习和职业发展。澳门也是“一国两制”的典范，为留学生提供了了解不同政治体制和社会文化的机会。

相较于一些国际留学目的地，澳门的学费和生活成本通常较低。这对于家庭经济能力有限的留学生来说具有很大的吸引力，使得他们能够在负担得起的范围内接受高质量的教育。

澳门不仅是国际旅游和娱乐胜地，还拥有不少国际金融、商业和科技公司。留学生毕业后，可以在澳门或邻近地区寻找实习和就业机会，尤其是那些有双语能力的学生，在跨国公司和机构中具备很强的竞争力。

目前，大学生留学澳门的热门大学有：澳门大学、澳门科技大学、澳门城市大学等。

第三节 留学体验

一、留学体验过程

1. 留学前的准备

出国留学对每位学生、每个家庭来说都是一件大事，需要精心筹备，包括前期的申请学校、签证，以及出国前的心理、生理、物质上的准备。

（1）设计最佳的学校申请方案。

第一步：明确自己是否出国留学。

确定自己是否出国留学时，需要首先回答：自己是本科毕业后就出国留学，还是待国内研究生毕业后再出国留学？是否明确现在留学需要付出的努力和代价？是否具备现在申请留学应有的相应软件（语言水平、心理承受因素等）和硬件条件（家庭经济支持）等。

第二步：分析家庭经济状况。

出国留学家庭的经济状况是决定是否出国的重要因素之一，只有清楚了解家庭经济基础、条件，才能做出合适的经济预备及准备。大学生只有以此为前提，了解各国留学的经济要求，才能选择去哪个国家，做合适的费用预算及相应准备。

对于家庭经济情况，申请人适宜与家长做充分的、公开的、全面的沟通对话。很多申请者对这个环节不够重视，在家长一句“钱的问题不用担心”的鼓励下，就开始大张旗鼓地筹备了，一切就绪需要申请签证时，方才发现还有很多资金安排的工作没有做好或者根本不符合相应的条件。所以，在一切工作开始之前，资金的了解、筹划要先行。

第三步：分析评估自己最终留学动因和目标，选出留学国家。

出国留学是一个过程而不是终点，日后能否投资在未来的事业上，非常重要。申请人只有对自己留学的主要目的有一个清楚的认识，才不枉费在留学过程中所投下的心力和财力。

普遍意义上讲，留学动因大致是：丰富人生经历、学历深造需要、职业规划需要、专业领域特殊需要、未来居留发展需要、个性空间需要等。申请人需要切实考虑自己的留学动因，争取建立一个理性和成熟的留学目标，避免产生盲目和模糊的留学动机，然后要根据各国留学优势特点（包括成本费用、安全环境、未来发展）做比较分析，最后选定适合自己的国家。

第四步：自我评估定位，选定留学专业或项目。

对自我的学习风格、个性特点、专业兴趣、职业规划逐一分析定位，寻找适合自己的留学专业或留学项目。

第五步：信息收集检索，根据自身综合条件，结合申请学校入学要求，选定学校。

首先全面评估自身的条件优势；再结自身条件寻找适合的学校，了解学校的入学要求，列出可选择方案；制定最高目标、适中目标及保底目标，制订申请计划和时间表。

第六步：开始学校申请，执行申请步骤。

按照相应的学校入学要求、时间规定、材料要求开始准备详尽细致的文书材料，需要做相关的案头工作；材料制作完毕，将申请材料寄出；确定是否要提供相关资金担保证明。

第七步：在申请过程中，与学校保持必要而有效的联络。

前期可以针对自己需要进一步了解的问题向招生部、相关部门写信联络咨询；申请执行过程中，首先要写信询问学校是否收到材料；然后一定时间后保持联络，询问学校是否需要进一步提交材料，是否需要电话面试和相关书面测试，与学校确认是否有录取意向，学校是否建议自己选读其他专业或课程，自己是否接受；最后向学校确认何时发出录取通知，预计自己何时收到。

第八步：对申请到的多所录取学校排除选择，最终选定学校。

要考虑是否符合自己的适合专业、最高目标、费用预算的原则，最后锁定学校，在学校要求回复确认的期限内，以书面形式向学校确认。根据相关要求向学校交纳定位押金。

第九步：开始签证申请。

以上工作准备好后，就可以开始签证准备工作。

（2）出行前的准备。经过艰辛的准备，终于获得了签证，对于即将远赴海外的学子来说，可以着手出行的准备了，包括心理上的准备、能力上的准备、常识上的准备、行李物品的准备等。

（3）到达留学国家后的体验。当你准备好一切，办理好各种手续，登上国际航班之后，就开始了真正的留学之旅，开始了自己另一段不同的人生体验。这段留学体验可分为兴奋期、文化碰撞期、习惯融合期三个时期。根据每个人的心理素质、教育背景、年龄和语言能力的不同，这三个时期可长可短。

——兴奋期

初次出国的人，刚刚踏上异国他乡的土地，往往感到十分兴奋，面对不同肤色的人群、不同的建筑风格、别样的风景、风味独特的饮食，一切都是那么的新鲜，这时候，留学生的心理反应犹如一个游客，对什么都感到好奇，对什么都想看一下、尝试一下。这时他并没有真正地接触当地社会，因而对文化差异的容忍度也较高。这个时期应该注意尽量保持一个平和的心态。

——文化碰撞期

一般来说，充满好奇和兴奋之情的“蜜月期”很快就会过去，随着日常学习和生活的开展，在新鲜感淡退之后，便进入了文化碰撞期和磨合期。一系列由于地理、历史、文化差异导致的生活、学习、语言交流上的困难，对留学生的心理和生理的考验是巨大的。如果留学生不具备良好的心理素质，出国前的准备不充分的话，很容易在这个时期由于文化冲击而导致各种心理问题，如产生孤独感、失落感。

为排解文化冲击给自己造成的身心压力，尽快度过这段文化碰撞期，提出以下建议：

要结交新朋友、加入新组织，要有团队精神；

要有一种开放的心态；

要给自己一点时间来学习身边的一切，要相信自己；

当你感到迷惑或不愉快的时候，要有耐心，要询问别人；

可以去图书馆多阅读一些介绍当地文化和习俗的书籍和杂志，了解当地的历史、节日和禁忌。

——习惯融合期

随着对新环境的进一步了解、对国外生活方式的适应，自己结识的朋友越来越多，逐渐形成自己新的交际圈，大多数留学生都会渐渐从文化碰撞期的抵触、失落情绪中走出来，并从中发现生活的乐趣和成长的空间，此时进入了习惯融合期。

这时需要注意的是，习惯国外的生活方式和融入当地文化，不等于放弃自己的文化价值观而一味迎合别人的口味。其实差异并不是一件坏事，如果我们能够把差异转化为一种沟通的动力，利用好奇来加强沟通，那么就可以交到很多朋友。不同的文化之间只有差异没有优劣。正确的跨文化交流的态度应该是谦虚好学、不卑不亢、以礼相待，勿用自己的标准去评价他人的行为。要学会保护自己，维护自己的民族自尊，否定自己的民族自尊绝不会换来他人的尊重。

二、留学申请程序

获取有效留学咨询

各个国家和地区留学的程序不尽相同，但总的来说，主要程序如下。

1. 查询学校资料（inquiry）

可以通过各种途径，如写信询问或上网查询学校的资料。

2. 提出书面申请（application）

写信向自己选定的学校索要入学简章、入学申请表、奖学金申请表等各种入学材料。申请人一般应在开学前 10 个月与自己选定的学校联系，这样，可以使各大学有足够的时间来处理入学申请和仔细研究各种证明文件。

3. 填写申请表（application form）

在填写申请表之前，最好先复印一份以供填写练习，检查填写无误后再填写在正式申请入学表上。填写前，要先仔细阅读说明，以免遗漏某些重要内容。申请表要填写整齐清楚，每个问题要尽量回答完整。

4. 提供考试成绩（score report of standard tests）

提供 TOEFL、GRE、GMAT 或 IELTS 等成绩。申请到美国留学需提供 TOEFL 成绩，美国大学对申请入学者并无统一 TOEFL 录取分数线，大部分美国大学对申请读研究生课程的新生，要求 TOEFL 成绩达到 550 分以上；如想申请奖学金，TOEFL 成绩应达到 600 分以上（满分为 677 分），GRE 成绩应达到 1850 分（满分为 2400 分）。申请攻读硕士学位必须有 GRE 成绩，商科最好有 GMAT 成绩。申请到英国、加拿大留学要求 TOEFL 成绩在 550 分以上，IELTS 成绩在 6 分以上（满分为 9 分）。

5. 提供大学成绩单（transcript）

申请读研究生必须附上大学成绩单。除了中、英文成绩单，还要有成绩公证书。成绩单上一般要有修读课程名称、学分、成绩及班上排名。

6. 学历和学位的复印件及公证书（copies and notarization of graduation and degree certificates）

出国留学一般要提供毕业证书和学位证书的中、英文复印件及其公证书。

7. 准备推荐信（letters of recommendation）

大多数学校要求申请人提供 2 ～ 3 封推荐信。推荐信要说明被推荐人的基本情况、成绩，包括学术论文、科研成果、获得奖励、所具备的能力等。有力的推荐信对申请入学帮助极大，因此要找了解自己特长、优点的人士提供。推荐人必须要具备高级学术职称，好的推荐人包括申请人所在大学的教授、系主任、专业导师、同事及在工作上非常了解申请人的上司。

8. 写好个人陈述（personal statement）

个人陈述对是否能获得奖学金尤其重要。

9. 经济担保证明（affidavit of support）

出具相关银行存款或亲友经济资助证明，如学校提供全额奖学金，可不提供此证明。如亲友担保，需由担保人填写有关表格，并附上有关证明。

10. 体检表或健康证明（certificate or health form）

一般学校都要求申请人提供体检表。这种表格由学校提供，要求申请人找医生填写并签字。有的要附上防疫注射记录，也有的学校不需要体检表，但要求健康证明书。

11. 食宿申请表（application for accommodation）

有些大学规定新生一律住校，也有的可自由选择。如果打算住校要及早申请，有的学校要求预付押金才能保证预留宿舍房间。

12. 正式提出申请（official application）

将所有申请材料连同申请费一起提交给所选定的学校。

13. 录取（admission）

如果申请入学获得批准，申请人会收到学校的入学通知和用于申请签证的学校入学许可。

获得录取通知后，需要申请护照和签证。护照办理比较简单，准备好户口本、照片、身份证等到公安局出入境管理处办理，具体办理要求可以在网上查看所在地公安部门发布的信息。留学除了获得学校录取通知，签证是另一个决定因素。签证一般由各国使领馆签发，申请签证的材料和要求可以从网上查找。签证的申请不像办理护照那么简单，材料的制作和申请都有技巧，拒签是常事。

三、留学申请攻略

标化成绩

（一）理工科专业留学申请攻略

对想申请理工科专业的大学生来说，标化成绩好固然非常重要，但是并不代表一定可以成功申请到好的大学。当标化成绩达到了入门资格后，学校更多的是看中专业背景等软实力。理工科申请人提升软实力的主要方案如下。

1. 专业匹配

绝大多数国家和地区的高校在选择留学生时，更看中的是申请人合适的专业背景，而不是很优秀但与申请方向并不相符的专业背景。学校选拔学生时常会考虑这些问题：学生是否能顺利完成学业，是否满足这个专业的基本要求，是否是学校所需要的人才，学生的申请背景是否与学校的专业需求匹配。

所以，无论申请什么专业，都建议先看一下学校要求的具体的先修课程。如果在大一大二阶段准备申请，建议先了解申请专业的具体课程要求，然后在国内的学校选修一些相关的课程。如果在大三大四阶段准备申请，可以根据了解到的先修课程增强一下软性背景，如科研实习、志愿者等经历，尽量做到与申请专业匹配。

2. 提升学术理论能力

发表论文虽然不是必选项，但对于申请学校的帮助是最直接、最显著的。论文其实是对专业知识的积累，是对个人实力的一种提升，可以让申请人在申请中更具竞争力。申请过程其实是考验学生综合能力的过程，除了部分专业、背景、实力都很优秀的学生，其他学生也要尽最大可能去发掘自己的潜力，具体体现在学术方面和人际关系方面。

学术方面，可以尝试参与导师的英文论文；发表一些学术摘要；寻找机会参加一些学术会议，最好是国际性会议。这些内容和经历都可以反映你有研究方面和学术方面的潜力。

人际关系方面，可以去找老师、师兄师姐、朋友、亲戚等身边一切人脉，甚至他们的朋友、他们的学生、他们的人际关系都可以成为你的人际关系，这些都有利于你的申请。

3. 提升实际动手能力

提升实际动手能力的最好方法是做项目，而做项目实际上和发表论文是一样的，要结合自己的情况来进行选择，有针对性地挑选项目，与要申请的专业方向相匹配。

4. 提升专业眼界

可以参考老师、同学、朋友做过的项目，进行学习和研究，并从中学习他们的想法和思路。当对项目有疑惑的时候，可以和相关人员进行沟通和讨论，进而直观了解到相关人员在工作时的真实想法和思考过程，知道为什么他会这样做，最终学到的是他人的精髓和思路。

（二）商科专业留学申请攻略

1. 留学规划

目前来看，商科专业未来就业前景比较广阔，但留学申请和就业竞争压力也特别大。在选择商科专业前要充分权衡自己的优势和劣势，尽可能选择自己擅长并喜欢的专业。对自己所选专业的就业方向、可涉及的领域，做充分了解，避免盲目选择，并提升软硬实力，按照留学申请的节奏，稳步推进。

软实力主要包括：工作（实习）经历、课外活动 / 比赛经历、交换经历、阅读积累、社团 / 社区 / 志愿者 / 公益活动。

硬实力主要包括：毕业院校、GPA、语言考试（雅思 / 托福）、入学类考试（GRE/GMAT）。

2. 考试规划

（1）雅思 / 托福。语言考试的成绩体现了申请人的英语水平，是申请留学时的重要指标，从某种程度上说，其具有决定性作用。整体来说，商科院校的语言要求相对不高，但被录取的学生平均成绩都很高，好的语言考试成绩也能让你从众多申请人中脱颖而出。

（2）GRE/GMAT。GRE/GMAT 属于入学类考试，体现申请者的思维逻辑、数理分析、综合推理、写作表达等多方面的能力。很多商科院校对于 GRE/GMAT 等没有最低要求，但也很重要。

GRE 是美国大学的研究生入学考试，适用于申请除法律、商科和医学专业外的各专业研究生院。GMAT（Graduate Management Admission Test，经企管理研究生入学考试），美国、英国、澳大利亚等国家的高校都采用 GMAT 成绩来评估申请人是否适合于在商业、经济和管理等专业的研究生阶段学习，以决定是否录取。

通常来说，商科考 GMAT，理工科考 GRE，但目前界限没有那么明确，如金融工程多设在工程学院下，一般申请者都选择考取 GRE，但是也有的学校提出接受 GMAT 成绩，其具体要求请仔细查阅学校官网。

（三）人文社科专业留学申请攻略

1. 专业选择要趁早

人文社科类的可选专业比较多，在确定申请专业时，可通过以下环节进行分析：职业规划、专业匹配度、学校实力、申请难度、个人兴趣。

由于环节涉及信息量大，需要了解国外院校及专业的情况，同时要对自己的背景和可提升的部分做有效分析，建议咨询专业的教育机构。

2. 学术背景积累和准备

学术能力和科研潜力能有效证明自己的专业度，体现自己在多个方面的能力，如分析能力、逻辑思维能力、写作能力、实验能力等，这些能力是学习人文社科专业的重要基础。如果你能在大学期间写出比较高质量的论文或研究报告，就能让招生官更相信你的学习能力。

学术背景积累不是短期内可以做到的，因此，在标化考试都准备充分的情况下，需要对自己以往的学术积累做梳理。如果没有参与过任何学术项目或没有什么积累，但是又准备申请研究型的专业或学位的话，建议参加学术项目提升自己。学校更喜欢录取那些对某个领域有浓厚的热情，且已经取得了一定的科研成果或学术积累的学生。

3. GPA 的保持

无论是申请留学报读研究生还是报读博士，一般所有世界顶尖名校都把 GPA 列为重要参考指标。GPA（Grade Point Average，平均成绩点数）代表着学生的学习能力和学术水平，也代表了其在学校的刻苦努力所换回来的最后结果。

建议每次重要的考试之前，至少拿出 1 个月的时间来全力以赴复习，以保持 GPA。当然，更重要的是平时提升学习效率，针对自己每学期的课程安排制订学习计划，对优势科目和弱势科目要做好时间规划。

4. 结合申请专业选择实习项目

实习经历被很多院校视为录取的重要参考因素之一，包含企业实习、志愿者经历等。这些经历是学校考察申请人实际处理问题能力的主要途径，也是为了看到学生在面对困难和问题时所表现出来的能力和潜质。对于申请人文社科专业的学生，实习并不是每个学生都需要的，也要结合具体的申请专业及自身的实际情况而定。

四、语言考试介绍

准备留学前的语言考试，先要了解留学国家和学校的具体要求。下面就主要语言考试进行介绍。

（一）雅思考试

1. 何谓雅思考试

雅思考试，全称为国际英语语言测试系统（International English Language Testing System，IELTS）是由剑桥大学组织命题、英国文化协会和澳洲 IDP 教育集团共同运营，检测英语能力的全球英语考试。

目前，雅思已成为全球最受欢迎的、用于高等教育及移民的英语语言水平测试之一，被英国、美国、加拿大、澳洲等及新兴留学目的地在内的 140 多个国家和地区，超过 10000 所教育机构、雇主单位、专业协会和政府部门认可。近 300 所中国高等院校将雅思作为入学筛选、学分置换、奖学金申请等英语能力评定标准，国内众多企事业单位在招聘时将雅思作为语言能力证明。

雅思考试可根据考试成绩的不同用途分为普通雅思考试、用于英国签证和移民的雅思考试（UKVI 雅思考试）、雅思生活技能类考试。其中，前两者根据适用人群和考试结构的不同，分为 A 类和 G 类；又可根据考试形式的不同分为纸笔考试和机考两种类型，如下表所示。

考试类型	考试结构	考试形式	适用人群
普通雅思考试	A 类	纸笔考试 / 机考	出国留学申请本科、研究生及以上学位，或获得专业资质
	G 类	纸笔考试 / 机考	英语国家移民申请（如澳大利亚、加拿大、新西兰及英国），或申请培训及非文凭类课程
UKVI 雅思考试	A 类	纸笔考试 / 机考	赴英国读预科或语言班
	G 类	纸笔考试 / 机考	
雅思生活技能类考试		人人对话	申请赴英国的探亲或入籍签证

2. 雅思考试的内容

雅思考试分为听力、阅读、写作和口语四个考试项，对学生语言理解与表达能力、逻辑思维两方面进行考查，如下表所示。

考试项	考试时长	能力考查
听力	30 分钟	生活词汇与学术词汇、发音、短时记忆能力、理解说话者的态度、理解演讲的结构、同义替换的识别
阅读	60 分钟	学术词汇、语法、长难句的理解、段落归纳总结能力、跳读和扫读、同义替换的识别
写作	60 分钟	用词准确性、语法多样性、句子间的连贯与衔接、题目的回应情况、逻辑思维
口语	11 ～ 14 分钟	词汇和语法的多样性及准确性、发音与流利度、逻辑思维、语言组织能力

3. 主要适用国家

主要适用国家：如英国、澳大利亚、加拿大等英语国家，美国大部分院校也接受雅思作为申请时的语言能力证明；德国、荷兰、法国等的英语授课项目需要在申请时提交符合要求的雅思成绩；新加坡、马来西亚及日本、韩国等的部分院校。

（二）托福考试

1. 何谓托福考试

托福考试（Test of English as a Foreign Language，TOEFL），由美国教育考试服务处（Educational Testing Service，ETS）在全世界举办，是一种针对母语为非英语的人进行的英语水平的考试。

托福考试衡量应试者在大学阶段使用和理解英语的能力，是全球认可度很高的语言考试，被全球 160 多个国家和地区超过 1.1 万所综合性大学、机构和学院认可，范围包括英国、美国、加拿大、澳大利亚、新西兰等，并可用于申请澳大利亚等国家移民签证。

2. 托福考试的内容

托福考试分为听力、阅读、写作和口语四部分，考试内容兼具学术英语和生活英语，每部分各占 30 分，总分为 120 分，如下表所示。

科目	考试内容	分数	考试时长
听力	内容为对话和讨论，问题一般着眼于内容、句义，同时也包括说话人的态度和用意	30 分	41 ～ 57 分钟
阅读	在读过每篇（有 3 ～ 5 篇）文章后，有 12 ～ 15 个关于大概内容、作者意图、从文章得出的推断等问题，以及复述内容、填补图表、完成总结等类型	30 分	54 ～ 72 分钟
写作	一种是受试者需针对某种特定议题，为某方立场提出观点来进行辩护；另一种是受试者需读过一篇段落或听过一段演讲，接着以写作方式回答或讨论相关问题	30 分	50 分钟
口语	有个人简历和偏好问题，也有需要综合阅读材料和听力短文的问题。需要考生能够清楚完整及准确地复述内容、解释想法和阐释观点	30 分	17 分钟

（三）GRE 考试

GRE 考试，全称 Graduate Record Examinations，由美国 ETS 主办，是美国大学的研究生入学考试。测试考生的分析性写作、文字推理、数量推理能力。这些普遍适用的衡量标准并不针对某一特定的研究领域，而是旨在考查考生是否有能力在研究生院继续深造。高校入学委员会和奖学金评定组将 GRE 分数、本科成绩单、推荐信及其他进入硕士阶段学习的资格证明综合在一起对候选人做出评定。

作为全球最广为接受的研究生入学标准考试，GRE 考试在全球 160 多个国家和地区拥有约 1000 个考点。目前在大多数地区，全年都可以进行机考。

GRE 考试由 Analytical Writing（分析性写作）、Verbal Reasoning（文字推理）和 Quantitative Reasoning（数量推理）三项测试构成。

Analytical Writing 总是出现在考试开头。Verbal Reasoning、Quantitative Reasoning 及不计分部分可能以任何顺序出现在考试中。因此，考生应该把任何一部分都当成计分题目来做。

1. Analytical Writing（分析性写作）

分析性写作测试考查考生的批判性思维和分析性写作技能、清晰地表达并支持复杂观点的能力、构建和评估论证论据的能力、把控标准书面英语的各个要素的能力，以及围绕一个主题集中地、有条理地展开讨论的能力。此测试不考查特定的知识内容，要求考生对给出的任务提供有针对性的回答，从而准确地展现考生在直接回应问题时的技能。

分析性写作测试由两个独立计时的任务构成。

（1）“Analyze an Issue”任务要求就一个一般性话题提出一个观点，题目中会就如何对该话题进行回应提出明确的写作要求。考生需要评估这个话题，考虑其复杂性，并通过推理和实例展开论证以支持自己的观点。

（2）“Analyze an Argument”任务是不同于 Issue 任务的挑战，它要求考生依据具体的题目要求对已有的论证进行评估。考生需要考虑这个论证是否合乎逻辑，而非简单地赞同或反对其中的观点。

这两项写作任务性质互补，一个要求考生提出自己的观点并提供论据支持其观点，以此来构建考生自己的论证；另一个则要求考生评估别人的论证，包括对其观点及支持证据的评定。

2. Verbal Reasoning（文字推理）

文字推理测试考查考生的分析和评估书面材料，整合材料信息的能力；理解词、句和文章的内涵，理解不同单词之间、不同概念之间的关系的能力——阅读理解能力和推理能力。

文字推理测试会以几种不同的形式出现，大约一半的题目要求考生阅读一段或几段文字，然后回答与所阅读段落相关的问题；另一半的题目要求考生阅读、理解并完成给出的句子、句群或段落。如很多题目（但并非全部）是标准的单项选择题，要求考生选出一个正确选项；另有一些题目要求考生选出多个正确选项；还有一些题目则要求考生从段落中选出一个句子，选项的数量因题型而异。此测试包含三种题型：Reading Comprehension（阅读理解）、Text Completion（段落完形填空）、Sentence Equivalence（同义句填空）。

3. Quantitative Reasoning（数量推理）

数量推理测试考查考生的基本的数学技能；对算术、代数和几何的基本数学概念的理解和定量推理、建模，以及利用定量法解决问题的能力；数据分析能力。此测试用于衡量考生理解、说明和分析量化信息的能力，以及运用数学模型解题的能力。

数量推理测试中很多问题都是“文字题”，需要翻译成数学语言或建立数学模型。此测试包括对算术（Arithmetic）、代数（Algebra）、几何（Geometry）和数据分析（Data Analysis）四个方面的技能、概念和能力的检测，包含四种题型：Quantitative Comparison Questions（数量比较题）、Multiple-Choice Questions-Select One Answer Choice（单项选择题）、Multiple-Choice Questions-Select One or More Answer Choices（多项选择题）、Numeric Entry Questions（数字填空题）。

每道题或作为一道单独的题目出现，或作为数据分析题（Data Interpretation Set）的其中一问出现。数据分析题中的所有问题都是基于同一表格、曲线图及其他形式的数据所提出的。

GRE 普通考试是申请研究生入学的必要考试，申请法律或商业类研究生以 LSAT（法学院入学考试）或 GMAT 替代 GRE 普通考试。目前，美国大学在成绩替代上比以往要求松些，许多学校允许提供 GRE 普通考试或 GMAT 考试成绩中的任何一种作为商业类研究生应提供的成绩，法律研究生亦有以 GRE 普通考试成绩替代 LSAT 成绩的。

第八章

国家引导就业项目

第一节　国家鼓励就业主项目

一、高校毕业生面向基层就业现实意义

让青春在祖国最需要的地方绽放绚丽之花

1. 引导和鼓励高校毕业生面向基层就业，是实现经济社会协调发展的需要

当前，在统筹城乡发展、区域发展和经济社会发展方面，任务比较繁重，一些远郊区县的农村还相对落后，城市社区管理和建设尚需进一步加强，中小企业和非公经济还有较大的发展空间。鼓励和支持高校毕业生到农村尤其是边远山区的农村工作，到城市社区工作，到中小企业和非公有制单位就业，对改善基层干部队伍结构、加强基层政治建设、促进经济社会全面协调可持续发展，将发挥重要作用。

2. 引导和鼓励高校毕业生面向基层就业，是推动和谐社会建设发展的需要

随着经济体制改革的不断深化和经济结构的战略性调整，高校毕业生就业面临着一些困难和问题。加大政策倾斜力度，引导和鼓励高校毕业生面向基层就业，有利于缓解目前由于人才供需结构性矛盾造成的就业压力，维护社会稳定，促进和谐社会建设发展。

3. 引导和鼓励高校毕业生面向基层就业，是培养毕业学生健康成长的需要

基层是高校毕业生熟悉社会、了解国情市情、砥砺品格、增进与人民群众感情的大课

堂。高校毕业生到实践中去，到现代化建设的第一线去，到基层和艰苦的地方去，可以经受磨炼，增强本领，在报效国家、服务社会的过程中实现个人的人生价值。

二、高校毕业生面向基层就业主项目

近年来，党中央、国务院积极引导和鼓励大学毕业生面向基层就业，国家各部委、各地方政府陆续推出了一系列有相应的保障措施及优惠条件的政策和就业项目。大学生可根据自身的专业特长、发展需求和政策支持等情况，有针对性地进行职业生涯规划。

下面着重介绍国家倡导力度大、受到广大学子关注的四个项目：选调生工作、农村义务教育阶段学校教师特设岗位计划、“三支一扶”计划和大学生志愿服务西部计划。

（一）选调生工作

选调生，是各省党委组织部门有计划地从高等院校选调品学兼优的应届大学本科及其以上毕业生到基层工作，作为党政领导干部后备人选和县级以上党政机关高素质的工作人员人选进行重点培养的群体的简称。

1. 政策支持

选调生工作是受中央高度重视、地方积极响应的就业项目。中央鼓励优秀大学生毕业后到人民最需要的地方去，把个人理想追求融入党和国家事业之中，为党、为祖国、为人民多做贡献。2018 年，选调生招录全面展开，中共中央组织部发布《关于进一步加强和改进选调生工作的意见》，鼓励优秀大学生到基层艰苦岗位和复杂环境锻炼。各个地方政府积极响应，出台相关政策吸引和培养优秀大学毕业生。

2. 求职备考

各省市在求职季发布公告进行选调生招考工作。大学生报考后往往需要经历笔试、资格审查、面试、体检、考察、公示、工作安排等阶段。报考信息的获取渠道是学校就业中心等。

选调生面临基层工作的挑战，未来要担任重要工作，因此，对于这一工作感兴趣的大学生不妨在校内参加相关的理论实践活动，利用暑期实践机会，去基层、各地方政府机关开展学习调研、参观实习等活动。

（二）农村义务教育阶段学校教师特设岗位计划

农村义务教育阶段学校教师特设岗位计划由教育部、财政部等部门联合启动，吸引优秀高校毕业生到农村学校任教，推动城乡义务教育一体化发展，以便更好地服务乡村振兴战略和教育脱贫攻坚工作。

1. 招募情况

主要招募普通高校本科及以上毕业生和师范专业专科毕业生，重点为乡村学校补充特岗教师，进一步补充思想政治、音体美、外语、信息技术等紧缺、薄弱学科教师。

2. 报名信息

报名信息可以在各省市事业单位人事综合管理部门公开招聘服务平台、教育部门网站及教育部“24365 校园招聘活动”平台查看。

3. 优惠政策

对参加农村义务教育阶段学校教师特设岗位计划项目的大学生，国家提供了相应的优惠政策：按规定参加社会保险，同等条件下在职称评聘、评先评优、年度考核等方面享受与当地公办学校在编教师同等待遇。特岗教师在聘任期间，执行国家统一的工资制度和标准；其他津贴补贴由各地根据当地同等条件公办教师年收入水平和中央补助水平综合确定。要落实好周转宿舍等安排，帮助解决工作生活中的实际困难；开展特岗教师针对性培训；保证三年服务期满、考核合格且愿意留任的特岗教师及时入编并落实工作岗位。

（三）“三支一扶”计划

高校毕业生“三支一扶”计划是引导和鼓励高校毕业生到基层工作的示范性项目。所谓“三支一扶”，是指大学生在毕业后到农村基层从事支农、支教、支医和扶贫工作。在优化基层人才队伍结构、促进基层经济社会事业发展、带动高校毕业生就业观念转变方面发挥了积极作用。

1. 招募情况

招募情况，每年根据实际情况确定，由国家大学生就业服务平台公布。如 2023 年，中央财政支持招募“三支一扶”人员 3.4 万名，鼓励有条件的地方结合实际，优化选拔招募结构，适当扩大招募规模。紧贴全面推进乡村振兴重点工作需要，积极拓展水利基础设施建设与运行管理、农技推广、林草生态保护修复、医疗卫生、乡村建设等服务岗位。招募计划继续向乡村振兴重点帮扶县、脱贫县、易地扶贫搬迁大型和特大型集中安置区所在县倾斜，向革命老区、民族地区、边疆地区等艰苦边远地区倾斜，对国家乡村振兴重点帮扶县实行计划单列。科学设定招募条件，对招人难、留人难的艰苦边远地区可适当放宽专业要求、降低开考比例、提高本地户籍毕业生比例，对脱贫户、零就业家庭毕业生和已参加规范化培训医学专业毕业生可适当优先。

2. 服务保障

国家落实配套资金支持力度，按月足额发放“三支一扶”人员工作生活补贴，落实一次性安家费，按规定缴纳社会保险。结合实际按规定缴纳住房公积金，办理补充医疗和商业保险，发放艰苦边远地区津贴等，提高保障水平。按规定严格管理和使用中央财政补助资金，开展年度绩效自评，提高资金使用效益。推动基层服务单位加强工作生活保障，参照本单位人员标准给予食宿、交通等相应补助。多渠道搭建“三支一扶”人员交流平台，组织开展节日慰问座谈，激发干事创业热情。

3. 优惠待遇

要完善期满流动政策，畅通流动渠道，创新流动服务，促进“三支一扶”人员扎根基层成长成才。落实公务员定向考录、事业单位专项招聘、住院医师规范化培训等支持政策。要在县乡基层事业单位公开招聘中拿出一定数量或比例的岗位对服务期满考核合格的人员进行专项招聘，并增加工作实绩在考察中的权重，聘用后可以不再约定试用期。组织开展多种形式的专场招聘活动，鼓励国有企业基层单位优先招聘服务期满人员。将有创业意愿的服务期满人员纳入创业扶持范围，按规定落实创业政策。符合条件的人员可同等享受应届毕业生相关政策，按相关规定享受考研初试加分、学费补偿或助学贷款代偿等政策。加强对服务期满人员的跟踪培养，建立联系服务机制，在职称评定、进修学习等方面予以优先。

（四）大学生志愿服务西部计划

大学生志愿服务西部计划是由共青团中央、教育部、财政部、人力资源和社会保障部共同组织实施的一项重大人才工程。2022 年至 2023 年，由中央财政支持，面向普通高等学校应届毕业生或在读研究生，采用公开招募、自愿报名、组织选拔、集中派遣的方式，招募选派 2 万名西部计划全国项目志愿者到西部地区基层工作。

1. 招募情况

招募对象为普通高等学校应届毕业生或在读研究生，到岗之前获得毕业证书或学位证书，通过西部计划体检。有志愿服务经历的优先录用。服务期为 1 ～ 3 年，服务协议一年一签。岗位类别须从乡村教育、服务乡村建设、健康乡村、基层青年工作、乡村社会治理等专项中选择。全国项目办根据历年招募情况和国家对口帮扶、对口援疆、对口援藏机制等，建立相关省份对口招募机制，并明确各服务省省内招募指标、对口招募省招募指标。

2. 报名信息

西部计划项目每年根据实际情况有所调整，报名时间一般在 4 ～ 6 月份。

3. 优惠政策

对参加此项目的大学生，国家提供了相应的优惠政策。

（1）服务 2 年以上且考核合格的，服务期满后 3 年内报考硕士研究生的，初试总分加 10 分，同等条件下优先录取。

（2）参加西部计划项目前无工作经历的志愿者服务期满且考核合格后 2 年内（研究生支教团志愿者自研究生毕业时开始计算），在参加机关事业单位考录（招聘）、各类企业吸纳就业、自主创业、落户、升学等方面可同等享受应届高校毕业生的相关政策。

（3）服务期满且考核合格的，按规定符合相应条件的，可享受相应的学费补偿和助学贷款代偿政策。

（4）服务期满且考核合格的，依实际服务年限计算服务期及工龄（参加工作时间按其到基层报到之日起算），并在服务证书和服务鉴定表中体现。

（5）服务期满 1 年且考核合格后，可按规定参加职称评定。

（6）出省服务的和在本省服务的志愿者享受同等优惠政策。

国家引导和鼓励高校毕业生面向基层就业的主要项目和各行各业急需的人才，都是大学生能够实现自身价值的舞台。大学生要从“取势”“明道”“优术”“践行”“合众”等方面思考自己的生涯发展策略：“取势”即为看到发展趋势，能够抓住机遇；“明道”即为清楚自己为何选择，能够明确自己的方向；“优术”即为有好的方式方法，能够帮助自己达成目标；“践行”即为不断探索与行动，能够做到知行合一；“合众”即为与众人行，能够超越自己服务大众。只有不断抓住机遇、明确方向、树立目标、知行合一，才能最终超越自我，获得生涯发展的更大成功。

第二节 应征入伍服义务兵役

《中华人民共和国宪法》规定：“依照法律服兵役和参加民兵组织是中华人民共和国公民的光荣义务”。部队是青年学生成长成才的大学校，是砥砺品格、增强意志的好课堂，是施展才华、成就事业的大舞台。国防和军队现代化建设，迫切需要一大批有责任、敢担当的有志青年携笔从戎、报效祖国。

国家鼓励根据国家有关规定批准设立、实施高等学历教育的全日制公办普通高等学校、民办普通高等学校和独立学院，按照国家招生规定录取的全日制普通本科、专科（含高职）、研究生、第二学士学位的应（往）届毕业生、在校生和已被普通高校录取但未报到入学的学生应征入伍服义务兵役（我国现行的义务兵役制度服役年限为两年）。征集的大学生以男性为主，女性大学生征集根据军队需要确定。

一、应征入伍政治条件和基本身体条件

征集服义务兵役的公民必须热爱中国共产党，热爱社会主义祖国，热爱人民军队，遵纪守法，品德优良，决心为抵抗侵略、保卫祖国、保卫人民的和平劳动而英勇奋斗，等等。征兵政治审查的内容包括：应征人员的年龄、户籍、职业、政治面貌、宗教信仰、文化程度、现实表现以及家庭主要成员和主要社会关系成员的政治情况等。

应征入伍要符合国防部颁布的《应征公民体格检查标准》和有关规定。其中，有几项基本条件：

男性普通高等学校在校生为年满 17 至 22 周岁，大学毕业生放宽到 24 周岁。

女性普通高等学校在校生和毕业生为年满 17 至 22 周岁。

身高：男性 162cm 以上，女性 160cm 以上。

体重：男性不超过标准体重的 20%，不低于标准体重的 10%。

女性不超过标准体重的 15%，不低于标准体重的 15%。

标准体重 =（身高 −110）kg。

视力：大学生右眼裸眼视力不低于 4.6，左眼裸眼视力不低于 4.5。屈光不正，经准分子激光手术后半年以上，无并发症，任何一眼裸眼视力达到 4.8，眼底检查正常，除潜水员、

潜艇人员、空降兵外合格。

内科：乙型肝炎表面抗原呈阴性，等等。

上述条件以“全国征兵网”（网址为 https：//www.gfbzb.gov.cn）和当地兵役机关公布的信息为准。

二、高校毕业生应征入伍服义务兵役主要程序

（1）网上报名预征：有应征意向的高校毕业生可在征兵开始之前登录“全国征兵网”进行报名，填写、打印《应届毕业生预征对象登记表》和《应征入伍高校毕业生学费补偿国家助学贷款代偿申请表》（以下分别简称《登记表》和《申请表》），交所在高校征兵工作管理部门。

（2）初审、初检：毕业生离校前，在高校参加身体初检、政治初审，符合条件者确定为预征对象，高校协助兵役机关将《登记表》和《申请表》审核盖章发给毕业生本人，并完成网上信息确认。初审、初检工作一般最晚在当年 7 月 15 日前完成。

（3）实地应征：高校应届毕业生可在学校所在地应征入伍，也可在入学前户籍所在地应征入伍。

（4）组织高校应届毕业生在学校所在地征集的，结合初审、初检工作同步进行体格检查和政治审查，在毕业生离校前完成预定兵工作，当年 9 月初学校所在地县（市、区）人民政府征兵办公室为其办理批准入伍手续。政治审查以本人现实表现为主，由其就读学校所在地的县（市、区）公安部门负责，学校分管部门具体承办，原则上不再对其入学前和就读返乡期间的现实表现情况进行调查。

（5）在入学前户籍所在地应征入伍的，高校应届毕业生当年 7 月 30 日前将户籍迁回入学前户籍地，持《登记表》和《申请表》到当地县级兵役机关参加实地应征，经体格检查、政治审查合格的，当年 9 月初由当地县（市、区）人民政府征兵办公室办理批准入伍手续。

三、高校毕业生应征入伍服义务兵役享受优惠政策

高校毕业生应征入伍服义务兵役，除享有优先报名应征、优先体检政审、优先审批定兵、优先安排使用“四优先”政策，家庭按规定享受军属待遇外，还享受优先选拔使用、学费补偿和国家助学贷款代偿、退役后考学升学优惠、就业服务等政策。

高校毕业生预征对象参军入伍享受“四优先”政策。

（1）优先报名应征。报名由县级兵役机关直接办理。夏秋季征兵开始前，县级兵役机关通知其报名时间、地点、注意事项等。确定为预征对象的高校毕业生，持《登记表》，可以直接到学校所在地或户籍所在地县级兵役机关报名应征。

（2）优先体检政考。体检由县级兵役机关直接办理。夏秋季征兵体检前，县级兵役机关通知其体检时间、地点、注意事项等。确定为预征对象的高校毕业生，未能在规定时间内在学校参加体检的，本人持《登记表》，可在征兵体检时间内报名直接参加体检。

（3）优先审批定兵。审批定兵时，应当优先批准体检政审合格的高校毕业生入伍。高职（专科）以上文化程度的合格青年未被批准入伍前，不得批准高中文化程度的青年入伍。

（4）优先安排使用。在安排兵员去向时，根据高校毕业生的学历、专业和个人特长，优先安排到军兵种或专业技术要求高的部队服役；部队对征集入伍的高校毕业生，优先安排到适合的岗位，充分发挥其专长。

四、大学生应征入伍服兵役给予国家资助的内容

高等学校学生应征入伍服兵役国家资助，是指国家对应征入伍服兵役的高校学生，在入伍时对其在校期间缴纳的学费实行一次性补偿或获得的国家助学贷款（国家助学贷款包括校园地国家助学贷款和生源地信用助学贷款，下同）实行代偿；应征入伍服兵役前正在高等学校就读的学生（含按国家招生规定录取的高等学校新生），服役期间按国家有关规定保留学籍或入学资格、退役后自愿复学或入学的，国家实行学费减免。

高校学生应征入伍享受学费补偿、国家助学贷款代偿及学费减免的标准是多少？

按照《关于调整完善国家助学贷款相关政策措施的通知》（财教〔2014〕180 号）、《财政部、教育部、总参谋部关于印发 < 高等学校学生应征入伍服义务兵役国家资助办法 > 的通知》（财教〔2013〕236 号）、《关于对直接招收为士官的高等学校学生施行国家资助的通知》（财教〔2015〕462 号）文件规定：

（1）学费补偿、国家助学贷款代偿及学费减免标准，本专科生每人每年最高不超过 8000 元，研究生每人每年最高不超过 12000 元。

（2）学费补偿或国家助学贷款代偿金额，按学生实际缴纳的学费或获得的国家助学贷款（国家助学贷款包括本金及其全部偿还之前产生的利息，下同）两者金额较高者执行，据实补偿或者代偿。退役复学后学费减免金额，按学校实际收取学费金额执行。超出标准部分不予补偿、代偿或减免。

（3）获学费补偿学生在校期间获得国家助学贷款的，补偿资金必须首先用于偿还国家助学贷款。如补偿金额高于国家助学贷款金额，高出部分退还学生。

（4）从 2015 年起，国家对直接招收为士官的高等学校学生施行国家资助，入伍时对其在校期间缴纳的学费实行一次性补偿或对获得的国家助学贷款实行代偿。

在校期间已免除全部学费的学生，定向生、委培生和国防生，均不享受学费补偿和国家助学贷款代偿政策。

高校学生应征入伍服兵役享受学费补偿、国家助学贷款代偿和学费减免的年限计算方式：

学费补偿、国家助学贷款代偿和学费减免的年限，按照国家对本科、专科（高职）、研究生和第二学士学位规定的相应修业年限据实计算。以入伍时间为准，入伍前已达到的修业规定年限，即为学费补偿或国家助学贷款代偿的年限；退役复学后应完成的国家规定的修业年限的剩余期限，即为学费减免的年限；复学后攻读更高层次学历不在减免学费范

围之内。

专升本、本硕连读、中职高职连读、第二学士学位毕业生补偿学费或代偿国家助学贷款的年限，分别按照完成本科、硕士、高职和第二学士学位阶段学习任务规定的学习时间计算。

专升本、本硕连读学制在校生，在专科或本科学习阶段应征入伍的，以实际学习时间实行学费补偿或国家助学贷款代偿；在本科或硕士学习阶段应征入伍的，以本科已学习时间或硕士已学习时间计算，实行学费补偿或国家助学贷款代偿，其以前专科学习时间或本科学习时间不计入学费补偿或国家助学贷款代偿。中职高职连读学生学费补偿或国家助学贷款代偿的年限，按照高职阶段实际学习时间计算。

五、高校学生申请应征入伍服兵役国家资助程序

（1）应征报名的高校学生登录全国征兵网，按要求在线填写、打印《应征入伍高校毕业生学费补偿国家助学贷款代偿申请表》（一式两份，以下简称《申请表》）并提交学校学生资助管理部门。在校期间获得国家助学贷款的学生，须同时提供《国家助学贷款借款合同》复印件和本人签字的一次性偿还贷款计划书。

（2）学校相关部门对《申请表》中学生的资助资格、标准、金额（如有生源地信用助学贷款，学校应联系贷款经办银行或贷款经办地县级学生资助管理机构确认贷款金额）等相关信息审核无误后，对《申请表》加盖公章，一份留存，一份返还学生。

（3）学生在征兵报名时将《申请表》交至入伍所在地县级人民政府征兵办公室（以下简称“县级征兵办”）。学生通过征兵体检被批准入伍后，县级征兵办对《申请表》加盖公章并返还学生。

（4）学生将《申请表》原件和入伍通知书复印件，寄送至原就读高校学生资助管理部门。

（5）高校在收到《申请表》原件和入伍通知书复印件后，对各项内容进行复核，符合条件的，及时向学生进行学费补偿或国家助学贷款代偿。

六、大学生士兵退役后享受就学优惠政策

（1）高职（专科）学生入伍经历可作为毕业实习经历。

（2）退役大学生士兵入学或复学后免修军事技能训练，直接获得学分。

（3）设立“退役大学生士兵”专项硕士研究生招生计划。根据实际需求，每年安排一定数量专项计划，专门面向退役大学生士兵招生。

（4）将高校在校生（含高校新生）服兵役情况纳入推免生遴选指标体系。鼓励开展推荐优秀应届本科毕业生免试攻读研究生工作的高校在制定本校推免生遴选办法时，结合本校具体情况，将在校期间服兵役情况纳入推免生遴选指标体系。在部队荣立二等功及以上的退役人员，符合研究生报名条件的可免试（指初试）攻读硕士研究生。

（5）将考研加分范围扩大至高校在校生（含高校新生）。退役人员在继续实行普通高校应届毕业生退役后按规定享受加分政策的基础上，允许普通高校在校生（含高校新生）应征入伍服义务兵役退役，在完成本科学业后 3 年内参加全国硕士研究生招生考试，初试总分加 10 分，同等条件下优先录取。

（6）退役大学生士兵专升本实行招生计划单列。高职（专科）学生应征入伍服义务兵役退役，在完成高职学业后参加普通本科专升本考试，实行计划单列，录取比例在现行 30% 的基础上适度扩大，具体比例由各省份根据本地实际和报名情况确定。

（7）高校新生录取通知书中附寄应征入伍优惠政策。高校向新生寄送《录取通知书》时，附寄应征入伍宣传单，宣传单主要内容包括优惠政策概要、报名流程指南、学籍注册要求等。

（8）放宽退役大学生士兵复学转专业限制。大学生士兵退役后复学，经学校同意并履行相关程序后，可转入本校其他专业学习。

（9）具有高职（高专）学历的，退役后免试入读成人本科，或经过一定考核入读普通本科；荣立三等功以上奖励的，在完成高职（专科）学业后，免试入读普通本科。

（10）应征入伍的高校毕业生退役后报考政法干警招录培养体制改革试点招生时，教育考试笔试成绩总分加 10 分。

第九章

浙江省地市名片

浙江，地处长江三角洲南翼，临东海之碧波，拥钱潮之澎湃，揽山水之灵秀，涵诗画之隽永，聚活力之涌流，是中国革命红船启航地、改革开放先行地、习近平新时代中国特色社会主义思想重要萌发地，也是中国古代文明的重要发祥地之一。浙江已高水平全面建成小康社会，经济社会发展各项工作走在全国前列，是中国走向世界、世界了解中国的“重要窗口”。

浙江是文明曙光最先照耀的地方之一，百万年人类史、万年文化史、五千年文明史汇集于此。早在100万年前，浙江大地上就已出现人类活动；距今1万年的上山遗址，带来了农耕文明最初的讯息；距今7000年的河姆渡遗址，记载着人类从狩猎到耕种、生存方式大转变的历史；距今5000年的良渚古城遗址，作为中国江南地区早期都邑的典范，是实证中华五千年文明史的圣地。

浙江，七山一水二分田，山河湖海皆备，山灵水秀，充满诗意。现有陆域面积10.55万平方千米、海域面积26万平方千米，人口6540万人。境内丘陵、平原、盆地相间，钱塘江、瓯江、椒江、甬江、苕溪、运河、飞云江、鳌江八大水系四通八达。海洋资源丰富，海岸线总长6715千米，拥有海岛4300余个，均居全国之首。素有“丝绸之府、鱼米之乡、文化之邦、旅游胜地”的美誉，浙东唐诗之路、大运河诗路、钱塘江诗路、瓯江山水诗路四条诗路文化带串珠成链，生发了灿烂的唐诗之路，孕育了中国最早的山水诗，绘就了传世之作《富春山居图》；世界文化遗产杭州西湖文化景观、京杭大运河浙江段、良渚古城遗址和世界自然遗产江郎山举世闻名；人类非物质文化遗产、国家级非物质文化遗产数量居全国之冠；世界文化遗产、全国重点文物保护单位、国家历史文化名城名镇名村数量居全国前列。西塘、乌镇、南浔等江南古镇深藏吴风越韵，青瓷、宝剑、龙井茶、绍兴黄酒等气韵深厚，灵隐寺、天童寺、国清寺、“海天佛国”普陀山、弥勒佛道场雪窦山佛音袅袅，南宗孔庙、昆曲、越剧等历久弥新，程朱理学、金华学派、永嘉学派、浙东学派、阳明心学等汇源浙江思想学术长河……浙江，历来是世人的向往之地。

浙江文脉深厚，文化名人如群星璀璨。大禹的因势利导、敬业治水，勾践的卧薪尝胆、励精图治，钱氏的保境安民、纳土归宋，胡则的为官一任、造福一方，岳飞、于谦的精忠报国、清白一生，沈括的博学多识、精研深究，钱学森、竺可桢的投身科研、报效祖国，激荡着一代代中国人的家国情怀；王充、王阳明的批判、自觉，陈亮、叶适的经世致用，黄宗羲的工商皆本，龚自珍、蔡元培的开明、开放，鲁迅、茅盾的开拓、突破，滋养着一代代中国人的精神世界；王羲之的行书、谢灵运的山水诗、贺知章的故乡情、陆游的家国梦、吴昌硕的花鸟、黄宾虹的山水，丰富着一代代中国人的审美情趣。

“红色根脉”，是中国共产党在浙江百年奋斗最鲜明的底色。浙江是中国革命红船起航地。1921 年之夏，中国共产党第一次全国代表大会在南湖的一条游船上胜利闭幕，庄严宣告中国共产党的诞生。这条游船因而获得了一个永载中国革命史册的名字——红船。从此，中国共产党引领中国革命的航船，劈波斩浪，开天辟地，中国革命的面貌焕然一新。进入 21 世纪，习近平同志以浙江先行先试为中国改革和现代化建设探路的强烈政治责任感，亲自擘画实施了“八八战略”，浙江从此进入了新的发展阶段。今日浙江，已成为中国最具经济实力和开放程度最高的省份之一，成为最安全、最具幸福感的省份之一。

2022 年 6 月，中共浙江省第十五次代表大会提出，高举习近平新时代中国特色社会主义思想伟大旗帜，忠实践行“八八战略”，坚决做到“两个维护”，在高质量发展中奋力推进中国特色社会主义共同富裕先行和省域现代化先行，并确定了未来 5 年全力打造“八个高地”的具体目标：

——高水平推进以自我革命引领社会革命的省域实践，打造新时代党建高地和清廉建设高地。“两个维护”全面扎根，党总揽全局、协调各方的领导核心作用更好发挥，党建统领的理论创新体系、战略执行体系全面建立，上下贯通、执行有力的组织体系全面建强，高素质党员干部队伍全面打造，清廉浙江建设全域深化，全面从严治党取得更大战略性成果。

——高水平建设现代化经济体系，打造高质量发展高地。全省地区生产总值达到 12 万亿元，人均地区生产总值达到 17 万元，居民人均可支配收入达到 8.5 万元，总体达到中等发达经济体水平。三大科创高地和创新策源地建设取得更大突破，全球先进制造业基地建设取得重大进展，现代产业体系、金融体系加快形成，国内大循环战略支点、国内国际双循环战略枢纽建设再上台阶。

——高水平推进数字化改革，打造数字变革高地。数字浙江建设持续深化，党建统领整体智治体系更加完善，数字政府、数字社会、数字文化、数字法治和基层智治系统建设成效更加彰显，数字经济创新力竞争力显著提升，“掌上办事之省”“掌上办公之省”“掌上治理之省”基本建成，全民共享、引领未来、彰显制度优势的数字文明建设扎实推进。

——高水平推进平安浙江、法治浙江建设，打造全过程人民民主实践高地。民主选举、民主协商、民主决策、民主管理、民主监督全链条、全方位、全覆盖贯通，根本政治制度、基本政治制度和统一战线优势充分彰显。各领域法治化水平全面提升，基层治理体系和治理能力全面加强，重大风险有效防范化解，形成共建共治共享的社会治理新格局。

——高水平推进文化强省建设，打造新时代文化高地。全省人民思想自觉、文化自信显著增强，社会主义核心价值观深入人心，彰显浙江深厚历史底蕴的文化标识和“诗画江南、活力浙江”省域品牌更加鲜明，社会文明程度达到新高度，新型全媒体传播体系、现代公共文化服务体系和文化产业体系基本建成，全面建设文明浙江。

——高水平推进社会建设，打造社会全面进步高地。收入分配制度改革取得积极进展，中等收入群体比重稳步提高，城乡居民收入倍差缩小到 1.9 以内，城镇化率达到 76%。高水平实现基本公共服务均等化，高等教育毛入学率达到 72%，城乡现代社区建设全面推进，知识型社会和共建共享型社会加快形成。

——高水平推进人与自然和谐共生的现代化，打造生态文明高地。生态环境质量持续改善，地表水省控断面达到或优于Ⅲ类水体比例超过 95%，设区城市空气质量优良天数比率达到 95%，“无废城市”基本全覆盖，“整体大美、浙江气质”全域彰显，生态富民惠民机制更加完善。

——高水平推进人的现代化，打造促进全体人民全面发展高地。全体人民普遍得到更好发展，公民道德素质、健康素质、科学文化素质、法治素养、数字素养大幅提高，人民平等参与平等发展权利有力保障，人的潜能和创造力充分激发，人民对美好生活的向往不断得到满足。

一、杭州市

杭州市西湖区

杭州，古称“钱塘”，是浙江省省会和经济、文化、科教中心，中国七大古都之一，首批国家历史文化名城之一和国际著名风景旅游城市。习近平总书记对杭州知之深、爱之切，55 次深入实地视察指导，寄予了殷切期望。

杭州地处长江三角洲南翼，是京杭大运河的最南端和浙东运河的起点。钱塘江穿城而过，汇入浩瀚东海。杭州市面积 16850 平方千米，辖 10 个区、1 个县级市、2 个县，常住人口 1220.4 万人。

杭州拥有西湖文化景观、中国大运河（杭州段）、良渚古城遗址三处世界遗产。这里掀起的“一师风潮”，开启五四运动的浙江篇章；这里爆发的衙前农民运动，揭开中国现代农民革命斗争的序幕；这里起草的中华人民共和国第一部宪法“五四宪法”，成为立国安邦的奠基石；这里见证了“上海公报”的起草与谈判，中美两国历史性的握手改变了世界格局；这里是 G20 峰会的举办地，“杭州共识”以划时代意义载入史册。

“江南忆，最忆是杭州。”山水相依，湖城相融，风月清朗，人文荟萃。人间天堂杭州，正是一座古典与现代、历史与当下交相辉映的世界名城。

二、宁波市

宁波，简称“甬”，是中国东南沿海重要的港口城市、长三角南翼的经济中心和国家历史文化名城，是国家计划单列市、副省级城市。宁波市陆域面积 9816 平方千米，海域面积 8356 平方千米，辖 6 个区、2 个县级市、2 个县，常住人口 954 万人。

古月照今尘，三江共海潮。这里是古邦秀邑，上有 8000 年文明遗迹，下有 1200 年子城建制；这里是文献名邦，古为进士之乡、浙东学术重镇，今膺院士之乡、全国文明城市；这里是商埠名城，前有“无宁不成市”的商帮传奇，后有弄潮逐浪的宁波制造；这里是幸福之都，内有风光旖旎的秀丽山水，外有开放包容的发展环境……

走过岁月，走进时代。今天的宁波，始终牢记习近平总书记在浙江工作期间来甬视察时的殷切嘱托，始终感恩总书记给横坎头村全体党员回信、给第二届中国—中东欧国家博览会致贺信的亲切关怀，始终按照总书记在 2020 年春天视察，为宁波现代化建设擘画的蓝图，加快推进“六大变革”，奋力打造“六个之都”，朝着现代化滨海大都市目标奋勇前进！

三、温州市

温州，古称“东瓯”，位于瓯江下游南岸，濒临东海，拥有 355 千米黄金海岸线，自古就是浙南政治、经济、文化中心和水路交通枢纽，海上丝绸之路的重要节点城市。温州市陆域面积 12110 平方千米，海域面积 8649 平方千米，辖 4 个区、3 个县级市、5 个县，常住人口 964.5 万人。

温州是国家历史文化名城、东亚文化之都、全国文明城市、国家卫生城市、国家园林城市、国家森林城市，中共浙江省一大召开地、红十三军诞生地；是中国民营经济的先发地区、改革开放的前沿阵地。习近平总书记在浙江工作期间，23 次莅临温州视察，深情寄语温州续写创新史。

四、湖州市

湖州市安吉县

“山从天目成群出，水傍太湖分港流。”湖州位于浙江省北部的天目山与太湖之间，系长三角承东启西、沟通南北的重要枢纽，自古就是令人向往的宜居之地，有“行遍江南清丽地，人生只合住湖州”的美誉。湖州面积 5820 平方千米，辖 2 个区、3 个县，常住人口 340.7 万人。

2005年8月15日，时任浙江省委书记习近平同志到安吉余村考察，首次提出“绿水青山就是金山银山”的科学论述，湖州由此成为该理念的诞生地。党的十八大以来，习近平总书记12次对湖州工作作出重要指示批示。2020年3月30日，习近平总书记重访余村时，对湖州提出了“再接再厉、顺势而为、乘胜前进”的新期望新要求。

五、嘉兴市

嘉兴，又称“禾城”，是中国共产党诞生地、中国革命红船启航地、红船精神凝聚升华地。东临大海，南倚钱塘江，西接天目水，北负太湖，枕京杭大运河，左沪右杭、前甬后苏，区位重要，风光灵秀，人文昌盛，享有“鱼米之乡”“丝绸之府”“文化之邦”的美誉，系国家历史文化名城。嘉兴市陆域面积4223平方千米，海域面积1523平方千米，辖2个区、3个县级市、2个县，均位列全国百强县市，常住人口551.6万人。

习近平总书记曾26次来到嘉兴调研视察，对嘉兴的重要指示深深镌刻在嘉兴大地发展史上和南湖儿女心灵深处。

六、绍兴市

绍兴，简称“越”，古称“越州”，地处长江三角洲南翼，位于浙江省中北部，西接杭州，东连宁波，北濒杭州湾，是长三角城市群重要城市、环杭州湾大湾区核心城市。绍兴市面积8279平方千米，辖3个区、2个县级市、1个县，常住人口527.09万人。

绍兴素有“山清水秀之乡、历史文物之邦、名人荟萃之地”的盛誉，系著名的水乡、桥乡、酒乡、书法之乡、戏曲之乡、名士之乡，荣获首批中国历史文化名城、全国文明城市、中国优秀旅游城市、中国环境保护模范城市、国家卫生城市、东亚文化之都等称号和联合国人居奖。

七、金华市

金华，古称“婺州”，相传是金星与婺女星争华之地，古称与今名带有星空的诗意。1985年撤地建市。金华市面积11万平方千米，辖2个区、4个县级市、3个县，常住人口712万人。金华是浙江省重点打造的第四大都市区、三条开放大通道节点城市、国家综合交通枢纽城市和物流枢纽承载城市，荣膺国家历史文化名城、全国文明城市、国家创新型城市、中国优秀旅游城市。习近平总书记在浙江工作期间，14次到金华调研视察，寄予八婺大地殷切希望。

八、衢州市

衢州，古称“新安”“信安”“西安”，位于浙江省西部、钱塘江上游“居浙右之上游，控鄱阳之肘腋，制闽越之喉吭，通宣歙之声势”，素有“四省通衢、五路总头”之称，为浙、闽、赣、皖四省边际中心城市。衢州市面积 8844 平方千米，辖 2 个区、1 个县级市、3 个县，常住人口 228 万人。衢州是一座独具魅力的生态花园城市，是创业宜居之城、共富示范之地。习近平总书记在浙江工作期间，8 次到衢州调研视察，为衢州的跨越式发展指明方向。

九、舟山市

舟山，古称“翁山”“昌国”，是中国第一大群岛，由 2085 个岛屿组成（有居民海岛 141 个）。舟山市陆域面积 1459 平方千米，海域面积 2 万平方千米，辖 2 个区、2 个县，常住人口 116 万人。习近平总书记在浙江工作期间，13 次调研视察舟山，2015 年孟夏亲临视察，擘画了舟山发展的蓝图。

舟山处于中国南北沿海航线与长江水道交会枢纽的位置，具有独特的战略地位和资源优势，是对外开放的重要海上门户和海洋强国的桥头堡。2011 年 6 月 30 日，国务院批准设立浙江舟山群岛新区，系全国第四个国家级新区、首个以海洋经济为主题的国家级新区。2016 年 4 月，国务院同意设立舟山江海联运服务中心，范围包括舟山群岛新区全域和宁波市北仑、镇海等区域。2017 年 4 月，中国（浙江）自由贸易试验区在舟山挂牌，是全国唯一由陆域和海洋锚地组成的自由贸易园区。多重国家战略叠加交汇，为舟山建设向海图强、向海开放的重大改革创新示范区，海洋经济未来增长极，海岛高品质生活示范区，提供了重大战略机遇。

十、台州市

台州（“台”字读作 tāi）是一座既古老又年轻的滨海城市，地处中国“南北中心点，海陆交界处”。台州市陆域面积 10050 平方千米，海域面积 6910 平方千米，辖 3 个区、3 个县级市、3 个县以及台州湾新区，常住人口 666.1 万人。台州自然风光雄奇神秀，有“海山仙子国，万象图画里”之誉；人文景观内涵丰厚，有“佛宗道源，和合圣地”之称。习近平总书记在浙江工作期间，15 次到台州调研视察，对台州再创民营经济新辉煌、弘扬大陈岛垦荒精神等作出重要指示批示，成为台州发展的方向指引和动力源泉。

十一、丽水市

丽水，古称“处州”，地处浙江西南部，隋开皇九年（公元 589 年），因“处士星见于分野”始置。2000 年 7 月撤地建市。丽水市面积 1.73 万平方千米，辖 1 个区、1 个县级市、7 个县（其中景宁是全国唯一的畲族自治县），常住人口 251.4 万人。

丽水素有“中国生态第一市”“浙江绿谷”之称，是国家级生态示范区、国家森林城市、全国文明城市，被誉为“浙江最美的地方”，是习近平总书记“绿水青山就是金山银山”理念的先行实践地之一，诗画浙江大花园最美核心区。习近平总书记在浙江工作期间，8

次深入丽水视察，赞誉丽水为“秀山丽水、天生丽质”，殷切嘱托“绿水青山就是金山银山，对丽水来说尤为如此”。2018 年 4 月 26 日，习近平总书记在深入推动长江经济带发展座谈会上指出，浙江丽水市多年来坚持走绿色发展道路，坚定不移保护绿水青山这个“金饭碗”，努力把绿水青山蕴含的生态产品价值转化为金山银山，“丽水之赞”成为丽水发展的强劲动力。

参考文献

[1] 林翔，葛龙威 . 大学生职业发展与核心能力培养 [M]. 北京：电子工业出版社，2023.

[2] 汪莉 . 我的职业我做主 [M]. 北京：中国华侨出版社，2007.

[3] 严明，陆云云 . 出国留学一本通 [M]. 北京：化学工业出版社，2010.

[4] 谭建鑫，吴晓雄 . 大学生生涯发展与职业规划 [M]. 成都：西南交通大学出版社，2010.

[5] 赵敏，张凤 . 大学生生涯规划与辅导实务 [M]. 北京：电子工业出版社，2010.

[6] 关键，丁宏 . 大学生职业生涯与发展规划教程 [M]. 哈尔滨：黑龙江大学出版社，2010.

[7] 周长茂 . 大学生职业生涯规划 [M]. 北京：中国石化出版社，2011.

[8] 牟德刚，孙广福，廖传景 . 大学生职业生涯发展与就业指导 [M]. 北京：科学出版社，2011.

[9] 张建安，冯辉，夏泓 . 大学生职业规划（微课版）[M]. 北京：中国传媒大学出版社，2012.

[10] 谭初春，马德坤，李伯枫 . 大学生职业发展与就业指导 [M]. 沈阳：东北大学出版社，2012.

[11] 候志瑾，等 . 职业生涯发展与规划（第 3 版）[M]. 北京：中国人民大学出版社，2013.

[12] 申建强，王爱华，陈华聪 . 大学生职业规划、就业指导与创业教育 [M]. 北京：人民邮电出版社，2013.

[13] 嵇建珍 . 大学生创业实用教程 [M]. 南京：南京大学出版社，2013.

[14] 陈龙春 . 大学生职业生涯规划与发展 [M]. 杭州：浙江人民出版社，2015.

[15] 文祺 . 海外留学指南 [M]. 北京：北京理工大学出版社，2015.

[16] 郭立银，官桂芬 . 大学生职业生涯发展与就业创业指导 [M]. 北京：北京师范大学出版社，2015.

[17] 王俊，王七萍 . 职业生涯规划 [M]. 南京：东南大学出版社，2016.

[18] 林奇清 . 大学生职业生涯规划与管理——我的生涯，我做主 [M]. 北京：科技出版社，2016.

[19] 刘越，兰敏利，邓文全 . 大学生职业生涯规划 [M]. 上海：上海交通大学出版社，2017.

[20] 焦金雷 . 大学生就业与创新创业指导 [M]. 西安：西安交通大学出版社，2017.

[21] 美国教育考试服务中心 .The Official Guide to the GRE General Test 官方考试指南第 3 版 [M]. 北京：群言出版社，2017.

[22] 丁木金 . 新编大学生就业与创业指导 [M]. 上海：上海交通大学出版社，2018.

[23] 杨东，解恒岩，姚园鑫 . 大学生就业与创新创业基础 [M]. 北京：国家行政学院出版社，2018.

[24] 任晓剑，姚树欣 . 大学生就业创业指导 [M]. 北京：国家行政学院出版社，2019.

[25] 刘建中 . 大学生职业生涯规划 (微课版）[M]. 成都：电子科技大学出版社，2020.

[26] 牛淑珍 . 大学生职业发展与就业指导 [M]. 上海：复旦大学出版社，2020.

[27] 丁放，吴朵美，郑天翔 . 大学生职业生涯发展与就业指导 [M]. 天津：天津人民出版社，2021.

[28] 蒋承勇 . 大学生职业发展与就业创业指导 [M]. 北京：高等教育出版社，2021.

[29] 宋京双 . 大学生创新创业教育“金课”教程 [M]. 北京：清华大学出版社，2021.

[30] 陈思羽，汪华明，文晓丹 . 大学生职业生涯规划与就业指导教程 [M] . 长沙：中南大学出版社，2022.

[31] 关春燕，徐峰，陈苗青 . 大学生创新创业实务 [M]. 北京 : 电子工业出版社，2022.

[32] 刘锐，王雅赟，李妍 . 职业生涯发展与就业指导 [M]. 北京 : 人民邮电出版社，2023.